五大主题
2024"华师启航"夏令营火热开营！

7月8日，2024年"华师启航"夏令营开营仪式在华东师范大学丽娃河畔的思群堂举行。来自上海、重庆、山东、福建、海南等全国各地28所华东师范大学教育集团成员校的近400名学生相聚一堂，正式开启为期一周的夏日"卓越"之旅。

华东师范大学党委副书记、纪委书记曹友谊，中国科学院院士褚君浩，华东师范大学基础教育与终身教育发展部部长李志聪，副部长冯剑峰、周赛君，华东师范大学哲学系、物理与电子科学学院、化学与分子工程学院、数学科学学院，大未来教育投资（上海）有限公司，上海民办华曜宝山实验学校、上海华旭双语学校和上海民办华曜浦东实验学校等承办单位相关负责人和老师们共同出席活动。开营仪式由李志聪主持。

2024"华师启航"夏令营开营仪式在华东师范大学思群堂举行

追求卓越，超越自我

曹友谊在致辞中向参加此次夏令营的全体营员表示了热烈欢迎。大学一直致力通过"卓越学术"牵引"卓越育人"，在各院系的精心指导下，在全国各地优秀学生集聚的环境中，此次夏令营定能在构建高质量的大中小一体化育人体系方面，形成全新的、有影响力的"华东师范大学模式"。曹书记对营员们的生活和未来成长提出了殷切希望，寄语学生们要珍惜"卓越"的学习体验，传承华东师范大学多年来"卓越"核心理念，在百年大夏精神的指引下不断前行、追求卓越！

华东师范大学党委副书记、纪委书记曹友谊致辞

来自上海民办华曜宝山实验学校的黄智博同学作为营员代表发言。他代表全体营员,向精心筹备此次活动的老师们表示最诚挚的感谢,并表达了对此次活动的期待:"相信这将是一次丰富的精神盛宴,是一个交友与分享的平台,更是一个展现自我、超越自我的舞台。相信这定是一次卓尔不凡的旅程,会在我们每个华师少年的心中埋下一颗卓越的种子。"

上海民办华曜宝山实验学校的黄智博同学作为营员代表发言

五大主题,量身定制

"华师启航"夏令营是由华东师范大学教育集团主办,秉承打造精品、面向未来的理念,依托华东师范大学优势学科资源,开展面向初中生的高品质冬/夏令营项目,自 2018 年举办以来,深受集团广大成员校的认可与欢迎。

本届夏令营，在教育集团的组织协调下，凝聚了华东师范大学哲学系、物理与电子科学学院、数学科学学院、化学与分子工程学院和大未来教育投资（上海）有限公司等校内外多方力量，重磅推出了哲学、物理、数学、化学、AI编程五大主题活动，致力于激发学生学习兴趣，增长自主探索知识的能力。各院系结合多年的教育科普活动经验，充分调动优秀师生资源，为集团校初中学生量身定制了此次夏令营的全新课程。

华东师范大学承办院系向五个营营员代表授营旗

在"哲韵飞扬"中，营员们近距离聆听《道德经》中老子的智慧，寻找人生的意义，拓宽视野，提升思维，增强文化自信；在"物理追光"中，营员们通过科普实验，探寻科学奥妙，提升探究能力，培养科学素养；在"数海遨游"中，营员们享受精彩纷呈的数学课程，钻研有趣的数学游戏，了解数学家的传奇故事，探寻数学的奥秘；在"'硫'光溢彩"中，营员们化身元素大侦探，去破解生命的密码，感受"美丽的普鲁士之蓝"，了解化学研究的维度之变；在 AI 编程营中，营员们"以梦为码"，参演学科话剧、科普剧，创作微视频和设计小程序，学习前沿 AI 智能信息，提高学习兴趣，激发无限的想象力和创造力。

开营仪式上五个营共同合影留念

院士开讲第一课,放飞科学梦想

　　本次夏令营得到中国科学院褚君浩院士的亲切关心和鼎力支持。褚院士以《放飞科学梦想 迎接智能时代》为题,给营员们开讲第一课。他用丰富生动的视频案例,指出在人工智能时代,特别需要创新型人才,要注重掌握基础知识、善于思维、善于提问、善于实践,具备学习新知识的本领和解决问题的能力。褚院士还分享了他个人的成长感悟,并从培育科学精神角度提出"循规、极致、勤奋、踏实、兴趣、责任、奋斗、合作"成功八要素,寄语营员们要"练就健康体魄,汲取外界养料,凝聚驱动力量,修炼内在素质,融入时代潮流"!

褚君浩院士《放飞科学梦想 迎接智能时代》讲座

全方位保障,全程"保驾护航"

　　为保障此次夏令营的顺利开展,华东师范大学教育集团成立了专项工作小组,与各院系多次召开专题筹备工作会议,走访调研基地校,确保每一环节高效有序运转。

夏令营筹备工作会议

一所"自然、温暖、智慧"的美好学校

——华东师范大学附属贵阳学校"卓越教育"实践

华东师范大学附属贵阳学校创办于2019年8月,是华东师范大学与贵阳市观山湖区人民政府合作创办的一所九年一贯制公办品牌学校,位于贵阳市观山湖区金阳南路景怡东苑小区内,占地约115亩。目前学校有95个班,其中中学31个班,小学64个班,在校学生数3674名,教师数256名。

办学五年来,华东师范大学附属贵阳学校秉承追求卓越的办学思想,以"卓越"为校训,践行"让每一个生命竞相绽放"的全新办学理念,主张"人的教育",关注人的发展,努力培育学生"卓然独立、越而胜己"的优秀品质。学校每学年举办独具特色的读书节、体育节、艺术节、励志节、科技节五大节日,创立了少年文学院、少年艺术学院、少年科技学院、少年体育学院、少年国际学院五大学院,目前已开设近100门选修课程供学生选择,以提升学生综合素养,促进学生全面发展。学校致力于"生长课堂"的实践和研究,让每一个孩子都能在"辽阔的教室"里充分生长,以达到培育具有"强健体魄、高尚情操、家国情怀、国际视野"的卓越英才之育人目标。

华东师范大学附属贵阳学校

一、"三大工程"助力教师成长

1. 读书工程

读书可以让人保持思想活力,让人得到智慧启发,让人滋养浩然之气。学校每学期放假时会给每位教师发放一两本经典教育专著,供教师们假期阅读。新学期组织教师开展读书沙龙活动,教师们围桌而坐,根据主题分享阅读感悟,教师们在读中思,在思中行,从而给每一堂课赋予精神力量,滋养孩子们的生命,让每一个生命更好地绽放。

　　顾逸飞校长分享读书心得　　　　教师们就主题式读书法进行分享

　　2. 青蓝工程

　　教师是学校发展的第一力量。卓越学校必须打造一支卓越的教师团队，新教师进校后，学校会组织新教师选择师傅，举行拜师礼，师徒间通过互相听评课、专题教研等形式学习，实现专业成长。

　　　　师徒签协议　　　　　　　　　　举行拜师礼

　　3. 名师工程

　　学校创设"名班主任工作坊""名师工作坊"，评选"首席教师"，发挥骨干教师的指导、引领和辐射作用，帮助青年教师在教学教研中实现专业成长。

　　　名师工作坊授牌　　　　　　　名班主任工作坊授牌

二、"五大节日"绽放生命光彩

为营造学校文明向上的校园氛围,树立"追求卓越,臻于至善"的校风,学校以主题教育活动为载体,突出校园文化特色,每年开展读书节、体育节、艺术节、励志节、科技节五大特色节日活动,其内容涵盖文学、体育、艺术、励志、科技等方面,让学生有丰富多彩的校园生活,在活动潜移默化的影响下收获生长的力量,从而绽放出属于自己的生命之花。

1. 体育节

精彩绝伦的开幕式

2. 读书节

讲故事比赛　　　　　亲子共读

3. 艺术节

艺术节展演节目

4. 励志节

励志系列讲座之抗战老兵讲述故事　　走十公里"微长征路"

5. 科技节

科技节比赛项目1　　　科技节比赛项目2

三、"卓越课程"成就个性发展

1. 生长课堂

教育不是雕刻，而是唤醒。每一个生命在生长课堂这个重要的生命场域里充分生长，在温暖的课堂、润泽的课堂、辽阔的课堂、智慧的课堂里合作学习、自主学习，生长知识、生长能力、生长思维、生长精神。

"生长课堂"样态1　　　"生长课堂"样态2

2. 选修课堂

为丰富学生校园文化生活，让每一个生命竞相绽放，学校基于五大学院并根据学生的兴趣爱好、特长，精心打造百余门选修课程，涵盖人文、科学、艺术、体育等多个领域。丰富多彩的选修课程拓宽了学生的视野，助力学生个性发展。

击剑课程　　　　蜡染课程　　　　假期出国研学

办学至今，学校各项工作开展得有序、有效、有特色，各方面都取得了令人可喜的成绩，赢得了学生、家长及社会各界的广泛好评。学校正努力向着贵州一流、西南领先、全国知名的高品质学校迈进，争取把学校建设成为一所经久不衰的名校！

总第185期

教育展望
课程、学习与评价的比较研究
第49卷 第3-4期

目 录

编者按

全纳教育：全球优先与集体责任　　　　　　　　　　　　　　　伊道　1

观点/争鸣

全民覆盖、缺一不可：《2020年全球教育监测报告》关于全纳的介绍

马诺斯·安东尼纳斯 等　6

交叉性理论：通向全纳教育之路？　　　　　　　　埃德维娜·贝希奇　13

专　栏

教育中的全纳与公平：理解全球挑战　　　　　　　　　　梅尔·安斯科　26
理解全纳教育的价值及其实施：文献综述　　　　　　安索拉·凯法丽诺 等　37
全纳教育的发展和挑战：对中东和北非地区的考察　　　玛哈·霍亨-巴格肖　55
拉丁美洲的教育全纳与公平：对挑战的分析　　伊格纳西奥·卡尔德隆-阿尔门德罗斯 等　70
太平洋地区的全纳教育：挑战与机遇　　　　　　　　乌姆什·夏尔玛　89
澳大利亚推行全纳教育的合理性　　　　　克里斯多夫·博伊　乔安娜·安德森　105

趋势/案例

全纳教育：南非的发展与挑战　　　　　　　　　佩特拉·英吉尔布瑞奇　120
假定能力、归属感和全纳的承诺：美国的经验　　　　　道格拉斯·比克伦　135
意大利的全纳教育：历史进程、发展成果与挑战　　　　达里奥·伊安斯 等　152
肯尼亚的街头连接与教育：正规教育经历作为全纳教育实践的理据　苏莱恩·科克伦 等　166
葡萄牙全纳教育的发展：证据与挑战　　　　　　　　伊内丝·阿尔维斯 等　182
教育的全纳与公平：加拿大新斯科舍省当前的政策改革

杰斯·惠特利　崔斯塔·霍尔维克　197

新不伦瑞克省的全纳教育之路　　　　　　　　　安吉拉·奥库安 等　213

本刊所载文章的观点及材料,由作者自行负责,不代表联合国教科文组织国际教育局及华东师范大学出版社,文章中所用名称及材料的编写方式并不意味着联合国教科文组织国际教育局及华东师范大学出版社对于任何国家、领土、城市或地区,或其当局的法律地位,或对于其边界的划分表示任何意见。

一切信件请寄：
Editor, *Prospects*,
UNESCO International Bureau of Education,
P. O. Box 199,
1211 Geneva 20,
Switzerland.
E-mail：ibe.prospects@unesco.org

欲了解国际教育局的计划、活动及出版物,请查询其互联网主页：
http：//www.ibe.unesco.org

一切订阅刊物的来信请寄：
Springer,
P. O. Box 990, 3300 AZ Dordrecht,
The Netherlands

中文版项目编辑：
王国红

合作出版者：联合国教科文组织(UNESCO)
国际教育局(IBE)
P. O. Box 199, 1211 Geneva 20,
Switzerland
and Springer,
P. O. Box 17, 3300 AA Dordrecht,
The Netherlands

ISSN：0033-1538

《教育展望》编委会

编委会主任和主编
Ydo Yao

执行主编
Simona Popa

编委会成员
Amita Chudgar, Boris Jokić,
Ali bin Abdul Khaliq Al-karni, Marcia Linn,
William Pinar, Noel McGinn, Ronald Sultana,
Emily Vargas-Barón

中文版编委会

主　编
秦昌威　梅　兵

副主编
崔　莹　戴立益

编　委
（以姓氏笔画为序）

丰继平	王建磐	王斌华	冯大鸣
冯剑峰	任友群	杜　越	李志聪
杨光富	汪利兵	范国睿	郑太年
郑燕祥	赵　健	赵中建	俞立中
祝智庭	梅　兵	崔　莹	彭正梅
彭利平	董建红	遇晓萍	程介明

戴立益

编辑部主任
李志聪

副主任
丰继平

编辑部地址
华东师范大学基础教育与终身教育发展部（教育集团）

编者按

全纳教育：全球优先与集体责任

伊道

在线出版时间：2020年11月20日
©联合国教科文组织国际教育局2020年

就在十多年前，继第48届国际教育大会(ICE)之后，《教育展望》刊载了全纳教育的主题专刊。第48届国际教育大会的主题是"全纳教育：未来之路"，会议于2008年在日内瓦举行，由联合国教科文组织国际教育局(IBE)组织，聚焦如何向世界各地数亿没有或几乎没有学习机会的人提供教育。其长期目标是支持联合国教科文组织各成员为每个人提供所需要的社会和政治条件，以行使其获得教育机会、积极参与学习的权利。

会议期间，各国教育部部长、政府官员和非政府组织的代表讨论了拓展全纳概念以惠及所有儿童的重要性。其假设是，每一个学习者都同等重要，并有权获得有效的教育机会(Opertti et al. 2014)。由此，全纳教育的理念变得更加清晰。

全纳与公平

在许多国家，全纳教育仍被认为是在普通教育环境中服务残疾儿童的一种方式。然而，在2008年国际教育大会的主导下，全纳教育越来越广泛地被视为一项原则，以支持和悦纳所有学习者的多样性。这意味着，全纳教育的目的，是消除那些对种族、社会阶层、民族、宗教、性别、性取向、移民地位和能力等多样性持不同态度和反应所导致的排斥。因此，全纳教育源于这样一种信念：相信教育是一项基本人权，是一个更公正社会的基础——因此，最近的全纳教育更强调公平，这意味着对平等的关注。

此后的2016年是全纳教育议程特别重要的一年。根据2015年5月召开的"世界教育论坛"所达成的《仁川宣言》，联合国教科文组织发布了《教育2030行动框架》(UNESCO 2015)。它不仅强调全纳与公平是优质教育的基础，还强调需要设法解决问题，如各种形式的排斥和边缘化，在入学机会、参与程度和学习过程与结果等方面的差异及不平等问题。

原文语言：英语

残疾儿童的全纳很重要,也是《教育 2030 行动框架》这一国际政策议程的一项基本内容。《联合国残疾人权利公约》(联合国 2006)强调指出:"全纳教育的权利涉及所有教育环境中文化、政策和实践的转型,以适应每个学生的不同需要和身份,并承诺消除各种阻碍上述可能性的障碍"(General Comment 4)。全纳还意味着更强调教学媒介,因为促进以母语为基础的多语言教育,是人人享有优质终身学习机会的关键。同样重要的是,全纳意味着需要通过改进数字通道,帮助所有学生发展数字与媒体素养来消除"数字鸿沟"。全纳致力于提供适合的支持,以确保在可及的学习环境中进行全纳性的课堂教学,从而结束教育环境中的隔离。这意味着,教育系统必须提供个性化的教育回应,而不是期望学生去适应该系统。

2019 年 9 月,为纪念"萨拉曼卡世界特殊需要教育大会"召开 25 周年,联合国教科文组织和哥伦比亚教育部联合举办国际论坛,表达了加强教育全纳与公平的新承诺。正如"每个学习者都重要"这一主题所强调的,该论坛再次重申了广义的全纳概念,以此作为加强所有学习者获得公平且优质学习机会的一般指导原则。

制订议程

在本期《教育展望》专刊中,来自世界各地的学者研究了不同背景下践行这一全纳思想的进展。更具体地说,他们分析了与最近发表的联合国教科文组织报告《迈向教育的全纳与公平:现状、趋势与挑战》(UNESCO 2020b)中概述的全纳教育三大合理性有关的发展经验,分别为:

(1) 教育合理性 学校必须共同教育所有儿童,这意味着学校必须发展多种教学方式,以回应个别差异,让所有儿童受益。

(2) 社会合理性 全纳学校旨在通过共同教育所有儿童来改变对差异的态度,形成一个公正且无歧视社会的基础。

(3) 经济合理性 建立和维持共同教育所有儿童的学校的成本,比建立一个专门服务特定儿童群体的复杂学校系统的成本可能要低。

本专刊的文章关注了一个总体问题:有什么证据支持这些观点?作者们在多个国家和地区的背景下进行了阐述。与此同时,文章关注了许多被认为易被边缘化、被排斥的学业成就低的儿童和青年。总之,这些文章阐明:这一积极的、发展的观点可以为理论、政策和实践提供信息参考;但同时,在实施这些思想的过程中,也存在挑战。

本期专刊

与所有重大政策变化一样,在全纳与公平方面取得进展需要有效的实施战略。

特别是，它需要新的思维，重点是消除部分儿童所经历的因环境因素而被边缘化的障碍。这意味着，克服这种障碍是重要的教育发展手段，对所有儿童都是有效的。这样，强调全纳与公平就成为实现教育系统全面改进的一种方式，正如经济合作与发展组织（2012，p.14）所阐明的那样：

> 证据是确凿的：教育公平会有收益。经合组织国家中表现最好的教育系统是那些将高质量与公平结合起来的教育系统。在这样的教育系统中，绝大多数学生可以获得高水平的技能与知识，这取决于他们的能力和内驱力，而不是他们的社会经济背景。

有鉴于此，我非常感谢梅尔·安斯科教授担任本期《教育展望》专刊的特邀主编。在过去30年左右的时间里，他在联合国教科文组织工作，在全球推广全纳教育理念中发挥了重要作用，并努力将全纳与教育体系的整体改进关联起来。他深度参与了三项重大活动的设计：(1)1994年的萨拉曼卡特殊教育需要大会；(2)2008年国际教育局组织的第48届国际教育大会，以及最近为了庆祝《萨拉曼卡宣言》发布25周年的活动；(3)2019年9月联合国教科文组织和哥伦比亚教育部共同举办的国际论坛。

20世纪90年代，梅尔代表联合国教科文组织主持开发了教师培训材料即《课堂中的特殊需要》，其中涉及80多个国家的行动计划（UNESCO 1993）。最近，他主持编写了联合国教科文组织出版物《确保教育的全纳性和公平性指导纲要》（UNESCO 2017），期望为成员提供实际支持，帮助成员审视现有政策中的教育公平与全纳，以决定需要采取哪些行动来改进政策，并监测各行动计划的进展。与本指南相关的，梅尔还参与了国际教育局出版的《向所有学习者伸出援手》一书的协调工作（UNESCO IBE 2016），这是一套旨在影响和支持各级教育系统全纳思考与行动的资源材料。

一个全球优先事项

随着全球应对新冠疫情危机所致的巨大挑战，本期专刊的议题已成为一个更宏大的全球优先事项。我们迫切需要发展旨在全纳所有儿童和年轻人的教育体系。从这个意义上说，这项任务并不是要回归常态。相反，这是一个创造"新常态"的机会，是这次全球危机所带来的教训。正如诺瓦和阿尔维姆（2020，p.6）所指出的，"许多教育工作者和家庭已经意识到转变学校模式的必要性，而新冠疫情揭示了这种转变的紧迫性和可能性"。

最近的《2020年全球教育监测报告》（UNESCO 2020a）提供了有关转型所需

要的关于全球目前形势的观点,本期专刊提供了报告的概要。该报告评估了实现可持续发展目标4(SDG)的进展情况,以及可持续发展议程中其他相关教育目标的进展情况。特别是,报告考察了在全纳教育方面的进展,关注了那些因其背景或个人特征而被排斥的所有人。

2015年《仁川宣言》中提出的全纳教育,为2020年的全球监测报告提供了明确的参考,并呼吁在制定联合国可持续发展目标中的教育目标时,确保全纳与公平的优质教育。它提醒我们,不论出现哪种相反的观点,确保每个孩子都有权接受适合的优质教育,在道义上都是势在必行的。为此,报告认为,"可以说,讨论全纳教育的益处,等同于讨论废除奴隶制或种族隔离的益处"(UNESCO 2020a, p.v)。

《2020年全球教育监测报告》还探讨了阻碍我们实现这一愿景的挑战,并提供了部分国家成功解决这些问题的具体政策范例。本专刊对这些挑战作出回应,这些挑战包括:

(1) 对"全纳"一词的不同理解;
(2) 缺乏对教师的支持;
(3) 缺少被教育排斥者的相关数据;
(4) 不适合的基础设施;
(5) 平行体系和特殊学校的保留;
(6) 缺乏政治意愿和社区支持;
(7) 无针对性的资助;
(8) 不协调的治理;
(9) 多重但不一致的法律;
(10) 未得到执行的政策。

集体责任

在《2020年全球教育监测报告》(UNESCO 2020a)的导言中,联合国教科文组织总干事奥德瑞·阿祖莱强调了应对这些挑战的迫切需要:

> 使教育成为一项普遍权利,成为所有人的现实,从来没有像现在这样重要。我们这个快速变化的世界面临着持续不断的重大挑战——从技术颠覆到气候变化、冲突、强制的人员流动、不宽容和仇恨——这些挑战进一步扩大了不平等,并将在未来几十年产生影响。新冠疫情进一步暴露和加深了这种不平等及我们这个社会的脆弱性。

她最后强调,我们比以往任何时候都更需要集体责任去支持最脆弱和最弱势的学习者。我希望,本期专刊中的文章将鼓励和启发研究人员、决策者和实践者持续推进这一议程。

(周红艳 译 丰继平 校)

参考文献

Nóvoa, A., & Alvim, Y. (2020). Nothing is new, but everything has changed: A viewpoint on the future school. *Prospects*.

Opertti, R., Walker, Z., & Zhang, Y. (2014). Inclusive education: From targeting groups and schools to achieving quality education as the core of EFA. In L. Florian (Ed.), *The Sage handbook of special edu-cation* (2nd revised ed., pp.149-170). London: Sage.

OECD (2012). *Equity and quality in education: Supporting disadvantaged students and schools*. Paris: OECD.

UNESCO (1993). *Special needs in the classroom: A teacher education guide*. Paris: UNESCO.

UNESCO (2015). *Incheon declaration and framework for action for the implementation of Sustainable Development Goal 4*. Paris: UNESCO.

UNESCO IBE [International Bureau of Education] (2016). *Reaching out to all learners: A resource pack for supporting inclusive education, training tools for curriculum development*. Geneva: UNESCO IBE.

UNESCO (2017). *A guide for ensuring inclusion and equity in education*. Paris: UNESCO.

UNESCO (2020a). *Inclusion and education: All means all*. Global monitoring report. Paris: UNESCO.

UNESCO (2020b). *Towards inclusion in education: Status, trends and challenges. The UNESCO Sala-manca Statement 25 years on*. Paris: UNESCO.

United Nations (2006). *Convention on the rights of persons with disabilities*. New York, NY: United Nations.

【作者简介】
伊道
  通信地址:UNESCO International Bureau of Education, P. O. Box 199, 1211 Geneva 20, Switzerland
  电子信箱:be. prospects@unesco. org

观点/争鸣

全民覆盖、缺一不可：
《2020年全球教育监测报告》关于全纳的介绍

马诺斯·安东尼纳斯 丹尼尔·阿普里尔 比拉尔·巴拉卡特
尼科尔·贝拉 安娜·克里斯蒂娜·阿迪奥
马提亚斯·埃克 弗朗西斯卡·恩德里兹
普利雅达沙尼·乔希 卡塔尔齐纳·库巴卡
阿拉斯代尔·麦克威廉 村上有纪 威尔·史密斯
劳拉·什蒂帕诺维奇 罗莎·维达特 勒马·泽克里亚

在线出版时间：2020年9月18日
©联合国教科文组织2020年

摘　要　本文提供了《2020年全球教育监测报告》的概述，报告分析了歧视弱势儿童、青年和成人，并导致他们无法接受教育或在教育中被边缘化的社会、经济和文化的机制。各国正在拓展其教育全纳的愿景，将多样性置于其教育系统的核心地位。但善意的政策实施经常步履蹒跚。这份报告在"迈向2030行动十年"的开局之年发布，也是在新冠疫情危机加剧潜在的不平等之际发布，报告认为，拒绝满足每一个学习者的需求，是实现全球教育目标的真正威胁。《全纳与教育：全民覆盖、缺一不可》确定了治理和财政的实践做法，课程、教材和评价、教师教育、学校基础设施，以及与学生、家长和社区的关系，这些都可以揭示全纳的进程。报告提供了政策建议，使学习者的多样性成为值得颂扬的优势，成为社会凝聚的一股力量。

关键词　全纳　可持续发展目标4　公平　质量　教育

可持续发展目标4(SDG4)承诺确保"全纳与公平的优质教育"，促进"全民终身学习"，这是《联合国2030年可持续发展议程》承诺不让任何人掉队的一部分。该议程承诺建设一个"公正、公平、宽容、开放、社会包容的世界，满足最弱势群体的需求"(UN 2015, paragraphs 8 and 9)。社会、经济和文化因素与教育全纳和公平的实现可能相辅相成，也可能背道而驰。如果决策者和教育者将学习者的多样性视为挑战

原文语言：英语

而非问题,那么教育为全纳社会提供了一个关键的切入点:识别各种特点和形式的个体才能,并为其茁壮成长创造条件。

不幸的是,或多或少的微妙决策导致一系列问题,如:课程的排斥、不相关的学习目标、教材中的刻板印象、资源分配和评估的歧视、对暴力的容忍以及对需求的忽视,从而使教育系统中的弱势止步于教育系统之外,或者说受到了排斥。

境脉化因素,例如政治、资源和文化,可以使全纳的挑战在各国或各群体中表现得各不相同。现实中,无论境脉如何,挑战都是一样的。教育系统需要尊重每一位学习者,以克服障碍、提高成绩、改善学习。各系统需要停止给学习者贴标签,贴标签这种做法是以简化教育回应的规划与供给为借口。一次接纳一个群体无法达成全纳。学习者有多个相互交叉的身份。此外,没有任何一种特征与任何预设的学习能力有关。

全纳教育通常与残疾人的需求有关,也涉及特殊教育与主流教育间的关系。自1990年以来,残疾人的努力奋斗影响了全球对全纳教育的看法。2006年《联合国残疾人权利公约》第24条承认其接受全纳教育的权利(CRPD 2016)。

然而,正如 2016 年对该条的第 4 号一般性意见所承认的那样,全纳在范围上更广。这样的机制不仅排斥残疾人,而且排斥其他人,原因在于他们的性别、年龄、地点、贫困、残疾、种族、土著、语言、宗教、移徙或流离失所、性取向或性别身份表达、服刑、信仰和态度等。系统和境脉没有考虑人的多样性和需求的多样性。是社会和文化决定了规则,定义了常态,并将差异视为异常。所以,参与障碍和学习障碍的概念应取代特殊需要的概念。

经过 10 年的对话,更宽泛的全纳概念直到 2016 年才出现,公平地说,各国可能没有就 2015 年的可持续发展目标 4 中的"全纳"教育承诺部分达成共识。正是这一原因,《2020 年全球教育监测报告》作为国际社会监测"可持续发展目标中的教育进展"和实现可持续发展目标 4 的"国家和国际战略的实施"的工具,将 2020 年版报告的主题定为全纳。这一版本延续了 2019 年版的报告,关注与全纳教育密切相关的主题,将移徙和流离失所的人口纳入国家教育系统。

作为过程和结果的教育全纳

教育中的全纳首先是一个有助于实现社会全纳目标的过程。定义公平教育需要区分"平等"和"公平":平等是事物的状态(是什么),即可以在投入、产出或成果上被观察到的结果;公平是过程(怎么样),即旨在确保平等的行动。定义全纳教育更为复杂,因为这个概念合并了过程和结果。该报告将全纳主要视为一个过程,认为每个人都有价值和潜力,无论其背景、能力或身份,都应该受到尊重,基于这一信念,全纳是拥抱多样性并建立归属感的行动。但是,全纳也是事物的一种状态或结果,

《联合国残疾人权利公约》和可持续发展目标 4 一般性意见没有对其精准定义，可能是因为对"状态或结果应该是什么"有不同观点。

贫困和不平等是主要的制约因素。根据世界不平等数据库的数据，尽管在减少极端贫困方面取得了进展，尤其是在亚洲，但全世界范围内每 10 名儿童中就有 2 名受到贫困影响，在撒哈拉以南的非洲地区，每 10 名儿童中就有 5 名受到影响。世界部分地区的收入不平等正在加剧，即使有下降，但国家之间和国家内部的收入不平等程度之高令人无法接受。而且，关键性的人类发展成果也分配不均。2014 年—2018 年，来自 30 个低收入和中等收入国家的人口与健康调查数据表明，来自 20% 最贫困家庭的 5 岁以下儿童中有 41% 营养不良——是 20% 最富裕家庭的 2 倍多——严重阻碍了他们从教育中受益的机会。

教育普及方面的进展停滞不前。全球范围来看，估计有 2.58 亿儿童、青少年和青年人，或者说总数的 17%，被完全排斥在教育之外。贫困影响了出勤率、学业完成率和学习机会。在欧洲和北美以外的地区，来自 20% 最富裕家庭的青少年完成初中教育的可能性是最贫困家庭同龄人的 3 倍。在完成初中教育的学生中，20% 最富裕家庭的学生掌握基本阅读和数学技能的可能性是最贫困家庭学生的 2 倍。屋漏偏逢连夜雨，那些最有可能被排斥在教育之外的人也会因为语言、地区、性别、种族等原因而处于更弱势的地位。至少在 20 个有数据的国家里，几乎没有一位贫穷的农村女青年完成了中学教育。

教育的广泛普及是全纳的前提，但实现教育的全纳，对于残疾学习者或其他面临可能被排斥风险的脆弱群体还意味着什么，在这一点上还缺乏共识。虽然教育全纳的结果可能是难以捉摸的，但它们是真实而非虚幻的。

残疾学生的全纳不仅意味着安置。《联合国残疾人权利公约》对学校安置的关注标志着，将残疾儿童排斥在教育之外，或将他们隔离安置在特殊学校的历来做法被打破，不仅如此，大部分或绝大部分时间将他们放置在单独教室的做法也被打破。然而，全纳涉及学校支持和校风的更多变革。《联合国残疾人权利公约》认为，特殊学校未违反公约，但残疾人权利委员会最近的报告也日益认同该观点。《联合国残疾人权利公约》提出，全纳教育的形式应由各国政府自行处理，这等于含蓄地承认了全面全纳的障碍。许多政府的做法，与其对《联合国残疾人权利公约》的承诺背道而驰，虽然我们应该曝光这种现象，但也应该承认，主流学校和教育系统的灵活性是有限的。

全纳教育服务于多个目标。多个理想目标之间存在潜在的矛盾，比如，最大限度地与他人互动（所有儿童在同一屋檐下）和发挥学习潜力（学生在哪里能学到最好）的矛盾。此外，还需要考虑各系统向理想状态迈进的速度与过渡期间会发生的情况，早期的需求识别同贴标签与污名化风险之间的权衡。

多项不同目标可能相辅相成，也有可能彼此冲突。在实施全纳教育时，决策者、立法者和教育者面临着具体情况的微妙问题。因此，需要认识到，那些极力维护隔离式办学的人，会提出哪些反对意见；同时也要知道，快速变革蕴含不可持续性的风险，会损害其服务对象的福祉。将残疾儿童纳入没有做好准备、没有得到支持或没有全纳问责机制的主流学校，会加剧其被排斥的经历，并引发对提高学校和教育系统全纳性的强烈反对。

全面全纳也可能有不利之处。在某些境脉下，全纳可能在无意中加剧了顺从的压力。学生的群体身份、习俗、语言及信仰一旦被贬损、被损害或被抹杀，归属感也将被削弱。一个群体维护其文化的权利和实现自决、自我表征的权利日益得到承认。全纳可能会由于偏见而受到抵制，也可能是由于认为某一少数群体只有在特定范围内成为多数群体才可能维系身份并实现赋权时而受到抵制。在某些情况下，全纳政策可能会加剧社会排斥，而非实现积极的社会参与。少数群体与多数群体接触可能会加深主流偏见，加剧少数群体的弱势地位。向弱势学生提供帮助也可能会导致对他们的污名化或贴标签，或导致不受他们欢迎的全纳形式。

解决这些两难困境需要有意义的参与。全纳教育应该基于对话、参与和开放。尽管决策者和教育者不应该妥协、低估或背离全纳的长期理想，但他们也不应该凌驾于那些受影响群体的需求和偏好之上。基本人权和原则为教育决策提供了道德和政治方向，但实现全纳理想并非易事。实现充足的差异化和个性化支持需要毅力、韧性和长远眼光。适合一些孩子，迫使另一些孩子适应的教育系统设计的改变，不可能通过法令来实现：它需要社会去挑战盛行的态度和心智模式。即使有最良好的意愿和最坚定的承诺，全纳教育也可能被证明是棘手的。因此，有些人主张限制全纳教育的雄心壮志——但我们唯一的出路是承认障碍并消除它们。

精心规划并提供全纳教育，可以帮助学生提升学业成就，促进社会和情感发展，提高自尊和同伴接受度。在主流教室和学校里容纳多样的学生可以防止污名化、刻板印象、歧视和疏远。消除平行教育结构，在单一全纳主流系统里更有效地利用资源，也使提升效率成为可能。然而，全纳教育的经济合理性虽然对规划有价值，却不充分。很少有系统足够接近理想，可以预估全部成本，而且因为其效益延续几代人而很难量化。

但是讨论全纳教育的好处就像讨论人权的好处一样。全纳是可持续社会的前提。它是在公平、正义和公正的基础上建设民主制度并在这一制度下开展教育的前提。它根据"每个学习者都重要，并且同等重要"原则，为消除障碍提供了系统框架。当教育主管部门以统一标准评价学校并将其绩效与资源分配联系起来时，它还抵消了教育系统中允许排斥和例外的倾向。

全纳改进所有学生的学习。近年来，学习危机的叙述已使大家关注这一事实：大多数来自低收入和中等收入国家的学龄儿童在基本技能上没有达到最低能力水平。然而，这一叙述可能忽视了最落后国家教育系统的系统性功能失调——例如排斥、精英主义和不公平。可持续发展目标4明确敦促各国确保全纳教育，这并非出于偶然。机械的解决方案，目前为止只能起到部分改善学习结果的作用，不能解决更深层次的排斥障碍。全纳必须成为教学方法和学习方法的基础。

《2020年全球教育监测报告》提出的问题，涉及与全纳教育有关的关键政策方案、实施障碍、协调机制、筹资渠道和监测等方面。在可能的范围内，它以发展变化的视角考察了这些问题。然而，对于全纳这个如此复杂的课题，在全球范围内尚未形成翔实的文献记录。这份报告收集了从阿富汗到津巴布韦每个国家如何应对教育全纳挑战的信息。这些信息可从一个新网站"加强教育研究概况"（PEER 2020）上获得，各国可以使用该网站来分享经验，相互学习，特别是在境脉相似的地区层面。这些概况可以作为基准来审查2030年目标的定性进展。

这份报告承认各国在提供全纳教育方面面临着不同的境脉和挑战；各种不同的群体存在被排斥在教育之外的风险，个体学习者面临障碍（特别是各种特征交织的时候）；排斥可能是身体的、社会的（存在于人际关系和群体关系中）、心理的和系统的这一事实。报告覆盖面广泛，提及了撒哈拉以南非洲的白化病人、阿拉伯国家的无国籍者、亚洲流离失所的罗辛亚人、欧洲的罗姆人、拉丁美洲的非洲人后裔。报告通过七个章节应对这些挑战："法律和政策""数据""治理和财政""课程、教材和评估""教师""学校"以及"学生、家长和社区"。

学习者的多样性是值得颂扬的优势

全世界致力于全纳教育并非出于偶然，而是因为它是优质教育系统的基础，能使每一位儿童、青年和成人去学习并发掘其潜能。性别、年龄、地区、贫困、残疾、种族、土著、语言、宗教、移徙或流离失所、性取向、性别身份表达、服刑、信仰和态度不应成为教育中歧视任何人的缘由。全纳的前提是，将学习者的多样性视为机遇而非问题。全纳如果被视为一种不便，或者人们认为，"学习者的能力水平是固定的"，那么全纳就无法实现。教育系统需要积极回应所有学习者的需求。为了在2030年实现全纳目标，这份报告提出10项建议。

1. 拓展对全纳教育的理解：全纳教育应包含所有学习者，无论其身份、背景或能力　虽然所有学习者都拥有接受全纳教育的权利，但很多政府尚未将其法律、政策及实践建立在这一原则之上。教育系统如能悦纳多样性并相信每个人都能增值，每个人都有潜力，都应得到平等尊重——就能使所有人不仅学习基础知识，而且学习世界所需要的建设可持续社会的更广泛技能。这不是要成立一个全纳教育部门，而是不歧视任何人，不拒绝任何人，为满足多样的需求作出所有合理的调整，为性别平等而奋斗。从幼儿期到成年期的干预应该是一致的，这样可以促进终身学习，因此教育部门的规划应该采用全纳视角。

2. 财政重点关注掉队者:数百万人无法接受教育就没有全纳 若要颁布相关的法律来扫清诸如童工、童婚、少女怀孕等求学障碍,政府就必须采取双轨方法,既分配一般资金为所有学习者打造全纳学习环境,又要有专项资金,尽早追踪落在最后面的人。掉队者一入学,早期干预可以大大减少残疾对学习的潜在影响。

3. 分享专业知识和资源:这是持续向全纳过渡的唯一途径 在许多方面,实现全纳是一项管理挑战。解决多样性问题所需的人力、物力资源是匮乏的。从历史角度看,作为隔离政策的遗留问题,资源一直集中在少数地区且分布不均。各国需要建立激励机制,灵活调动这些资源,确保专业知识支持主流学校和非正规教育环境。

4. 与社区和家长开展有意义的磋商:全纳不能从上层强制执行 政府应该开放空间,让社区在教育全纳方面的政策设计上平等地发声,表达偏好。学校应该通过家长委员会或学生配对系统,在学校实践的设计和实施上增加校内外互动。每个人的观点都重要。

5. 确保政府部门、各级各块之间的合作:教育全纳只是社会全纳的子集 对全纳教育共同负有行政责任的各部委必须在确定需求、交换信息、设计项目方面进行合作。中央政府需要确保为地方政府提供人力和财政支持,以实施明确界定的全纳教育政策。

6. 为非政府行动者提供挑战和填补空白的空间:确保他们朝着同样的全纳目标努力 政府必须发挥领导作用,与非政府组织保持对话,以确保教育服务供给不会导致隔离,符合标准,并与国家政策保持一致。政府还应该创造条件,使非政府组织能够监测政府承诺的履行情况,并支持那些被教育排斥在外的人。

7. 应用通用设计:确保全纳系统发挥每个学习者的潜能 所有儿童都应从同样灵活、相关、无障碍的课程中学习,此课程承认多样性并回应不同学习者的需求。教材中的语言和形象应该使每个人都能被看见,同时消除刻板印象。评估应该是形成性的,允许学生们以各种方式展示学习。学校的基础设施不应该排斥任何人,技术的巨大潜力应该得到利用。

8. 培养、赋权并激发教育者:所有教师都应做好教所有学生的准备 无论职前教育还是专业发展,全纳方式不应被视为一个专门的话题而应该是教师教育的核心要素。这样的项目需要聚焦"认为一部分学生有缺陷、无法学习"这一根深蒂固的观点并加以解决。校长应该做好准备,传播并实施全纳的教育理念。多样化的教育者队伍也会支持全纳。

9. 留心并尊重有关全纳及为了全纳而收集的数据:避免污名化贴标签 教育部必须与其他部委及统计机构合作,连贯地收集人口层面的数据,以便理解边缘化群体的不利程度。关于残疾问题,各部委和统计机构应优先使用联合国统计委员会之残疾统计华盛顿小组的简易问题集和儿童功能模块。行政系统应力争收集数据以编制规划和预算,提供全纳教育服务;不仅如此,还应收集有关全纳经验的数据。然而,确保没有学习者受到伤害是优先事项,渴望详细或可靠数据的优先级不应超过它。

10. 向同行学习:向全纳转换并非易事　全纳代表着摆脱歧视和偏见,向着能适应各种境脉和现实的未来迈进。这种转变的速度和具体方向都无法强行规定。但通过教师网络、国家论坛以及地区和全球平台分享经验可以学到很多。新的PEER网站发布了《全球教育监测报告》各国概况,可促进这一同行学习进程。

(徐　晶　译)

参考文献

CRPD [Convention on the Rights of Persons with Disabilities] (2016). *Article 24*. New York, NY: UN.

PEER [Profiles Enhancing Education Reviews] (2020). *Country profiles*. Paris: UNESCO Global Education Monitoring Report.

UN [United Nations] (2015). *Transforming our world: The 2030 Agenda for Sustainable Development*. New York, NY: UN.

【作者简介】

马诺斯·安东尼纳斯

通信地址:Global Education Monitoring (GEM) Report, UNESCO, 7 Place de Fontenoy, 75007 Paris, France

电子信箱:m. antoninis@unesco.org

观点/争鸣

交叉性理论:通向全纳教育之路?

埃德维娜·贝希奇

在线出版时间:2020 年 3 月 30 日
©联合国教科文组织国际教育局 2020 年

摘 要 本文与近来全纳教育的国际方法相一致,论述了对全纳教育这一术语的拓展性理解,尤其是在奥地利当前只关注残疾儿童的境脉之下。本文不仅阐述了交叉性理论这一命题,而且呼吁在全纳教育中采用交叉性视角,以鉴别多重因素的相互作用,这些因素导致了学校对不同学生群体的歧视。全纳教育意味着对所有儿童而不只是残疾儿童或有特殊教育需要的儿童,开放广泛的教育机会和交往机会。在现有的体系中,儿童具有某种身份标识,这一体系无法提供儿童所需的支持。此外,这不仅加剧了教育系统内的不平等,而且加剧了整个社会内部的不平等。

关键词 全纳教育 交叉性理论 权力 社会分类

导 言

全纳教育要求教育系统内所有儿童的平等参与(UNESCO 2005)。然而,全纳教育的概念备受争议。由于教育发生在国家层面,其定义在各国间存在显著差异(Waitoller and Artiles 2013)。例如,在奥地利,全纳教育在很大程度上被认为仅仅涉及残疾学生(Feyerer 2012),这使得诸如残疾难民儿童等其他边缘群体处于不利境地。

一般而言,全纳教育境脉下的研究,主要聚焦残疾儿童和健全儿童的共同上学问题。众多研究已考察了残疾学生和健全学生的学业成就、教师实践、社会情感包容及对全纳教育的态度(Farrell et al. 2007; Reicher 2010; de Boer, Pijl and Minnaert 2012; Baeten and Simons 2014)。当然,这些研究已经为全纳教育研究领域提供了肥沃的土壤。然而,这些研究未能看到,全纳教育不仅涉及残疾儿童的融入,而且旨在确保系统能适合所有学习者及其独特需要(UNESCO 2009)。使用"全纳教育"这一术语,却只关注残疾儿童是不够的;在此背景下,有必要拓展这一术语

原文语言:英语

的外延，纳入所有儿童。

根据这一思路，在本文中，笔者论证了在学校境脉下拓展全纳教育定义的必要性。笔者先对全纳教育和交叉性进行简要定义，随后论述全纳教育与交叉性之间的关系，显示了交叉性如何有助于全纳教育的成功实施。

全纳教育：简要定义

尽管全纳教育的框架从根本上说是关于教育系统内*所有*学生的参与（UNESCO 2005），但其概念却因国而异，相互矛盾（Waitoller and Kozleski 2013）。联合国教科文组织将"全纳"定义如下：

> 全纳教育是通过增加学习、文化与社区参与，减少教育系统内外的排斥，关注并满足所有学习者多样化需求的过程。全纳教育涉及教育内容、教育途径、教育结构与教育策略的变革与调整，它以覆盖所有适龄儿童为共同愿景，以正规系统负责教育所有儿童为信念（UNESCO 2005, p.13）。

根据联合国教科文组织的定义（2005），全纳是指在儿童的多样性中工作并从中学习。应该识别并消除各种障碍，应该密切监测高风险受排斥群体，以消除这些阻力（UNESCO 2005）。在此框架下，全纳意味着"整个学校的改革和重构"（Mittler 2006, p.2），这将迫使学校更积极地回应学生的不同需要。全纳教育的主要目标是，对所有儿童开放广泛的教育机会和社交机会，不论其社会地位如何（Mittler 2006）。正如其他学者所提及的，全纳教育的重点是高质量教育、人权、机会均等和社会正义（Armstrong, Armstrong and Spandagou 2011）。

换言之，全纳教育关注任何儿童所经历的任何种类的排斥，而非仅仅关注残疾儿童和被认为有特殊教育需要（SEN）的儿童（UNESCO 2005；Ainscow, Booth and Dyson 2006；Mittler 2006）。除了关注有特殊教育需要的儿童，全纳教育还关注其他目标群体，如语言上的少数群体、宗教上的少数群体、少数民族、战区儿童、贫困儿童以及难民儿童（UNESCO 2005）。鉴于教育在基本人权以及与社会经济成果相关的未来生活机会方面发挥的关键作用，这种对所有儿童的关注是重要的。正如史密斯和麦考依（2009）所指出的，经历教育劣势的年轻人在今后的生活中也有可能经历生活机会受限。

自20世纪90年代末以来，学者们已提出全纳教育的拓展定义（Ainscow 1999），但将全纳教育视为仅仅在主流教育环境中关注残疾儿童（即特殊教育需要）的倾向——就如融合方式的案例那样（Vislie 2003）——在奥地利仍很普遍（Feyerer 2012）。此外，尽管这些术语有不同的含义，但在奥地利，"融合"和"全纳"经常互换使用，导致在使用这两个术语时，经常使用斜杠（"融合/全纳"），这样的表述，实际上是将这两个术语结合在一起（有关融合与全纳的详细综述，参见 Vislie 2003）。

不仅全纳教育研究主要集中在残疾儿童上，而且奥地利政府在过去几年颁布的政策措施也是如此。例如，在 2012 年，奥地利发布了一项到 2020 年实现全纳教育的行动计划（BMASK 2012）。计划的重点，可以从其名称一览无余——《2012—2020 年全国残疾人行动计划》——聚焦于残疾儿童，最终目标是减少特殊学校。当然，对残疾儿童的关注，改善了他们在奥地利学校系统中的总体情况（Specht et al. 2007；Bešić, Paleczek, Krammer and Gasteiger-Klicpera 2016）。然而，尽管奥地利全纳教育的出现，是为满足历来被主流学校系统所排斥的残疾儿童建立一个平等公正的教育体系的需求，但排斥作为一种经验现象，不仅仅是残疾儿童的专属。教育排斥、边缘化和歧视，是影响那些由于各种原因无法上学的学生们的重要现象，这些原因，从由于残疾而被拒绝基本的身体接触，到"那些（学生）虽然上学，但由于其移民背景、性别、种族、社会经济地位或其他特征而被隔离或被歧视"（UNESCO IBE 2008, p.12）。此外，仅仅关注残疾儿童，导致了各种后果，其中之一是认为全纳教育属于特殊教育范畴的误解。这导致了错误的认知，认为排斥的经历仅仅影响残疾儿童，从而将对教育系统内排斥、边缘化、歧视等的分析，仅仅限定在一个学生群体（即残疾学生）（UNESCO IBE 2008）。根据安斯科、布斯和德森的研究（2006），通过仅仅关注残疾学生，学者和从业者倾向于削弱和转移全纳教育的焦点，即促进现有教育系统变革、以使学校能接纳所有学生的努力。必须牢记的是，"全纳是民主教育的理想，因此，全纳项目要关注所有学生在学校中的经历"（Slee 2001, p.168），而不仅仅是残疾学生。

我们不要忘记，大多数残疾个体还会有另一项特征（由社会公认的身份标识）使得他们比起其残疾更容易被边缘化。例如，许多残疾学生可能来自少数种族和/或低收入家庭，或可能是第二语言学习者（L2）。因此，学者们需要认识到诸如种族、阶级、性别、（残疾）能力、语言能力、国别等因素间的"同时交叉"（García and Ortiz 2013）。在讨论全纳教育时，这些因素均需纳入考虑（Kozleski, Artiles and Waitoller 2014）。

各种各样的因素（例如权力关系或分类）影响着教育系统及个体在其中的经历，歧视、排斥和边缘化的做法无处不在。因此，全纳教育不是在真空中实施的。"实施全纳教育的社会在历史上是分层的，部分原因是权力的影响"（Kozleski, Artiles and Waitoller 2014, p.239），因此，"教育制度被裹挟在社会历史的重心之中"（Erickson 2004, 被 Kozleski, Artiles and Waitoller 2014, p.239 引用）。换言之，要成功地实施全纳教育，我们必须首先理解其所处的社会。

这些身份与更广泛的社会的交叉，要求在学生不同身份的交叉点——或十字路口——重新定位全纳教育的话语。此外，它要求学者们采用更细致入微的研究方法,避免将个体视为仅拥有一种身份标识的短浅认识,并将一个社会的历史重心纳入考虑(Grenshaw 1989)。

交叉性理论

金伯蕾·克伦肖回应了这种对个体的短浅认识并发展了她的交叉性理论。起初,她使用这一术语来分析美国境脉下非洲裔美国妇女所经历的多重交叠歧视(Crenshaw 1989,1991)。总结其观点,克伦肖断言,美国的反歧视立法实际上并不保护非洲裔美国妇女,因为当对雇主提起法律诉讼时,这一特殊群体的妇女不得不在她们的种族或性别间作选择,即使她们所面对的歧视来自这两个身份之间的"交叉"。根据克伦肖的研究(1989),这种"单轴框架"已经过时,它将种族和性别视为"相互排斥的经历类别和分析类别"(p. 139)。在她看来,非洲裔美国妇女是身为非洲裔美国妇女而受到歧视,这种歧视并不以相同的方式发生在白人妇女或非洲裔男性身上。换言之,在分析歧视及个体经历时,还应考虑到群体内的差异。此外,这种歧视不应被简单地视为只是性别歧视叠加种族歧视,反之亦然。相反,这些不同的歧视(如性别歧视、残疾歧视、种族歧视)应该被视为一个产生歧视(压迫)的统一系统。

与其他认为歧视主要源于个体单一身份标识的理论相比,交叉性理论认为,个体身份的所有方面都需要被考察,因为它们同时相互作用,并影响个体在社会中的印象。此外,这些身份特征不能简单地分别观察(Cooper 2016)。个体身份的不同方面不是"单一的、相互排斥的实体,而是……相互建构的现象"(Collins 2015 p. 2)。这些身份相互交叉,创造了一个整体身份,而有别于身份的各组成部分。交叉性理论认为,要真正理解个体的身份和经历,首先需要认识到,个体的每个身份标识,都与该个体的所有其他身份标识相关联(Crenshaw 1991)。换言之,这意味着,一个30岁以下的穆斯林波斯尼亚女性,同时是一个穆斯林、一个波斯尼亚人、一个女性并且年龄在30岁以下。这些身份不是存在于真空中的,而是与世界如何看待那个特定个体密切相关。

然而,交叉性理论并非仅仅认为个体拥有交叉身份,它不应被理解为仅是对个人身份更加细致入微的视角。它还通过"差异"的概念(Minda 1995),解释某些身份群体是如何被排斥的,而另一些身份群体是如何通过其在社会中的某种固有特权而被接纳的(Nash 2008)。值得注意的是,差异不仅存在于群体之间,还存在于每个群体之内。通过对群体间及群体内呈现出的权力等级进行全面分析,交叉性理论展现了其作为社会关系研究的方法的实用性。根据赵及其同事的研究(2013, p.795),"使一项分析具有交叉性的是……它以交叉性方式,去思考同一性与差异性的问题,以及该问题与权力之间的关系"。

权力及权力关系决定着,谁能成为社会的代表以及以谁的意愿被代表。权力这一概念有很多特征以及相互矛盾的定义。本文中,笔者采用皮埃尔·布迪厄"符号权力"这一概念,或特定社会群体对术语、语言和话语的无批判接受。根据布迪厄的理论(1991,p.170),符号权力"通过且在行使权力者和服从权力者之间的某种关系中被定义,即在信念产生和再生的特定领域结构中被定义"。重要的是,由于由符号(例如,肤色、能力、表达)构建的表征塑造了我们以特定的方式看待世界,因此那些掌握符号权力(对这些符号的掌控)的人在社会中也拥有了实际的政治权力,这会在现实中产生后果。这些后果会形成对特定人群的态度(例如,对难民的负面态度),导致对这些人的特定认知(例如,他们利用了社会制度)在全社会持续传播。

这意味着,一个特定社会的语言和话语通过使其成员相信——或接受——该话语的客观性而变得合法。换言之,由于社会成员没有意识到,这种话语本质上是主观的,通过无批判地接受所提供的"现实",这种现实实际上变得极其强大,并对该团体产生巨大的说服力(Maxim 1998,p.408)。

然而,符号权力不仅在理论层面发挥作用,而且在教育系统中也发挥作用。例如,教师使用的语言具有巨大的符号权力。正如布迪厄(1991)指出,语言的产生是有计划的、经过深思熟虑的,以实现某种目的的方式,由其背后的权威所使用。布迪厄(1986)还认为,不同社会群体获得的社会资本、金融资本和文化资本有很大不同。例如,可及性问题使来自社会经济地位较低家庭的学生,难以获得进入高等教育机构的经济资本和文化资本。这阻碍了他们的教育成功(Bourdieu and Passeron 1990)。这些学生与那些来自社会经济地位较高家庭的学生相比处于劣势,后者能获得由社会所确定的有价值的社会资本和经济资本(Walgenbach 2017)。

文化资本同样如此。个体拥有的文化资本(如教育)越少,其实现社会阶层流动就越难,这也加剧了社会内部的不平等(Bronner and Paulus 2017)。根据布迪厄的理论,这种机制不仅巩固了社会等级秩序,而且还导致了社会秩序的内化,因为资本的可获得性或知识资源"构成了对社会世界的认识"(Bourdieu 1987,p.549,被Bourdieu 和 Paulus 2017,p.19 引用)。

交叉性理论阐明了社会不同群体之间的关系与权力关系(Bronner and Paulus 2017)。通过考察权力的影响——或权力结构在特定社会中的呈现——交叉性理论也揭示了特权如何发挥作用。因此,交叉性是这样一个概念:一方面,考虑了个体身份之间的差异,另一方面,考虑了社会权力结构以及由此引发的社会不平等(Walgenbach 2017)。它承认这两方面互为因果且可再生。因此,交叉性理论引发了基于诸如性别、种族、阶级、(残疾)能力等社会不利地位来源的压迫和从属的多面性和关联性本质的分析。为更好理解交叉性,请见图1。

为使其更有帮助,图1展示了上文描述的交叉性的各个方面。从内向外看,即从这个"洋葱"的内部开始看到其外缘,洋葱的核心就是个体。正如该图所示,个体

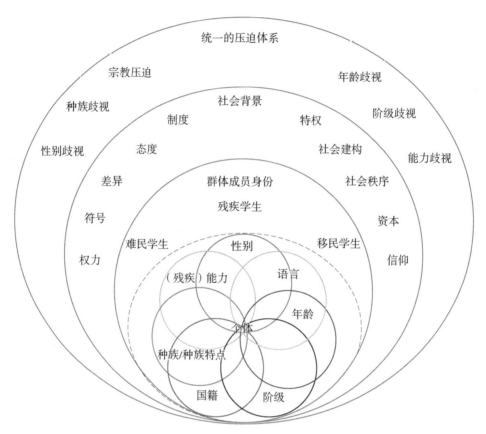

图 1　交叉性理论洋葱图

有许多不同的身份标识,并非所有的标识都可以单独观察,因为每个标识都与其他标识交叉,就像维恩图展示的那样。该图清晰地表明:要识别一个身份标识的起点和另一个身份标识的终点是极其困难的。它表明个体同时拥有多重身份,所有这些身份,不仅有助于他们如何看待自己,而且有助于社会如何看待他们。

该图的第二层"群体成员身份",表明了被认为相同的个体如何被归类为一个特定群体的成员。值得注意的是,这些群体成员身份创造并维系了不同群体之间的差异。这种差异及群体成员身份不仅影响了社会看待个体的方式,而且塑造了个体经历。然而,考虑到交叉性,拥有交叉身份的个体也同时嵌入多个群体成员身份,意味着他们在某一特定情境下并非仅属于某一特定群体,而是在特定时间属于所有群体。

把个体分成不同的群体是社会的惯例。该图的第三层"社会背景"阐明了这一点。在这层"洋葱"中,许多概念——诸如特权、权力、社会建构以及态度等——发挥作用,显示了个体所属的社会关系。

该图的最外一层"统一的压迫体系",显示了歧视的主要机制。"洋葱"的外层代表着个体所面对的整个外部世界,并揭示了这些压迫系统彼此协调一致地起作用。总体来看,"洋葱"隐喻表明,个体如何被看待,往往是基于其可见的身份标识或在最外层能找到的那些身份标识。重要的是,这些身份标识对一个特定群体的所有成员都是一样的(就像每个洋葱从外面看起来一样)。在这种情况下,个体的不同层面——其他身份标识——第一眼可能看不出来。

全纳教育境脉下的交叉性理论

如前文所述,交叉性作为一个概念,主要用于性别研究中(Nash 2008),但其他领域的学者已开始将其应用到自己的研究中(Jiménez-Castellanos and García 2017)。在全纳教育领域,交叉性理论仍被许多学者视为"未来视角",但已开始引起关注(Artiles, Dorn and Bal 2016)。

根据格兰特和兹维尔的研究(2011),在教育境脉下使用交叉性理论,可以分析任一个体儿童的性别、能力(残疾)、移民背景、种族、阶级等的同时交叉,以及这些个体特征或群体特征与组织对其回应之间的相互作用。因此,交叉性理论有助于解释,特定学生(如,伴有行为障碍的难民学生)如何在学校里遭遇不同层面的排斥,这是因为学校应对或未能应对学生身份的交叉性的方式,取而代之的是,学校仅对学生某一方面的需求作出回应(Waitoller and Kozleski 2013)。例如,学校为残疾儿童提供与其残疾相关的服务,为难民儿童提供语言学习或创伤经历的支持。但对一个残疾难民儿童而言,又会发生什么呢?

正如瓦尔根巴赫(2017)所指出的,由于这些身份标识没有明确划分,责任权限也没有明确界定,因此这个孩子将无法获得其所需的支持。人们如何看待这些孩子的差异,这会涉及他们的身份和能力,从而导致对儿童的单一视角。这些对学生的统一看法,如嵌入教育政策之中,会窄化教育者在其工作的制度境脉下支持学习的视野。因此,一旦学生被鉴定在某一特定领域需要专门支持,该学生其他方面的需求可能就被搁置或忽视。例如,最近的研究显示,在奥地利的学校中,有难民背景的学生,在尝试学习德语方面,感受到充分的支持,但在其他学科方面存在很大缺失(Bešić, Gasteiger-Klicpera, Buchart, Hafner and Stefitz 2020)。这是因为,为学习、行为和语言支持等提供的服务可能是分开构建的。因此,教师的技能组合,通常分散在由学生差异而分类的不同角色之中(Waitoller and Kozleski 2013)。

正是在这里,交叉性理论可以发挥最大作用。它通过多轴方法分析将教育问题概念化,提供了一种路径,可以"更全面地回答"当今学校中关于需求、正义和公平等问题(Grant and Zwier 2011)。其他学者也赞同在全纳教育中需要采用多轴方法。例如,根据斯利(2001)的说法,"跨阶级、种族、性别、残疾的交叉性讨论,提醒着我们全纳教育主张的特殊性和普遍应用"(p.103)。

应该承认,全纳教育是一个长期过程,其核心是在一个日益多元化的环境中,努力研制消除排斥的有效策略。在抵制排斥、积极回应多元化的努力中,全纳是一个不断演进的概念(Ainscow 1999)。同样,为了回应随时间起伏变化的新发展和复杂的社会不平等,必须动态地思考交叉性理论,因为它也在不断变化。它是一个变化的过程,不断发展以回应统一的压迫体系。

涉及全纳教育,交叉性可用于强调这样一种观念,即被边缘化或受歧视的学生,不仅在个体层面,而且在制度层面,常常经历多种形式的边缘化和歧视。这些后果造成了社会分层和教育分层,这种分层是全纳教育活动家力图抵制的,但实际上却被困其中,因为这些活动家没能以他们定义和实施全纳教育的方式,来考虑这些后果的交叉性质(Hancock 2007)。如果研究人员能将这两个概念结合起来,那么交叉性理论将有助于识别歧视和排斥过程,而全纳则有助于解决这些问题,并为所有学生创造可能是最成功的教育图景。

交叉性和全纳的关键在于,用于人类特征(身份标识)分类的类别是社会建构的。这些分类造成了群体间的差异,并被社会所延续和强化(Gillborn 2015)。社会差异不是先天自然存在的,而是在制度的相互作用和社会领域中产生和繁衍的。根据布迪厄之前提出的路径(1991),诸如"移民""难民"之类的社会分类是专制的文化建构,用以合法化并解释差异,维持一个社会的秩序。

社会建构主义的核心理念是,每个人都成长在一个人类预先建构的世界中,社会现实以交互的方式产生并维系,涉及"个体间的互动与社会化"以及"我们世界的交际构成"(Siebert 2004, p.99)。个体在与他人的联合中不断建构社会现实(Bourdieu 1991)。通常,社会建构的类别限于二元选择:女孩还是男孩,移民还是非移民,黑人还是白人。这种区分可被视为硬币的两面,没有其中一面,另一面是不可想象的,但同时又排斥另一面。此外,这种整体的划分标志着等级差异:学生(无更多描述,是因为他们符合社会常态)和具有移民背景、难民身份和残疾的学生。这种区分是武断的,是可以以不同的方式建构的。然而,这些区分却很少被质疑。根据其特征,移民学生和残疾学生首先迅速地被定义;所有其他的特征紧随其后。这些社会建构的分类彼此相互作用,产生了社会等级和弱势体系(Bräu 2015)。

重要的是要牢记,这些分类(无论是学生的移民背景、难民身份还是残疾)不应被视为教育系统内部问题的原因。相反,这些分类所承载的意义,是由其周边社会建构的意义。社会污名化这些分类,导致了各种形式的歧视和排斥,由于在学校和社会中存在"主导性的有关机会和参与的社会、政治和制度安排"(Green et al. 2005, 被 Artiles, Dorn and Bal 2016, p.778 引用)。在使用"具有移民背景的学生"或任何其他社会建构的分类术语时,就传递了某种例外,或者更确切地说,传递了某种刻板印象、污名和偏见。这些分类具有一定的意义,可能影响儿童的教育路径。

特定群体的成员身份被赋予特权,而其他人则被置于弱势地位。然而,特权的赋予,不仅仅通过附加在儿童身上的术语,而且也与特定群体的社会、经济、文化资本相关联,这也影响到儿童在不同类型学校中的占比过多/不足,进一步影响他们未来的教育路径。

这里需要注意的是,权力等级在社会中发挥的决定性作用以及这些等级如何影响儿童的教育路径。在这些等级中,由于社会认为,一些身份群体会损害其他群体(Nash 2008),所以他们将被排斥在外。这种群体排名确定了每个群体不同数量的特权。为了了解这种特权在特定社会中如何运作,对权力及其后果有个整体理解是很重要的。

纵观整个教育史,同样需要认识到,权力在建构上述分类中的作用。将移民背景儿童和残疾儿童安置在学习挑战较低的学校(例如奥地利的做法,参见 Luciak and Biewer 2011),或者,有证据显示,甚至将他们隔离于主流课堂之外,这揭示了权力的运作情况。因此,不同身份标识的交叉性,以及在一个等级社会中历史上长期存在的不平等的交叉性,均会影响学生的教育成果,认识到这一点很重要。全纳教育——不仅在奥地利境脉下,也在其他地方——不能忽视这些交叉性以及歧视特定学生群体这一遗留问题。

结　　论

本文中,笔者定义了"全纳教育",并强调了扩大其范畴,使其成为涵盖*所有*学生的扩展性定义的重要性——尤其是在奥地利,在当前仅关注残疾儿童的情况下。随后介绍了主要理论视角:交叉性理论。笔者不仅提出了交叉性理论的命题,并指出,在全纳教育中,为确定那些导致学校中歧视不同学生群体的多重因素的相互作用,交叉性视角不可或缺。此外,笔者也指出,在讨论全纳教育时,需要考虑群体内部的差异。

虽然在全纳教育研究中,交叉性理论尚未得到充分利用,但笔者强调了在全纳教育研究及学校实践中"交叉性思考"的重要性。换言之,将当前的重点从残疾儿童转向所有儿童,凸显了拓展全纳教育定义的必要性(在奥地利的境脉下)。在奥地利,拓展全纳教育的定义是必要的,因为当前全纳教育的措施和政策仅专注于残疾儿童。诚然,这种聚焦使教育系统内部为了残疾儿童而发生了重要的结构性变革。然而,群体*内*的差异也需要考察。只聚焦一种身份标识(如,残疾),研究者和实践者会错失更重要的情形,即学生在多个层面受到排斥/歧视。单轴框架的使用,无法实现全纳教育的公平,因为绝大多数残疾个体还有另一个往往使他们更加边缘化的身份(Slee 2001)。此外,仅聚焦一个因素的差异,来解释特定学生群体的教育成功或失败,这是使复杂情况简单化。暗指教育系统存在于真空之中,不受社会及社会内部发生的进程影响,也是一种误导。这些需要考虑的因素,使重新定位全纳教育的话语变得很有必要,不仅需要重新定位与学生自身有关的不同身份标识的交叉点,而且需要重新定位教育系统和更广泛的社会;采取更加细致入微的研究方法,避免只根据一个身份标识对个体进行短视描述(Crenshaw 1989,1991;Hancock 2007)。为了变革教育系统,学者们需要分析学校系统中所有的排斥性、边缘化因素,不仅包括不同学生群体之间的因素,而且包括群体内部的因素。

必须承认,当这一理论付诸实践时,问题复杂化了。以这一拓展定义来实施全纳教育,可能不仅需要态度的改变,而且需要教育系统各层级的实践变革。然而,只要儿童的单一差异分类(主要是残疾)仍是全纳教育的主要焦点,全纳教育的进一步实施就将充斥着全纳教育只是特殊教育的进一步发展这一假设。当注意到每个儿童,不仅是残疾儿童,而且是有着许多其他身份的儿童时,这一假设尤其令人担忧。如果研究者和实践者没有看到这些群体内的差异,面临交叉歧视的儿童就将被无视或无法充分获得满足他们特殊需要的服务。全纳教育需要打破教育政策和实践来挑战现状,这些政策和实践只关注残疾儿童却边缘化其他群体,包括那些两重或多重差异轴交叉的群体(即残疾和难民身份)。

总之,全纳教育应该基于对当今学校所服务的学生更深刻的理解,包括对渗透在学校和其他社会制度中文化历史遗产优势(或劣势)的批判性认识,尤其是处于移民浪潮和全球化之下,情况变得更加复杂。

(徐 晶 译)

参考文献

Ainscow, M. (1999). *Understanding the development of inclusive education.* London: Falmer Press.

Ainscow, M., Booth, T., & Dyson, A. (2006). *Improving schools, developing inclusion.* Abgindon: Routledge.

Armstrong, D., Armstrong, A.C., & Spandagou, I. (2011). Inclusion: By choice or bychance? *International Journal of Inclusive Education,* 15(1),29-39.

Artiles, A.J., Dorn, S., & Bal, A. (2016). Objects of protection, enduring nodes of difference: Disability intersections with "other" differences, 1916 to 2016. *Review of Research in Education,* 40(1),777-820.

Baeten, M., & Simons, M. (2014). Student teachers' team teaching: Models, effects, and conditions for implementation. *Teaching and Teacher Education,* 41, 92-110.

Bešić, E., Gasteiger-Klicpera, B., Buchart, C., Hafner, J., & Steitz, E. (2020). Refugee students' perspectives on inclusive and exclusive school experiences in Austria. *International Journal of Psychology.*

Bešić, E., Paleczek, L., Krammer, M., & Gasteiger-Klicpera, B. (2016). Inclusive practices at the teacher and class level: The experts' view. *European Journal of Special Needs Education, 31* (3), 1 – 17.

BMASK [Federal Ministry of Labour, Social Affairs and Consumer Protection] (2012). *National action plan on disability 2012 – 2020. Strategy of the Austrian Federal Government for the Implementation of the UN Disability Rights Convention.* Vienna: Federal Ministry of Labor, Social Affairs and Consumer Protection.

Bourdieu, P. (1986). The forms of capital. In J. Richardson (Ed.), *Handbook of theory and research for the sociology of education* (pp. 241 – 258). New York, NY: Greenwood.

Bourdieu, P. (1991). *Language and symbolic power.* Cambridge, MA: Harvard University Press.

Bourdieu, P., & Passeron, J.C. (1990). *Reproduction in education, society, and culture.* London: Sage.

Bräu, K. (2015). Soziale Konstruktionen in Schule und Unterricht-eine Einführung [Social constructions in school and class: An introduction]. In K. Bräu, & C. Schlickum (Eds.), *Soziale Konstruktionen in Schule und Unterricht: Zu den Kategorien Leistung, Migration, Geschlecht, Behinderung, Soziale Herkunft und deren Interdependenzen* [Social constructions in school and class: The categories and interdependencies of performance, migration, gender, disability, social background] (pp. 17 – 35). Opladen: Verlag Barbara Budrich.

Bronner, K., & Paulus, S. (2017). *Intersektionalität: Geschichte, theorie und praxis* [Intersectionality: History, theory, and practice]. Opladen: utb.

Cho, S., Crenshaw, K., & McCall, L. (2013). Toward a field of intersectionality studies: Theory, applications, and praxis. *Signs, 38*(4), 785 – 810.

Collins, P.H. (2015). Intersectionality's definitional dilemmas. *Annual Review of Sociology, 41*(1), 1 – 20.

Cooper, B. (2016). Intersectionality. In L.J. Disch & M.E. Hawkesworth (Eds.), *The Oxford handbook of feminist theory* (pp. 385 – 407). Oxford: Oxford University Press.

Crenshaw, K. (1989). Demarginalizing the intersection of race and sex: A black feminist critique of antidiscrimination doctrine, feminist theory and antiracist politics. *University of Chicago Legal Forum, 1989*(1), 139 – 167.

Crenshaw, K. (1991). Mapping the margins: Intersectionality, identity politics, and violence against women of color. *Stanford Law Review, 43*(6), 1241 – 1299.

Davis, K. (2008). Intersectionality as buzzword: A sociology of science perspective on what makes a feminist theory successful. *Feminist Theory, 9*(1), 67 – 85.

de Boer, A., Pijl, S.J., & Minnaert, A. (2012). Students' attitudes towards peers with disabilities: A review of the literature. *International Journal of Disability, Development and Education, 59*(4), 379 – 392.

Farrell, P., Dyson, A., Polat, F., Hutcheson, G., & Gallannaugh, F. (2007). SEN inclusion and pupil achievement in English schools. *Journal of Research in Special Educational Needs, 7* (3), 172 – 178.

Feyerer, E. (2012). *Der Umgang mit besonderen Bedürfnissen im Bildungswesen* [Dealing with special needs in the education system].

García, S.B., & Ortiz, A.A. (2013). Intersectionality as a framework for transformative research in special education. *Multiple Voices for Ethnically Diverse Exceptional Learners, 13* (2), 32 – 47.

Gillborn, D. (2015). Intersectionality, critical race theory, and the primacy of racism: Race, class, gender, and disability in education. *Qualitative Inquiry, 21*(3), 277 – 287.

Grant, C. A., & Zwier, E. (2011). Intersectionality and student outcomes: Sharpening the struggle against racism, sexism, classism, ableism, heterosexism, nationalism, and linguistic, religious, and geographical discrimination in teaching and learning. *Multicultural Perspectives*, 13(4), 181–188.

Hancock, A. (2007). When multiplication doesn't equal quick addition: Examining intersectionality as a research paradigm. *Perspectives on Politics*, 5(1), 63–79.

Jiménez-Castellanos, O., & García, E. (2017). Intersection of language, class, ethnicity, and policy: Toward disrupting inequality for English language learners. *Review of Research in Education*, 41(1), 428–452.

Kozleski, E., Artiles, A., & Waitoller, F. (2014). Equity in inclusive education: A cultural historical comparative perspective. In L. Florian (Ed.), *The SAGE handbook of special education* (Vol. 2, pp. 231–249). London: SAGE Publications.

Luciak, M., & Biewer, G. (2011). Equity and inclusive education in Austria: A comparative analysis. In A. Artiles, E. Kozleski, & F. Waitoller (Eds.), *Inclusive education: Examining equity of five continents* (pp. 17–44). Cambridge: Harvard Education Press.

Maxim, H. H. (1998). Authorizing the foreign language student. *Foreign Language Annals*, 31(3), 407–431.

Minda, G. (1995). *Postmodern legal movements. Law and jurisprudence at century's end*. New York: University Press.

Mittler, P. (2006). *Working towards inclusive education: Social contexts*. London: David Fulton.

Nash, J. C. (2008). Re-thinking intersectionality. *Feminist Review*, 89, 1–15.

Reicher, H. (2010). Building inclusive education on social and emotional learning: Challenges and perspectives — A review. *International Journal of Inclusive Education*, 14(3), 213–246.

Siebert, H. (2004). Sozialkonstruktivismus — Gesellschaft als Konstruktion [Social constructivism: Society as construction]. *JSSE*, 3(2), 95–103.

Slee, R. (2001). Social justice and the changing directions in educational research: The case of inclusive education. *International Journal of Inclusive Education*, 5(2-3), 167–177.

Smyth, E., & McCoy, S. (2009). Investing in education: Combating educational disadvantage. *ESRI Research*, 6, 1–55.

Specht, W., Seel, A., Stanzel-Tischler, E., & Wohlhart, D. (2007). *Individual support within the Austrian education system. Strategies for the development of quality in special needs education*. Graz: Bundesinstitut für Bildungsforschung, Innovation und Entwicklung des Bildungswesens.

Sullivan, A., & King, T. (2010). Considering intersections of difference among students identified as disabled and expanding conceptualizations of multicultural education. *Race, Gender & Class*, 17(1-2), 93–109.

UNESCO (2005). *Guidelines for inclusion: Ensuring access to education for all*. Paris: UNESCO.

UNESCO (2009). *Policy guidelines on inclusion in education*. Paris: UNESCO.

UNESCO IBE [International Bureau of Education] (2008). *Defining an inclusive education agenda: Reflections around the 48th session of the International Conference on Education*. Geneva: UNESCO IBE.

Vislie, L. (2003). From integration to inclusion: Focusing global trends and changes in the Western European societies. *European Journal of Special Needs Education*, 18(1), 17–35.

Waitoller, F. R., & Artiles, A. J. (2013). A decade of professional development research for inclusive education: A critical review and notes for a research program. *Review of Educational Research*, 83(3), 319–356.

Waitoller, F. R., & Kozleski, E. B. (2013). Working in boundary practices: Identity development and learning in partnerships for inclusive education. *Teaching and Teacher Education, 31*, 35-45.

Walgenbach, K. (2017). *Heterogenität-Intersektionalität-Diversity in der Erziehungswisseschaft* [Heterogeneity-intersectionality-diversity in educational science]. Stuttgart: utb.

【作者简介】
埃德维娜·贝希奇
曾在奥地利格拉茨大学教育专业发展研究所从事博士后研究,现任施蒂利亚教师教育学院全纳教育与教学法教授。其研究领域是有特殊教育需要的学生和移民学生的全纳教育、跨文化教育、交叉性理论以及儿童参与性研究。

通信地址:UNESCO International Bureau of Education, P. O. Box 199, 1211 Geneva 20, Switzerland

电子信箱:edvina. besic@phst. at

专　栏

教育中的全纳与公平：理解全球挑战

梅尔·安斯科

在线出版时间：2020 年 9 月 17 日
©联合国教科文组织国际教育局 2020 年

摘　要　本文对本期《教育展望》专刊中有关全纳教育的论文进行介绍性评论。评论中，本文强调，我们必须谨慎地阅读来自世界其他地方有关全纳教育的描述。我们无疑能从本期专刊的论文中汲取教益，但必须谨慎采纳。毫无疑问，各种类型的证据有助于识别一些学习者面临的困难以及能被用来克服这些困难的资源。然而，在教育系统内促进全纳与公平的努力，应该基于对特定境脉的分析。为此，本文勾勒了一个研究框架，可用来进行这种境脉分析。最后，本文认为，在国家教育体系内强调全纳与公平，可提升所有年轻人的教育质量。

关键词　全纳　公平　境脉分析

促进全纳与公平的全球关注，如何影响着世界各地的教育政策和实践，对此，本期《教育展望》专刊中的文章提供了有趣的见解。在他们的论文中，作者们阐明了所涉及的挑战，并给出了应对这些挑战的方法建议。

在本篇介绍性评论中，根据本人在世界很多地区制定支持全纳发展的研究方案的经验，笔者对这些论文进行了反思。笔者提出了几个需要关注的因素，以推动政策和实践向前发展。同时还强调，境脉因素在形成教育系统改革成果方面非常重要。笔者认为，这种对境脉的关注应该牢记于心，尤其是在阅读本期专刊时。

境脉和视角

尽管进行了 25 年的国际辩论，但关于全纳教育的共识仍然难以达成（Ainscow 2020）。国际上，全纳教育越来越被视为一项支持并接受所有学习者多样性的原则（UNESCO 2017）。这一观点假定，其目的是消除由对种族、社会阶级、民族、宗教、性别和能力的歧视态度而引起的社会排斥。因此，全纳教育源于这一信念，即教育是一项基本人权，是一个更加公平的社会的基础。最近，《教育 2030 行动框架》

原文语言：英语

(UNESCO 2015)强调了公平,这意味着对公平的关注。在笔者与国际专家团队共同研制的《确保教育的全纳性和公平性指导纲要》中,我们将其总结为:每个学习者都重要,并且同等重要(UNESCO 2017)。

在本期《教育展望》专刊对发展情况的描述中,这些问题所涉及的视角的差异显而易见。比如,我们看到,一方面,一些作者主要关注在普通教育环境中找到服务特定儿童群体的方法——例如残疾儿童或少数族裔背景的儿童——或是关注性别如何影响全纳。同样,大多数文章提及了来自低收入家庭的学习者。另一方面,有些作者从更广阔的视角看待全纳,将其视为一项指导原则。在本期专刊中,在不同程度上,他们的视角受到埃德维娜·贝希奇所解释的交叉性视角的影响。作者们关注的是,社会分类如种族、阶级、性别等相互关联的本质如何导致歧视性过程。

这些不同的视角也提醒我们,以免我们忘记:在理解和发展教育政策和实践时,境脉很重要。这意味着,根据自己国家的经验对另一个国家正在发生的事情作出假设是危险的。

从差异中学习

本期的文章表明,教育不公平的根源有很多,涉及政治、经济、社会、文化及制度等因素,并且这些因素在国家内部及国家之间都有所不同。这意味着,尽管我们无疑能从所有这些文章中汲取教益,但对它们的诠释和复制必须谨慎。举个具体的例子,富兰(2007)指出,芬兰没有国家考试体系,但他认为,这并不意味着缺乏考试总是一件好事。

对境脉敏感的系统变革策略,是笔者在本文提出的建议中普遍存在的主题之一。这意味着什么?为阐明这一点,笔者回到20多年前出版的一本书,书中,我和同事托尼·布斯分析了由某研究小组在关于8个国家的学校叙述中所揭示的全纳(及排斥)观点(Booth and Ainscow 1998)。这项研究源自我们对现存诸多比较教育研究的不满,许多研究过度简化了教育过程和实践,希望寻求具有全球意义的研究成果,却无视理解和翻译的问题。我们也对某些研究表示担心,这些研究认定,存在单一国家视角,而不报告所有国家都会出现的利益冲突和观点冲突。对此,我们认为,相关的研究和辩论往往忽略了国家之间和国家内部的重要差异。

鉴于这些问题,我们计划对这8个国家的发展进行研究,以唤起人们更多地关注国家与地方政策、文化与语言历史等对教育实践的影响。我们希望,通过明确他们的观点,阐明实践中的所有混乱,扩展现有关于全纳的比较研究。我们也尝试挑战常常以传统的特殊教育这一狭隘、有缺陷的视角来诠释全纳教育概念的方式。

笔者和布斯认为,认识到观点的多样性,将会避免比较研究的两个陷阱:一是认为在任何国家,对全纳都存在单一国家视角;二是认为可以不考虑当地境脉和意义,就将实践经验推广到各个国家。我们的理解是,呈现单一国家视角的倾向,往往无法描述在当地和本国境脉下理解实践的方式。这是社会科学实证主义的观点,即在一个国家开展的研究,可以与其他国家的研究相融合,以支持可推广的结论。

所有这些都与我们在本期《教育展望》专刊中读到的研究形成了鲜明对比。这些研究在不同程度、不同方式上试图提取在特定国家的政策与实践意义的细微差别。在有些案例中,这意味着,直接倾听有关各方的声音,尤其是儿童和年轻人的声音。与其降低在不熟悉的境脉中进行的研究的潜在贡献,不如仔细分析这些视角、境脉、意义的差异,提高这些研究的价值。

从经验中学习

在过去 30 余年里,作为联合国教科文组织的顾问,笔者有幸与许多国家的同行共事,利用研究来促进教育系统内更大的全纳与公平。笔者将自己在开展这项工作时开发的方法称为"协作探究"(Ainscow 1999)。简言之,这种研究涉及利益相关方生成并使用证据,为其行动提供信息。

有句谚语说,理解一个组织的最佳方式是努力改变它。基于此,笔者的经历揭示了促进或限制全纳教育进程的因素。这些经历引导笔者形成了一个框架,去思考在教育系统内如何促进全纳与公平(见图1)。该框架在早期版本(Ainscow 2005)的基础上进行了修改,将学校置于分析的中心。这样做便强化了一种观点,即,要迈向全纳,就必须聚焦于提升当地社区主流学校的能力,以支持日益多样化的学习者的学习与参与。这就是笔者之前描述为"全纳转向"(Ainscow 2007)的范式转换。笔者认为,迈向全纳就是要关注学校的发展,而非试图将弱势学生群体融入现有安排。

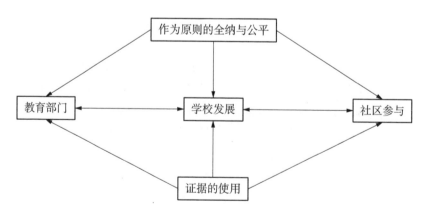

图1　与全纳与公平相关的境脉分析框架

同时,这个框架关注一系列影响学校工作方式的境脉因素:(1)指导教育系统内政策优先级的原则;(2)用以评估学校绩效的标准;(3)在当地境脉下其他人的观点和行动,包括学校服务的更广泛的社区成员,以及负责协调教育系统的国家和当地教育部门的工作人员。正如笔者将要解释的那样,这些影响可能为学校里那些希望向全纳方向迈进的人提供支持和鼓励。然而,它们也可能成为进步的障碍。

接下来,笔者将对这五个因素逐一解释,从而引出一系列在分析特定境脉时需要考虑的关键理念,以便制定未来的政策。这些理念的指导思想是,全纳与公平不应被视为单独的政策。相反,它们应被视为影响所有国家教育政策的原则,尤其是那些关乎课程、评估、督导、学校评价、教师教育和预算的政策。它们也必须影响教育的所有阶段,从早期教育直至高等教育。

作为原则的全纳与公平

诸如"公平"和"全纳"之类的专业术语可能令人困惑,因为对不同的人,它们可能意味着不同的东西。当我们试图与他人共同前进时,这个问题尤为突出——特别是在学校里,每个人都如此忙碌。简言之,如果对这趟旅程的预期方向没有共识,进步将会愈加困难。因此,有必要对这些概念的定义达成一致。

当出于战略目的而下定义时,我们的早期研究(Ainscow et al. 2006)引导我们提出教育中的全纳应该是:

(1) 被视为一个过程。全纳必须被视为一个寻找更好的方式,以回应多样性的永无止境的探索。全纳涉及学习如何与差异共存,以及如何从差异中学习。通过这种方式,差异被视为更积极的因素,促进儿童与成人之间的学习。

(2) 关注障碍的识别与消除。这需要在特定境脉下,搜集、整理、评价来自各方面的信息,以便规划政策与实践的改进。这还涉及使用各种证据以激发创造力,解决问题。

(3) 专注于提升所有学生的存在感、参与度和成就。在此,存在感与儿童在哪里接受教育相关,也与他们是否有学上,以及上学有多准时相关;参与度与他们在那里的体验质量相关,因此必须纳入学习者自己的观点;成就是关于整个课程学习的结果,不仅仅是测验或考试成绩。

(4) 需要特别重视那些可能面临边缘化、排斥或低成就风险的学习者群体。这表明了一种道德责任,确保那些在统计上最有风险的群体受到仔细监测,以及必要时采取措施,确保他们在教育系统内的存在感、参与度和成就。同时,有必要留意可能被忽视的学习者。

笔者的经验是,精心策划关于这些要素的辩论,可以导向对全纳原则的更广泛理解。尽管这样的辩论本质上是缓慢的,但可能是永恒的,能促进条件改善,使学校受到鼓舞,朝着更全纳的方向前进。关键是,这一进程必须寻求所有利益相关方的参与,包括家庭、社区、政治和宗教领袖以及媒体,此外,还必须包括国家和地方教育学区办公室的工作人员。

证据的使用

为应对教育系统公平和机会的关切，了解哪些人被接纳，哪些人被隔离，哪些人被排斥无法上学是重要的。没有这样的证据，就不可能有问责。然而，当数据收集的努力仅仅聚焦于特定类别的学习者，就存在一种风险，即助长对于具有某些共同特征或来自相似背景的学生的错误看法。简言之，聚焦于某一类孩子出了什么问题，而非更根本的问题，比如，为什么我们会使一些学习者失败或我们的部分学生遇到了什么障碍。

研究有关这些挑战性问题的证据，包括儿童及其家庭的观点，有可能激发我们努力寻找更有效的方式，来促进所有学习者的参与和进步（Ainscow and Messiou 2017）。此外，也需要有关境脉因素的数据，包括资源和设施，以及有关态度、信念和社会关系的数据。随着处理大量不同类型数据的技术水平的不断提高，越来越有可能产生许多关于影响教育系统内学生的全纳、隔离和排斥作用的信息。聚焦这些因素，有助于为促进全纳与公平创造条件。

有了这一想法，笔者提议一种回应学习者多样性的不同方式，这一方式与特定境脉中存在的障碍相联系，与促进民主化学习的机会、过程、成果相联系。这使笔者认识到，学生的体验在多大程度上是全纳、平等的，不仅仅取决于学校的教育实践，还取决于从外部进入学校的一系列互动过程。这包括学校所服务地区的人口统计数据、送（或不送）孩子上学的人口的历史文化，以及这些人口所面临的经济和社会现实。

因此，有必要生成证据，以解决影响学生参与和学习的三个相互关联的因素：*校内因素*如现有政策和实践，源自当地学校系统特征的*校际因素*，以及*校外因素*，包括当地人口、经济、文化、历史——所有这些因素都聚焦于减少不公平。我们将这个简单的框架定义为"公平的生态"（Ainscow et al. 2012）。

学校发展

全纳学校是什么样子，没有单一模式。然而，高度全纳的学校的共同点是，欢迎并支持所有学生，尤其是那些残疾学生和有时感到学习有困难的学生。这样做，并不妨碍这些学校努力提升所有学生的成就。事实上，学校往往会采取一系列所有学校都会采用的有效提升学生成就的典型策略，而且强调，支持弱势学生似乎并不会阻碍这些策略（Dyson et al. 2004）。一个关键因素是，重视追踪并支持所有学生的进步。

这意味着学校需要改革，实践需要改进，以积极回应学生多样性。学校必须将个体差异视为丰富学习的机会,而非需要修正的问题。在这样的理念中,考虑学生的差异,可以提供一个变革议题,并洞察这些变化如何发生。此外,在鼓励和支持问题解决的协作文化境脉中,这种方法更有可能成功(Ainscow 2016b; Skrtic 1991)。根据这一观点,全纳实践的发展,需要特定境脉下的人共同努力,解决一些学习者遇到的教育障碍。

这意味着,发展全纳学校的努力,应该注重在学校社区内围绕全纳价值观建立共识。它意味着,选择学校领导者时,应该考虑他们对全纳价值观的承诺,以及他们以参与的方式进行领导的能力(Riehl 2000)。最后,外部政策环境应与全纳发展一致,以支持而非破坏学校的努力。

社区参与

为了促进教育中的全纳与公平,政府需要调动人力资源和财政资源,其中有些资源可能并不在政府的直接掌控之下。因此,在支持变革进程的关键利益相关者间建立伙伴关系是至关重要的。这些利益相关者包括:家长/照顾者,教师和其他教育专业人员,教师培训人员和研究者,国家、地方、学校各级行政人员和管理人员,其他部门(如卫生、儿童保护和社会服务)的决策者和服务提供者,社区里的市民团体,以及处于被排斥风险的少数群体成员。

家庭参与尤为重要。在一些国家,家长和教育当局已经紧密合作,为特定学习者群体研制基于社区的项目,例如那些由于他们的性别、社会地位或缺陷而被排斥的群体(Miles 2002)。合乎逻辑的下一步是让家庭参与到支持发展学校全纳性的变革中来。

如果家长缺乏信心或技能去参与这样的发展,教育当局可能有必要加强能力建设和网络建设,包括创建家长支持小组,针对家长与孩子一起合作,家长与学校和教育当局谈判的游说技巧进行培训。在这里,值得补充的是,有证据表明,家庭的观点,包括儿童自己的观点,有助于激励学校努力发展更全纳的工作方式。

所有这些都意味着要变革家庭和社区的运作方式,丰富他们为儿童提供的内容。在这方面,有许多鼓舞人心的例子。当学校的做法与当地其他参与者——雇主、社区团体、大学的努力以及公共服务部门相一致,并成为连贯的战略时,会发生积极的变化(Kerr et al. 2014)。这未必意味着学校要做更多,但它确实意味着在校外伙伴合作中,合作伙伴彼此合作努力的影响确实能成倍增加。

有了这一观点,我在曼彻斯特的同事阿兰·德森和凯斯丁·克尔探索了基于地区的行动倡议的理念,他们以美国哈林儿童区受到高度赞扬的教育原则为蓝本(Dyson and Kerr 2013)。这项工作采用了"双重整体"的方法,努力改善弱势地区儿童和年轻人的学习结果。也就是说,他们寻求协调一致的行动,涉及儿童生活的各个方面,贯穿从受孕到成年的整个生命周期,努力解决使儿童处于弱势地位的各种因素，同时增强支持儿童的各种因素。

对教育系统内各关键利益相关者来说，所有这些都是有意义的。特别是教师，尤其是资深教师，必须认识到，他们自身对所有儿童都负有更大的责任，而不仅仅是那些在他们学校上学的儿童。此外，他们还必须发展内部组织模式，使自己能灵活地与其他学校和校外其他利益相关者合作。这也意味着，那些学校系统的行政管理者必须调整其优先事项和工作方式，以帮助教师回应来自学校内部的改进工作。

教育部门

政策是在教育系统各个层面制定的，不只是在学校和课堂层面（Ainscow et al. 2020）。此外，促进公平与全纳，不是一门简单的技术或组织变革——它是一种有明确哲学方向的运动。因此，迈向更全纳的工作方式，需要整个教育系统的变革，从决策者的价值观和思维方式的转变，以使他们能提供塑造全纳文化的愿景，到学校及其所服务的社区的重大变革。

教育系统内的全纳文化，要求国家、地区和学校的高级职员共享一系列假设和信念，即尊重差异，相信合作，并致力于为所有学生提供受教育机会。然而，要改变教育系统内存在的文化规范，是很难实现的，尤其是在面临如此多的竞争压力，而且从业者都倾向于独自解决其所面临的问题的境脉之下。因此，所有层级的领导者，包括民间团体和其他部门的领导者，必须准备好分析他们自己的情况，识别当地的障碍和促进因素，规划恰当的发展进程，并为监督教育公平的全纳实践和有效策略提供支持。

在促进全纳方式管理学校和教育进程方面，国家和地方的行政管理者发挥着特别重要的作用。尤其是，他们不仅需要创造条件去挑战非全纳的、歧视性的教育实践，还需要建立将全纳原则付诸实践的共识和承诺。

还有证据表明，校际合作可以增强各学校回应学习者多样性的能力（Ainscow 2016a; Muijs et al. 2011）。具体而言，校际间合作有助于缩小学校的两极化，对那些被边缘化的学生尤其有利。此外，学校在寻求发展更加协作的工作方式时，会对教师如何认识他们自己和他们的工作产生影响（Rosenholtz 1989）。具体而言，比较不同学校的实践，可以引导教师用新的眼光看待表现不佳的学生。通过这种方式，学校不再将既定常规中难以教育的学习者视为"有问题"，而是将其视为一种挑战，教师也得以重新审视自己的教育实践，以使其更具灵活性、反应更迅速。

因此，需要进行地方协调，以鼓励这种基于地区的协作形式。重要的是，最近的一项研究发现，四个最成功的国家教育系统——爱沙尼亚、芬兰、加拿大安大略省和新加坡——不论是学校的自治程度还是决策分权程度的差异如何，都有完善的协调当地学区的体系（Bubb et al. 2019）。特别是，为了确保公平和卓越，这些国家都有地区级的组织机构。

所有这些都指向教育系统内如何分配财政资源的重要性。这对于在学校内创造灵活性以鼓励笔者所描述的各种类型实验是至关重要的。另一种情况是，将资源用于为某些学生提供单独的关注——在校内或在单独的特殊学校或班级内，这会导致进一步的隔离。在这个意义上，财政是推动变革的另一个强大杠杆（Meijer and Watkins 2019）。

汲取教益

总之，由此，笔者学到了关于促进公平和全纳的五个关键教益：
（1）政策应该基于对公平和全纳这两个术语的定义有清晰而广泛的理解。
（2）当前实践影响所有学生的存在感、参与度和成就的有关证据，应该为决策提供参考。
（3）应该强调学校整体的方式，支持教师发展全纳实践。
（4）政策应该利用每一个人（包括家庭和儿童本身）参与儿童生活的经验和专业知识。
（5）国家和地方教育部门必须在促进公平和全纳上发挥领导作用，将其作为指导所有学校教师工作的原则。

令人鼓舞的是，《2020年全球教育监测报告》中也提出了类似的想法，在本期《教育展望》中也对此进行了总结。作者们指出，促进教育中的全纳与公平，与引入特定的技术或新的组织安排关系不大，而与特定境脉下的社会学习进程关系更大。由此，全纳文化必须渗透到教育系统中。因此，这可能需要挑战教育系统内当下的思想。

要让这一切发生，需要强有力的变革策略。而且，正如笔者在整篇文章中所强调的：这样的策略必须通过分析证据，澄清学习者所经历的障碍，在特定境脉中制定。同时，这种形式的分析可能会甄别可以调动的资源——尤其是人力资源——以解决这些困难。

所有这些对学校内和整个教育系统的领导实践产生的重大影响，必须是基于道德的领导（Harris et al. 2017），尤其需要这样一种理念，即除非成年人的态度和行为发生变革，否则弱势学生群体的学习结果不太可能改变，需要协调一致的持续努力。因此，起点必须是那些成年人：扩展他们的能力，去想象可能实现什么，然后增强他们实现这一目标的责任感。这也可能涉及应对理所当然的假设，这些假设通常与对特定学生群体及其能力和行为的期待相关。

向所有学习者伸出援手

参与推进这一彻底变革的人士，可以参考笔者与联合国教科文组织国际教育局的同事共同编写的《向所有学习者伸出援手》资料包,他们会发现该资料包有所助益。借鉴笔者在本文中提到的类似国际研究证据,这些资料旨在影响并支持教育系统内各层面的全纳思考和实践。因此,资料包的开发对教师、学校领导者、地区行政管理者、教师教育者及国家决策者是有价值的。

该资源包可灵活使用,以回应处于不同发展阶段、资源各不相同的境脉。考虑到这一点,我们强调积极的学习过程,在此过程中,鼓励使用此资料的人协同工作,相互帮助,反思并发展他们的思考和实践。广泛使用来自世界各地的案例,鼓励开发新的方法惠及所有学习者。通过这种方式,全纳与公平便成为教育系统全面改进的途径。

本期《教育展望》

正如笔者所指出的,政策是在教育系统的各层面制定的。因此,本专刊中的文章深入探讨了作者们在分析世界各地的特定境脉时所遇到的发展和挑战,这一做法是恰当的。

从宏观层面出发,玛哈·霍亨-巴格肖利用她作为国际顾问的亲身经历,撰写了中东和北非的进展,乌姆什·夏尔玛考察了太平洋地区的发展,伊格纳西奥·卡尔德隆-阿尔门德罗斯和他的同事们分析了拉丁美洲的挑战和机遇。每一篇文章都阐明了各国在文化、宗教、语言等方面明显相似的模式。同时,他们警告,这些相似性不应阻止我们更细致地观察各国内部发生的事情。这提醒我们,政策受国家历史的影响。

一部分文章聚焦政策的作用,政策所处的境脉被视为全纳与公平的进步先锋。例如,达里奥·伊安斯和他的同事们解释了意大利政府如何在1977年通过一项法律关闭了所有特殊学校、机构和其他非全纳教育服务。虽然意大利各地的想法和做法各异,但全纳的原则被广泛接受。加拿大的新不伦瑞克省经常被作为一个案例而引用,该省通过立法、地方当局的政策和专业指导方针来拓展全纳教育概念体系。在他们的报告中,安吉拉·奥库安、戈登·波特和金伯利·贝克-科洛特科夫认为,变革是一个艰难的过程,需要各利益相关者和合作伙伴之间长期持续的努力和协作。同时,伊内斯·阿尔维斯和她的同事们在关于葡萄牙的文章中解释了最近的立法如何要求在普通学校层面与当地跨学科团队一起确定、管理并提供支持所有学生的教育服务。

其他文章考察了政治因素如何影响全纳与公平的相关进程。这一点在佩特拉·英吉尔布瑞奇对南非发展的分析中尤为明显。她解释,要理解这种发展,就必须与自南非种族隔离结束以来更广泛的政治、社会、文化发展相联系。在关于澳大利亚发展的分析中,克里斯多夫·博伊和乔安娜·安德森认为,当前改革议程将全纳教育置于其他主流政策的*对立面*，而非并驾齐驱的位置。在对加拿大另一个省即新斯科舍省当前发展的分析中，杰斯·惠特利和崔斯塔·霍尔维克解释了全纳议程如何拓展至关注所有学生，特别是那些经常被学校系统边缘化以及在学校系统内被边缘化的学生。

有些文章使用学习者个人叙述的经历，使我们更接近该领域的行动。在讨论美国政策框架的固有局限时，道格拉斯·比克伦借鉴了残疾学生的自传式叙述。他得出结论，在全国范围内，全纳是不均衡的，有色人种学生、移民青年和来自较低社会经济背景的学生获得的全纳教育要少得多。苏莱恩·科克伦和她的同事们描述了肯尼亚的"街头青年"，关注到一群总是被忽视的学习者。

最后，所有文章的优点在于，作者们将他们的论点与相关的国际文献联系起来，同时又注意到本地的文献。这为读者们进一步提供了丰富的信息来源。此外，在使用研究证据去理解全纳教育的原因与方式方面，欧洲特殊需要与全纳教育发展署的安索拉·凯法丽诺和她的同事们的文章提供了有益的建议，而埃德维娜·贝希奇的文章则解释了交叉性理论的相关性。

（徐　晶　译）

参考文献

Ainscow, M. (1999). *Understanding the development of inclusive schools*. London: Falmer.

Ainscow, M. (2005). Developing inclusive education systems: What are the levers for change? *Journal of Educational Change*, 6(2), 109–124.

Ainscow, M. (2007). Taking an inclusive turn. *Journal of Research in Special Educational Needs*, 7(1), 3–7.

Ainscow, M. (2016a). *Struggles for equity in education: The selected works of Mel Ainscow*. London: Routledge World Library of Educationalists Series.

Ainscow, M. (2016b). Collaboration as a strategy for promoting equity in education: Possibilities and barriers. *Journal of Professional Capital and Community*, 1(2), 159–172.

Ainscow, M. (2020). Promoting inclusion and equity in education: Lessons from international experiences. *The Nordic Journal of Studies on Educational Policy*, 6(1), 7–16.

Ainscow, M., Booth, T., Dyson, A., Farrell, P., Frankham, J., Gallannaugh, F., et al. (2006). *Improving schools, developing inclusion*. London: Routledge.

Ainscow, M., Chapman, C., & Hadfield, M. (2020). *Changing education systems: A research-based approach*. London: Routledge.

Ainscow, M., Dyson, A., Goldrick, S., & West, M. (2012). *Developing equitable education systems*. London: Routledge.

Ainscow, M., & Messiou, K. (2017). Engaging with the views of students to promote inclusion in education. *Journal of Educational Change*, 19(1), 1–17.

Booth, T., & Ainscow, M. (Eds.). (1998). *From them to us: An international study of inclusion in education*. London: Routledge.

Bubb, S., Crossley-Holland, J., Cordiner, J., Cousin, S., & Earley, P. (2019). *Understanding the middle tier: Comparative costs of academy and LA-maintained school systems*. London: Sara Bubb Associates.

Dyson, A., Howes, A., & Roberts, B. (2004). What do we really know about inclusive schools? A systematic review of the research evidence. In D. Mitchell (Ed.), *Special educational needs and inclusive education: Major themes in education* (pp. 279–294). London: Routledge.

Dyson, A., & Kerr, K. (2013). *Developing children's zones for England. What's the evidence?*. London: Save the Children.

Fullan, M. (2007). *The new meaning of educational change*. New York, NY: Teachers College Press.

Harris, J., Carrington, S., Ainscow, M., Comber, B., Ehrich, L., Klenowski, V., et al. (2017). *Promoting equity in schools: Collaboration, inquiry and ethical leadership*. London: Routledge.

Kerr, K., Dyson, A., & Raffo, C. (2014). *Education, disadvantage and place: Making the local matter*. Bristol: Policy Press.

Meijer, C.J.W., & Watkins, A. (2019). Financing special needs and inclusive education: From Salamanca to the present. *International Journal of Inclusive Education*, 23(7/8), 705–721.

Miles, S. (2002). *Family action for inclusion in education*. Manchester: Enabling Education Network.

Muijs, D., Ainscow, M., Chapman, C., & West, M. (2011). *Collaboration and networking in education*. London: Springer.

Riehl, C.J. (2000). The principal's role in creating inclusive schools for diverse students: A review of normative, empirical, and critical literature on the practice of educational administration. *Review of Educational Research*, 70(1), 55–81.

Rosenholtz, S.J. (1989). *Teachers' workplace: The social organization of schools*. New York, NY: Longman.

Skrtic, T. (1991). *Behind special education: A critical analysis of professional culture and school organization*. Denver, CO: Love.

UNESCO (2015). *Incheon declaration and framework for action for the implementation of Sustainable Development Goal 4*. Paris: UNESCO.

UNESCO (2017). *A guide for ensuring inclusion and equity in education*. Paris: UNESCO.

【作者简介】
梅尔·安斯科

格拉斯哥大学教育学教授,曼彻斯特大学名誉教授,昆士兰科技大学客座教授。他是联合国教科文组织的长期顾问,目前致力于促进全球教育的全纳与公平的国际努力。他最近的著作是《为教育公平而奋斗:梅尔·安斯科作品选集》(世界教育家图书馆系列)、《在自治学校内:理解全球教育趋势》(与玛雅·萨洛康加合著)以及《变革教育系统:基于研究的路径》(与克里斯·查普曼和马克·哈德菲尔德合著),均由路特雷奇出版社出版。在英国女王2012年新年授勋名单上,他因在教育界的贡献被授予大英帝国高级勋章。

通信地址:University of Glasgow, 11 Eldon St, Glasgow G3 6NH, UK
电子信箱:mel_ainscow@yahoo.co.uk

专　栏

理解全纳教育的价值及其实施：文献综述

安索拉·凯法丽诺　西莫尼·西米奥尼杜　科·J. W. 梅杰

在线出版时间：2020 年 9 月 7 日
©联合国教科文组织国际教育局 2020 年

摘　要　欧洲国家越来越关注人权和全纳教育。然而，持续的教育及社会不平等表明全纳教育实施的不均衡。本文回顾了全纳教育及其实施的学术证据，以展示全纳教育如何有助于确保优质教育及之后的社会全纳。在结构上，本文首先建立全纳教育的概念框架，随后评价以往的研究方法，接下来回顾全纳的学术效益和社会效益。本文第四部分确定了成功的实施战略。文章最后提出了弥合全纳教育研究、政策及实践之间差距的建议。

关键词　全纳教育　学业成果　社会全纳　全纳实践

全纳是一个复杂且有争议的概念：研究者、决策者和实践者都在讨论全纳教育的概念、必要性及其实施办法。一些国际组织提倡全纳教育是所有学习者的权利。联合国《2030 年可持续发展议程》的目标 4（联合国 2015）及联合国教科文组织最新的指导方针（2017）均肯定了人权观点，坚信全纳与公平应该成为指导所有教育政策和实践的首要原则。全纳教育的地位在欧洲的关键文件中也很突出（欧盟理事会 2018a；2018b；欧盟人权理事会 2017；欧盟基本权利机构 2020）。鉴于残疾学习者经历过来自教育系统的排斥，其他有影响力的政策文件强调了他们接受全纳教育的权利。尤其是《联合国残疾人权利公约》（联合国 2006）第 24 条将全纳教育定义为"残疾人可以在自己生活的社区内，在与其他人平等的基础上，获得全纳的优质免费初等教育和中等教育"，强调了不受歧视和预防基于残疾的排斥。

在学术文献中，全纳教育作为一种意识形态呈现（Allan 2014），指导实践去尊重所有学习者获得优质教育的权利。布斯（2009）指出，全纳教育聚焦于增加所有学习者的参与度，创建平等对待所有人的体系，促进公平、同情、人权和尊重。全纳教育的其他关键领域包括：增加主流课堂中的安排、学术与社会成就的平等机会、全纳教学法的实施以及创建全纳的学校社区（Ainscow, Booth and Dyson 2004；Florian

---

原文语言：英语
本文的撰写得到了欧洲特殊需要与全纳教育发展署的支持。

and Black-Hawkins 2011; Göransson and Nilholm 2014)。

随着时间的推移,全纳教育已经巩固了其在道德上和法律上的重要地位。在本文中,我们采用欧洲特殊需要与全纳教育发展署(以下简称"欧洲发展署")当前的立场声明。欧洲发展署将全纳教育视为人权问题,代表着迈向更加包容、更加公平的社会。声明提出:"全纳教育体系的终极愿景是,确保所有年龄段的学习者都能与他们的朋友和朋辈一起,在当地社区获得有意义的高质量的教育机会。"(2015, p.1)相似地,联合国教科文组织(2009)提出了全纳的三个论点:从教育角度看,全纳使所有学习者受益,因为其聚焦于回应学习者的多样化需求;从社会角度看,它最终可以促成一个更加公平的社会;从经济角度看,全纳学校可能比隔离学校更便宜(UNESCO 2009)。

显然,全纳作为人权,在伦理和道德合理性上已获得理论基础。然而,尽管在理论上全纳的合理性已被反复证明,但在循证上异常复杂。关于全纳的价值及其实施的可行性争论,似乎往往是基于道德和规范原则。德森和同事们注意到,过去关于支持全纳的研究证据的综述是不确定的,这表明,围绕全纳教育诸多问题的研究,没有足够的基础(Dyson, Howes, Roberts and Mitchell 2005)。兰格和同事们认为,尽管有国际政策文件和诸多观点支持全纳作为确保公平的手段,但人权话语尚未在全纳教育的实施中产生明确的影响(Lang, Kett, Groce and Trani 2011)。从这个意义上说,全纳教育所宣称的目标,与其效果的证据之间,似乎仍然存在相当大的差距。因此,重要的任务是,对那些提供了有关全纳教育价值的证据进行综述研究。我们要解决的具体问题是:研究证据在多大程度上支持全纳教育及其实施?

为回答这一问题,我们提供了与全纳教育的学术与社会效益相关的研究证据。不仅如此,我们还使用了最近的研究证据,以强调全纳教育成功实施的一些关键要素。

研究方法

在这部分中,我们介绍了本文呈现的文献如何被审查,其对全纳研究的价值如何被评估,以及为了形成本文的结论文献如何被综合。为了鉴别验证全纳教育价值的证据,我们主要聚焦 2015—2020 年间发表的下列三个领域的研究:(1)全纳教育对学业成就的影响,重点关注残疾学习者;(2)全纳教育的社会影响;(3)有效实施全纳教育的成功策略。

本文的三位作者都在欧洲发展署工作,这是一个独立组织,是欧洲各国教育部之间的合作平台。该机构主要通过专题项目来关注成员国的重点事项,促进有关全纳教育的知识、政策和实施。它还研究并分析成员国的政策,搜集数据资料和统计数据,帮助各国制定全纳教育政策框架。我们使用欧洲发展署的项目数据库作为起点,一开始选择了7个与我们感兴趣的领域(即学业成就、社会影响以及成功实施的策略等)相关的文献综述。这些综述大部分发表于2015—2019年间(其中有2篇发表于2003年和2013年,但具有特别的相关性),涵盖了自1990年以来进行的大量国际研究。

我们还通过系统搜索在线期刊数据库(比如ERIC和EBSCO)和学术目录的方法(比如SAGE和Taylor & Francis)来确定新的研究。通过诸如谷歌学术等通用搜索引擎,进行了更广泛的搜索。我们将发表日期限制在2015—2020年,除了一些意义特别重大的较早期的研究。由于本文的对象是决策者、研究者和实践者,我们涵盖了全纳教育及其他相关学科领域的学者和组织所进行的广泛研究。为处理大量的潜在材料,我们聚焦最新的广泛系统性综述和元分析、纵向研究和关键案例研究。

主要搜索术语是全纳、全纳教育、学业成果、学业成就、社会全纳、社会参与、社会融合、全纳实践、全纳课堂、全纳学校教育、全纳实施以及基于证据的策略。这些术语与文献综述、证据、元分析、综合、评价、影响以及效能等术语相结合。搜索内容最初集中在英语出版材料上,重点是欧洲国家(挪威、西班牙、英国等),最终拓展到包含非欧洲国家(如,美国)。

有两点需要注意。首先,由于不同的政策和实践,或不同的定义,本文所呈现的研究结果可能无法直接比较。考虑到即使在各国体系内,全纳教育、主流以及/或专业供给有不同的形式,我们承认,将研究成果从一个国家体系迁移到另一个国家体系会存在问题。遵循境脉敏感法,在全文中,我们都提及了进行研究的国家。我们同样在结论中探讨了综合不同研究境脉的挑战。其次,关于全纳教育的大量研究使用了一系列术语,聚焦遭遇隔离的特殊学习者群体。这表明了不同的理论解读,反映了不同的政策体系。尤其是特殊教育需要(SEN)在不同的体系里有不同定义和分类。为了摆脱这个被构想的术语,我们参考的研究主要是残疾学习者,但在参考的研究涉及更广泛或更具体的特殊教育需要术语和分类时进行澄清。

教育合理性:全纳教育对学习者成果的影响

大量国际和欧洲的政策文件指出,全纳教育不仅能提供平等的机会,而且能提供更公平的学习者成果(欧洲机构 2017a;2017b;OECD 2012;UNICEF 2017;SWIFT 2017)。效能这一话语高度依赖于考察全纳与成就之间关系的研究。事实上,不少实证研究已经考虑了全纳教育在整个课程领域和不同教育层次上对学习者成果的影响。

传统上,对全纳的研究考察了全纳安排对残疾学习者的影响,通常都是积极的学业结果(Dyson, Howes and Roberts 2002; Rea, Mclaughlin and Walther-Thomas 2002; Waldron and McLeskey 2010a)。例如,德森等(2002)系统地研究了英国促进

全纳的学校行动的效能。他们得出结论,"关于学校行动与全体学生参与这些学校的文化、课程及社区之间的关系,存在有限的但绝非微不足道的实证证据"(p. 4)。沃尔德伦和麦克莱斯利(2010a)在后来的研究中考察了美国对智障学习者学习环境的有效性。研究结果显示,这些学习者没有从全日制的单独课程安排中受益。相反,当把他们安置在精心设计、精心组织的全纳课堂里时,他们的学业进步和社会进步会得到提升。

过去十年间,越来越多的研究文献已经证实了全纳对残疾学习者学业成果的有效性(de Graaf, Van Hove and Haveman 2013; Dessemontet, Bless and Morin 2012; Dyssegaard and Larsen 2013; Hehir et al. 2016; Oh-Young and Filler 2015)。残疾学习者往往在主流环境中发展得最好,尽管这种影响在中等教育阶段会减弱(De Vroey, Struyf and Petry 2015; Dyssegaard and Larsen 2013)。吴英和菲勒(2015)最近的元分析提供了 80 年的证据,证据表明,当残疾学习者在全纳教育环境中受教育时,他们能受益。总之,研究结果发现,"比起在融合程度低的环境中接受教学指导的学习者,在融合程度更高的环境中接受教学指导的学习者,在学业成果和社会成果的评估上表现更好"(Oh-Young and Filler 2015,p. 90)。在研究者们看来,这些研究成果表明"分隔并不总是平等的"(p. 90)。

研究也评估了无残疾学习者接受全纳教育的结果。在主流环境中纳入残疾学习者,不会对他们的无障碍同龄人产生负面影响(Dyssegaard and Larsen 2013; Farrell, Dyson, Polat, Hutcheson and Gallannaugh 2007; Kalambouka, Farrell, Dyson and Kaplan 2007; Ruijs and Peetsma 2009; Salend and Garrick Duhaney 1999)。例如,德瑟加德和拉森(2013)的元分析发现,当残疾学习者被纳入主流课堂时,无残疾学习者的学业发展和社会发展不会受到妨害。同样,苏姆斯基、斯莫戈尔热夫斯卡和卡沃夫斯基(2017)得出结论,"就读全纳课堂,对无特殊教育需要学生的学业成就,有微弱但积极的正相关"(p. 49)。研究者认为,这一研究结果为支持全纳教育提供了重要的论据。

最后,赫尔等(2016)对 25 个国家的 280 项研究进行了系统性综述,这些研究都考察了全纳教育对残疾学习者和无残疾学习者的益处。其中 89 项研究提供了相关的科学证据,并进行了整合和概述。根据这篇综述的研究结果:

> 有明确和一致的证据表明,全纳教育环境能够给残疾学生和无残疾学生带来大量短期和长期益处。大量研究表明,与未被纳入全纳的学生相比,被纳入全纳的学生在阅读和数学上的技能更强,出勤率更高,出现行为问题的可能性更低,更可能完成中等教育。(p. 1)

这里讨论的研究证据包含了不同范围跨越多种教育环境及学校层次的学习者。

这些研究结果证明,若精心设计并成功实施全纳教育,则所有学习者都产生潜在的积极结果。

社会合理性:全纳教育的长期影响

全纳教育不仅能确保学习者在校期间获得优质教育,而且还是继续教育和高等教育、就业和社区生活中社会全纳的先决条件。通过促进社会全纳,全纳教育培养学习者更好地为成年生活做好准备。文献将社会全纳定义为与个体特征、关系及社会网络,以及主动入学、就业、社区生活等相关的一系列维度。辛普利肯、利德、科修勒克和利希(2015)认为,社会互动与社区参与是社会全纳这一广义术语的关键概念。根据科比戈、韦莱-孔茨、莱萨特和马丁(2012)的研究,社会全纳是"(1)环境因素与个人特征之间的一系列复杂互动;(2)获得公共产品和公共服务;(3)根据自己的年龄、性别和文化,选择重要的、被期待的社会角色;(4)被认为有能力且被信任可以在社区中发挥作用;(5)归属于一个社交网络,个体可以在其中获得支持并贡献力量"(p.82)。

强有力的证据表明:全纳教育是残疾人在校期间及毕业后社会全纳的先决条件。尤其是,文献综述提供了积极的证据,证明在教育、就业、社区生活等领域,全纳教育与社会全纳之间有紧密关联(European Agency 2018a)。对研究证据的分析表明:在全纳环境中受教育,可以在学校中取得更大的社会成就和学业成就,毕业后获得带薪工作,在社区中参与社会生活。与之相反,在隔离环境中受教育会阻碍所有领域的社会全纳。

追踪自1980年起进行的研究,几项元分析都认为,相比在隔离环境或全纳程度较低的环境中接受教育的学习者,在全纳环境中接受教育的学习者有更好的社会表现和学业表现(Baker, Wang and Walber 1994/1995, Carlberg and Kavale 1980; Oh-Young and Filler 2015)。他们的研究结果得到了贝尔等人(2011)及弗莱克瑟等人(2011)在美国开展的纵向研究的支持,后两者的研究显示,在全纳环境中接受教育的学习者,更有可能接受高等教育。研究者指出,主流课程出勤率的提高和高质量的衔接项目都对高等教育的入学有积极的影响。总之,进入全纳环境的学习者,更有可能获得良好的社会技能和学术技能,使其能够继续高等教育的学习。

类似的研究表明:相比毕业于隔离环境的年轻人,毕业于全纳环境的学习者有更多机会就业。来自挪威的两项纵向研究显示,相比于就读特殊班级的年轻人,在全纳环境中接受教育的年轻人在毕业后获得带薪工作的机会翻番(Båtevik and Myklebust 2006;Myklebust and Båtevik 2005)。尽管这些研究成果需要结合背景(比如,要考虑挪威如何理解并实施全纳教育,挪威的文化和态度,开放市场的本质和社会服务的质量等),但必须强调的是,超过60%在全纳环境中接受教育的年轻人成功实现了经济独立,相比之下,就读于特殊班级的年轻人只有35%实现了经济独立。梅克勒伯斯特和博特维克(2005)认为,"安置在特殊班级是一个风险很高的冒险"(p.283),因为它阻碍了年轻人就业能力的发展。

纵向研究进一步支持了这一点。研究表明,相较于就读特殊课程的学习者,在主流课程中得到支持的学习者获得学历和职业资格的机会要高出76%(Myklebust 2006;2007)。此外,拥有学历和职业资格的人(相较于那些没有学历和职业资格的人而言)更有可能获得一份固定工作。通过全纳教育,除了能获得学历和职业资格外,其他诸如在中学最后两年参加职业教育课程、中学期间参加有偿工作,以及参加高质量的教育和衔接项目等变量也提高了就业机会(Båtevik, Wang and Myklebust 2006; Benz, Lindstrom and Yovanoff 2000; Cimera 2010; Pallisera, Vilà and Fullana 2012; Shandra and Hogan 2008)。

特殊学校的毕业生,尤其是没有受到良好教育、未能拿到资格证就毕业的残疾人,通常被推向庇护就业,阻碍了社会全纳。根据吉尔(2005)的研究,"特殊教育和庇护性工场之间的相似似乎不难找到"(p.621)。诸多观点认为,庇护就业能够教给残疾青年技能以提升其就业能力。然而,齐美拉(2011)的研究比较了两组同等的智障人员,否定了这一观点。自主创业和公开市场就业,是拥有学历和职业资格的毕业生的选择,因为这能促进社会全纳(Lunt and Thornton 1994; Pagán 2009)。

完成义务教育后在社区生活,同样与全纳教育相关。全纳实践能鼓励学习者(尤其是那些存在学业失败或过早失学风险的学习者)成为社区的一分子,能够培养归属感,并为成年生活更好地做准备(欧洲机构 2016b;2019a)。然而,在社区生活通常需要独立生活、财务独立、拥有朋友和社交网络。根据欧洲发展署(2018a)的调查,很少有研究考察全纳教育在多大程度上有助于学习者在社区独立生活(Cobb et al. 2013)。然而,西米奥尼杜和马夫鲁(2019)认为,特殊教育话语与实践建构了"依赖"儿童,他们有可能成为依赖社会福利体系的成人(Priestley 2000)。独立生活受社会政策的影响,远远大于学校教育结果本身。

类似地,如前所述,财务独立与就业的可能性相关。定性研究与定量研究表明,毕业于全纳环境的残疾青年,更有可能在毕业后不久就实现财务独立(Myklebust and Båtevik 2005; Skjong and Myklebust 2016)。纵向研究显示,长期来看,大约半数毕业于全纳环境的残疾人,在30岁和35岁左右实现财务独立(Myklebust and Båtevik 2005;2014)。在财务独立方面,全纳教育可能没有发挥很强的作用,但梅克勒伯斯特对373位残疾人的研究表明,在特殊班级上学并获得助教支持,与依赖社会保障有关,而与依赖可实现财务独立的就业类型无关。

拥有朋友和社交网络,是与社区生活相关的另一个特征。克瓦尔松和贝利(2010a;2010b)的纵向研究追踪了500名残疾青年8年时间(从高中一直到22岁)。研究表明,主流课程可能有助于成年生活早期的社会全纳,而就读特殊课程是一项风险因素,更有可能导致孤立。然而,特殊课程的负面影响在大约毕业10年后不再明显(Bele and Kvalsund 2015;2016),因为社交网络的变化以及"个体能动性的力量"(p. 215)在一个人的生命历程中发挥着重要作用。

行文至此,我们已详尽阐述了全纳教育的概念,考查了全纳教育对学业结果和更长期的社会全纳的影响,强调了它对学习结果、毕业资格、就业以及财务独立的积极影响。在本文的第二部分,我们综述了实施全纳教育的研究成果。

迈向成功的全纳实施

通过实施全纳政策和全纳实践,学校可以提升学习者的成果并确保他们在今后生活中的社会全纳。相关研究文献确定了发展全纳实践的几个关联因素,包括政策、资金筹措、学校组织与领导、学校氛围、课堂实践、课程设计、教师培训以及合作(Loreman, Forlin and Sharma 2014)。根据欧洲发展署(2013)的研究,全纳过程应该通过学校、课堂、社区这三个层面提供支持,提升主流学校的能力,以满足学习者的多样性。下文将阐述每个层面上的潜在变革。

支持学校转型变革

人们越来越多地从系统视角审视学校效能,关注教育系统如何组织并运作(Kinsella and Senior 2008)。按理说,成功的教育系统"提供公平、全纳的教育服务,促进成功的学习、联系、更广泛的社区参与,并过渡到稳定的成年期"(欧洲机构 2019b, p. 22)。这样一个系统聚焦于通过增强当地主流学校的能力来应对变革,支持所有学习者的参与、学习和成果(Ainscow 2020;Fullan 2002)。要实现成功的学校变革,一个关键策略是发展全纳文化(Ainscow and Sandill 2010;Dyson et al. 2002)。

研究强调,领导力在培养创新和促进全纳变革方面发挥关键作用(Ainscow and Sandill 2010;Fullan 2002;Harris 2012)。这种领导方式,也被称为"转化式"领导,通过设定方向,发展人员,(重新)组织学校(Day, Gu and Sammons 2016),促进了公平(欧洲机构 2018c)。它建议将学校转型成学习型组织,以提升学习者成果(Kinsella and Senior 2008;Kools and Stoll 2016),并鼓励教师和其他教育专业人士定期参与合作解决问题(Ainscow 1999;Hehir et al. 2016)。

沃尔德伦和麦克莱斯利(2010b)使用"综合学校改革"这一术语,来描述学校的"文化重构"过程,以使学校变得更有效更全纳。这一改革的关键,包括发展合作的文化,使用高质量的专业发展来提升教师实践,以及运用强有力的领导团队支持学校改进活动。通过合作变革学校组织,在其成员中创造了一种自我反思和共担责任的文化(Waldron and McLeskey 2010b)。这牵涉到几种方法,比如合作教学、合作学习(比如朋辈辅导)、家长参与、教师相互指导以及教学计划中教职工的协作(欧洲机构 2003;2018b)。

这样的协作需要组织的灵活性,鼓励员工分享现有的方法,实验新的方法(Ainscow 2020)。这可以发展广泛的专业学习共同体,驱动变革,提高学习者成果。这些共同体应该注重学习者的健康和福祉,灵活的学习机会,员工间的共享领导,家庭、社区与本地企业间的积极合作(欧洲机构 2016a;2018b)。

维西奥、罗斯和亚当(2008)研究了专业学习共同体对教学实践和学生学习的影响。他们得出结论,参与学习共同体,使教师更加以学习者为中心。随着时间的推移,学习成绩的提高表明,这同样让学习者受益(欧洲机构 2018b; Vescio et al. 2008)。教学文化也得以改善,因为学习共同体增加了合作,关注学生学习、教师权威或授权以及持续学习(Vescio et al. 2008)。正如弗莱查(2015)强调的,"在作为学习共同体运转的学校里,教师、家庭、学生以及社区成员密切协作,在学校里实施成功的、基于证据的行动"(p.6)。这要求所有教育利益相关者,在态度和价值观上进行重大转变,使学校转型以满足所有学习者的需求(Ainscow, Dyson, Goldrick and West 2012)。

改进课堂实践

应对课堂中的多样性,已成为教育系统最大的挑战之一。几份研究的证据都认为,"对有特殊教育需要的学生有益的东西,对所有学生都有益"(欧洲机构 2003, p.4)。教师们需要回应个体差异,而非依赖分类。为此,全纳教育可以作为一项组织原则和"大策略"使用,提高学习者的成果。

全纳教学法是以学习者为中心的教学方法,旨在通过扩展每个人可获得的选择,克服学习者之间的差异,而非仅仅为某些学习者安排差异化的活动(Florian and Black-Hawkins 2011)。全纳教学法避免比较、排名或贴标签等课堂做法,也避免有关固定能力的观念(Swann, Peacock, Hart and Drummond 2012)。相反,它采用"个性化"的教学方法,教师根据每一个学习者的需求调整方法和资源(Rowe, Wilkin and Wilson 2012)。正如塞巴、布朗、斯图尔特、高尔顿和詹姆士(2007)所提到的,英格兰的几所学校通过促进学习评价的各个方面(即形成性评价)、学习者对自己的学习承担更多责任、"真实的"学习者声音、与社区的紧密联系以及课程的灵活性等举措,发展了强有力的个性化学习。

在处理构成全纳教育巨大挑战的行为问题、交往问题和/或情感问题时,个性化方法尤为重要。当涉及确保学习者的动机和参与时,教师应该鼓励学习者拥有成长型心智模式,并理解个体的情况可能需要额外支持(Dweck 2006; Lin-Siegler, Dweck and Cohen 2016)。为了培养适应能力强的个体,欧洲发展署(2019a)还建议监测学习者的进步,发展亲密的师生关系,促进教师对学习者的积极认知,以及采用公平的纪律政策。

实施全纳教学法,还需要持续努力开发真正的全纳课程和评价方法。除了关注课程中的知识和技能的结构与类型外,加强情感智能并提高交往技能,在决定学习者的生活前景方面也很重要(欧洲机构 2018b)。将更多的资源分配给考试学科和技能,减少了给予形成性反馈的时间和发展学习者重要个人能力的时间(Muskin 2015)。而形成性反馈,包括自我评价和同伴评价,是对学习和成绩最有力的影响之一(Hattie 2009;Looney 2011)。因此,作为日常课堂实践的一部分,对教师而言,重要的是要确保持续的形成性评价和总结性评价之间的平衡(Faubert 2012)。

各种实证研究已经发现了具体的、基于证据的全纳教育课堂实践。最有效的策略之一是校内外专业人士之间的合作教学(欧洲机构 2003)。在合作教学环境中,学习者有机会充分参与其课堂,而教师则有机会相互学习。对有效的合作教学而言,定期的会议和职责的清晰划分是重要的(欧洲机构 2003)。德瑟加德和拉森(2013)评价了已产生积极作用的全纳策略。他们对 43 项研究的分析表明,班级里安排两名教师,对所有学习者都有积极影响,合作教学需要提前规划和在职培训。

夏尔马和萨伦德(2016)的系统研究分析了过去十余年全纳课堂中助教的使用情况。结果表明,不明确的专业角色、有限的沟通、与助教的合作以及对助教的培训等,导致了无效且独立的教学,无意中损害了残疾学生的全纳、学习、社会化和独立性以及教师的教学作用。这些结论与其他研究成果一致,强调了对学习困难者的支持需要进行微调,以使班级的所有学习者受益(Blatchford, Russell and Webster 2012;2016; Farrell, Alborz, Howes and Pearson 2010)。

朋辈辅导或合作学习也是促进参与、提升学业成就和社会互动的有效策略(欧洲机构 2003; Mitchell 2014)。这项基于证据的策略是指"学习者在小型的学习小组中共同学习,互相帮助以完成个人任务和小组任务"(Mitchell 2014, p.43)。它被证明有益于班上所有学习者,而非仅有益于残疾学习者(Dyssegaard and Larsen 2013)。合作学习的先决条件是使用异质分组,一种灵活且考虑周全的学生分组方法,包括针对性的目标、可选择的学习路径以及灵活的教学(欧洲机构 2003)。对于学习者分组效果的研究已得出结论,进行合作学习和对话学习的异质全纳课堂可以提高学业成就(Flecha 2015)。相反,能力分组或传统的组织分异,比如重复学年制度(也被称为"年级重读"或"留级"),扩大了学习者之间的差异,并持续造成社会阶层的不公平(Francis et al. 2017; Swann et al. 2012)。因此,它们与全纳教育的发展相矛盾。

协作问题解决是促进全纳的另一个有效策略。教师引导学习者完成结构化过程的各步骤:要求学习者确定问题,讨论所有可能的解决方案,筛选方案,选择并评价方案(欧洲机构 2003)。根据赫尔等(2016)最近的研究,"只有通过发展协作解决问题的文化,残疾学生的全纳才能成为全校范围内改进的催化剂,并给非残疾学生带来益处"(p.10)。

关于有效教学方法最全面的研究之一是哈蒂的元研究(2009),该研究比较了很多先前研究的结果。除了形成性反馈、同伴学习和同伴评价外,哈蒂的分析还确定了另外两项提升成绩最有效的教学策略:(1)结构化教学(即明确的目标链,确定重点学科的关键方面,指导、跟踪学习者的理解、总结、综合和重复),(2)元认知策略(即学习方法和研究方法,组织自主学习任务的方法,自我评价方法,同伴支持,重复和记忆的方法,制定目标的方法,规划未来学习的方法)。

简言之,基于全纳教学法的有效课堂实践结合了持续的评估与评价、高期待(欧洲机构 2003)以及直接指导与反馈(Faubert 2012),很大程度上促进了学习者的成功和全纳课堂的实现。同样重要的是,教师要尝试多种教学方法,并在不同情境下灵活运用这些方法,以提升他们的日常课堂质量。简言之,全纳课堂中的支持应该:

> 适合日常课堂教学的持续性细节;在教师看来,对课堂中的残疾学生和其他学生都有效;加强并建立在教师现有教学实践能力之上。(Waldron and McLeskey 2010a, p.37)

家长和社区的参与

发展一个全纳的体系,超出了学校组织本身,需要家长、社区利益相关者等关键角色积极参与教育相关过程。许多研究已经评价了家长参与的模式及其对学业成就的影响(Hill and Tyson 2009; Jeynes 2005;2007)。比如,希尔和泰森(2009)的元分析考察了家长参与是否与中学成就有关以及何种类型的家长参与与中学成就有关。纵览 50 项研究,他们发现,学习者的成就与家长参与有积极关联,家长参与创造了对学业表现的理解,传递了对参与的期待,提供了学习者可有效使用的策略。辅导家庭作业以及监督或检查家庭作业是唯一与成就关联不一致的家长参与类型。

研究还表明,促进与难以接近的家长的积极互动,对于支持弱势学习者的学习、行为和出勤尤为重要(Campbell 2011)。总之,关于家长在学习者成果方面的作用的研究一致认为,家长和家庭的影响必须超越共同的活动,鼓励决策者和实践者考虑灵活的方法,使家长能够有意识地参与其子女教育,开发提升育儿技能的服务,解决可能影响动机和参与的家庭因素,并帮助边缘化家庭(欧洲机构 2019a)。

除了家长和家庭,文献也将来自当地社区的支持作为发展全纳体系的关键因素(Flecha 2015)。社区参与学校教育,能对学习者的参与和结果带来显著收益(Erskine et al. 2016),往往可以避免过早辍学、负跃迁以及贫困生活的可能性(欧洲机构 2019a)。当外部机构和服务——如学校的儿童保育设施、言语矫治、咨询和心理保健——与学校紧密联系时,学习者的表现会更好。提高社区支持服务的可达性和可获得性,可以包括支持所有学习者的专家服务,尤其是支持那些存在失败风险的学习者(比如,医疗卫生服务、职业生涯支持服务、社会服务等)。它也可以包括为学习者和教师提供心理健康服务和治疗性干预(欧洲机构 2019a)。

在格罗斯等(2015)的研究中,所有类型的社区合作伙伴都确定了他们认为有助于学校—社区合作关系成功的学校因素。最相关的因素是(1)强有力的学校领导,(2)有吸引力的学校文化,(3)教师对于学生成功的承诺,以及(4)合作伙伴之间的协作沟通。该研究成果表明,社区合作伙伴,比如雇主,可以从其与学校的关系中受益,培养他们自己的员工并影响下一代潜在的员工。学校—社区活动也可能挑战对于全纳的消极态度,导致学校的全纳文化和实践影响更广泛的社区。

海恩斯等(2015)融合了家庭—学校和社区—学校伙伴关系的概念,并综合了两项原始研究成果,研究是在学校整体转型融合框架(SWIFT)中心的全纳学校改革路径背景下开展的。这一综合产生了四个主要的主题,在设想、评价并加强全纳学校中的家—校—社区伙伴合作时可以考虑这些主题:(1)创造一种积极的、有吸引力的、全纳的学校文化,(2)建设由明确的全纳愿景驱动的强有力的行政领导,(3)培养信任的伙伴合作特征,(4)为家庭和社区成员提供多种互惠伙伴合作和参与的机会(Haines et al. 2015)。

总之,形成家校社区的最佳合作伙伴关系,应被视为全纳教育必不可少的内容和全系统改进不可或缺的部分,以促进所有学习者从求学阶段向成人阶段发展(欧洲机构 2019a)。

结 论

在本文中,我们提供了来自多项研究的证据,论证了全纳教育的成功实施,能够确保提供优质教育,提升学习者的成果并促进长期的社会全纳。通过回顾这些案例研究、纵向研究、元分析和文献综述,我们旨在传播有关具体问题的知识(比如,学术和社会影响)以及实施全纳教育的方法(比如,全纳学校文化、全纳教学法、全纳课程等)。正如本文所展示的,有大量的研究可以在系统、社区和学校/课堂层面提供变革信息。

尽管关于全纳有充足的研究证据,但并不是所有涉及教育的利益相关者,都对全纳所代表的价值、其能给所有师生带来的益处、其所实施的方式以及需要进行的系统变革等,有清晰、共同的理解。的确,作为能在不同层面(比如,为全纳教育制定政策,为实现全纳的教师专业发展,全纳学校文化,课堂层面的全纳实践以及与家庭、社区的沟通和协作)促进全纳的"变革的杠杆"(Ainscow 2020, p.4),有效使用数据和研究证据仍然是个挑战。

作为回应,研究者需要将他们的研究境脉化,与国际文献和境脉联系,并将他们的研究传达给决策者和教师。决策者需要确信全纳教育的益处并有促进全纳教育的愿景。为此,能获得清晰呈现的研究证据以及在所有教育利益相关者之间搭建沟通和协作的桥梁是至关重要的。各级学校的教师,包括校长,是这个链条上同样重要的部分。当他们从伦理上致力于全纳教育,并熟悉适用于所有学习者的策略时,他们可以实施全纳教学法。因此,在教师专业发展机会中使用研究证据,必须成为一个关键的优先事项。

在全纳教育的教育合理性和社会合理性中,研究占据中心地位。因此,重要的是,继续设计并实施全纳教育,必须尊重所有学习者接受优质教育、获得参与和取得成就的权利。同时,开明的决策者和反思型实践者需要沟通、赏识并思考全纳教育。

(徐 晶 译)

参考文献

Ainscow, M. (1999). *Understanding the development of inclusive schools*. London: Falmer.

Ainscow, M. (2020). Promoting inclusion and equity in education: Lessons from international experiences. *Nordic Journal of Studies in Educational Policy*, 6(1), 7 - 16.

Ainscow, M., Booth, T., & Dyson, A. (2004). Understanding and developing inclusive practices in schools: A collaborative action research network. *International Journal of Inclusive Education*, 8(2), 125 - 139.

Ainscow, M., Dyson, A., Goldrick, S., & West, M. (2012). Making schools effective for all: Rethinking the task. *School Leadership & Management*, 32(3), 197 - 213.

Ainscow, M., & Sandill, A. (2010). Developing inclusive education systems: The role of organisational cultures and leadership. *International Journal of Inclusive Education*, 14(4), 401 - 416.

Allan, J. (2014). Inclusive education and the arts. *Cambridge Journal of Education*, 44(4), 511 - 523.

Baer, R. M., Daviso, A. W., Flexer, R. W., McMahan Queen, R., & Meindl, R. S. (2011). Students with intellectual disabilities: Predictors of transition outcomes. *Career Development and Transition for Exceptional Individuals*, 34(3), 132 - 141.

Baker, E. T., Wang, M. C., & Walberg, H. J. (1994/95). The effects of inclusion on learning. *Educational Leadership*, 52(4), 33 - 35.

Båtevik, F. O., & Myklebust, J. O. (2006). The road to work for former students with special educational needs: Different paths for young men and young women? *Scandinavian Journal of Disability Research*, 8(1), 38 - 52.

Bele, I. V., & Kvalsund, R. (2015). On your own within a network? Vulnerable youths' social networks in transition from school to adult life. *Scandinavian Journal of Disability Research*, 17(3), 195 - 220.

Bele, I. V., & Kvalsund, R. (2016). A longitudinal study of social relationships and networks in the transition to and within adulthood for vulnerable young adults at ages 24, 29 and 34 years: Compensation, reinforcement or cumulative disadvantages? *European Journal of Special Needs*

Education, 31(3), 314–329.

Benz, M., Lindstrom, L., & Yovanoff, P. (2000). Improving graduation and employment outcomes of students with disabilities: Predictive factors and student perspectives. *Exceptional Children, 66*(4), 509–529.

Blatchford, P., Russell, A., & Webster, R. (2012). *Reassessing the impact of teaching assistants: How research challenges practice and policy*. Abingdon, OX: Routledge.

Blatchford, P., Russell, A., & Webster, R. (2016). *Maximising the impact of teaching assistants: Guidance for school leaders and teachers* (2nd ed.). Abingdon, OX: Routledge.

Booth, T. (2009). Keeping the future alive: Maintaining inclusive values in education and society. In M. Alur & V. Timmons (Eds.), *Inclusive education across cultures: Crossing boundaries, sharing ideas* (pp. 121–134). Los Angeles, CA: Sage.

Campbell, C. (2011). *How to involve hard-to-reach parents: Encouraging meaningful parental involvement with schools*. Nottingham: National College for School Leadership.

Carlberg, C., & Kavale, K. (1980). The efficacy of special versus regular class placement for exceptional children: A meta-analysis. *The Journal of Special Education, 14*(3), 295–309.

Cimera, R. E. (2010). Can community-based high school transition programs improve the cost-efficiency of supported employment? *Career Development and Transition for Exceptional Individuals, 33*(1), 4–12.

Cimera, R. E. (2011). Does being in sheltered workshops improve the employment outcomes of supported employees with intellectual disabilities? *Journal of Vocational Rehabilitation, 35*, 21–27.

Cobb, R. B., Lipscomb, S., Wolgemuth, J., Schulte, T., Veliquette, A., Alwell, M., et al. (2013). *Improving post-high school outcomes for transition-age students with disabilities: An evidence review (NCEE 2013-4011)*. Washington, DC: National Center for Education Evaluation and Regional Assistance, Institute of Education Sciences.

Cobigo, V., Ouelette-Kuntz, H., Lysaght, R., & Martin, L. (2012). Shifting our conceptualization of social inclusion. *Stigma Research and Action, 2*(2), 74–84.

Council of Europe Commissioner for Human Rights (2017). *Fighting school segregation in Europe through inclusive education: A position paper*.

Council of the European Union (2018a). *Council recommendation on promoting common values, inclusive education and the European dimension of teaching*.

Council of the European Union (2018b). *Council conclusions on moving towards a vision of all European Education Area*.

CRPD [United Nations Committee on the Rights of Persons with Disabilities] (2016). *General comment no. 4(2016), Article 24: Right to inclusive education*.

Day, C., Gu, Q., & Sammons, P. (2016). The impact of leadership on student outcomes: How successful school leaders use transformational and instructional strategies to make a difference. *Educational Administration Quarterly, 52*(2), 221–258.

de Graaf, G., Van Hove, G., & Haveman, M. (2013). More academics in regular schools? The effect of regular versus special school placement on academic skills in Dutch primary school students with Down syndrome. *Journal of Intellectual Disability Research, 57*(1), 21–38.

De Vroey, A., Struyf, E., & Petry, K. (2015). Secondary schools included: A literature review. *International Journal of Inclusive Education, 20*(2), 109–135.

Dessemontet, R. S., Bless, G., & Morin, D. (2012). Effects of inclusion on the academic achievement and adaptive behaviour of children with intellectual disabilities. *Journal of Intellectual Disability Research, 56*(6), 579–587.

Dweck, C. (2006). *Mindset: The new psychology of success. How we can learn to fulfil our potential.* New York, NY: Ballantine Books.

Dyson, A., Howes, A., & Roberts, B. (2002). A systematic review of the effectiveness of school-level actions for promoting participation by all students. In *Research evidence in education library.* London: EPPI-Centre, Social Science Research Unit, Institute of Education, University of London.

Dyson, D., Howes, A., Roberts, B., & Mitchell, D. (Eds.) (2005). What do we really know about inclusive schools? A systematic review of the research evidence. In *Special educational needs and inclusive education: Major themes in education.* London: Routledge.

Dyssegaard, C. B., & Larsen, M. S. (2013). *Evidence on inclusion.* Danish clearinghouse for educational research. Copenhagen: Department of Education, Aarhus University.

Erskine, H. E., Norman, R. E., Ferrari, A. J., Chan, G. C., Copeland, W. E., Whiteford, H. A., et al. (2016). Long-term outcomes of attention-deficit/hyperactivity disorder and conduct disorder: A systematic review and meta-analysis. *Journal of the American Academy of Child and Psychiatry, 55*(10), 841–850.

European Agency for Development in Special Needs Education (2003). *Inclusive education and classroom practice: Summary report.* Odense, Denmark.

European Agency for Development in Special Needs Education (2013). *Organisation of provision to support inclusive education-Literature review.* Odense, Denmark.

European Agency for Special Needs and Inclusive Education (2015). *Agency position on inclusive education systems.*

European Agency for Special Needs and Inclusive Education (2016a). *Raising the achievement of all learners in inclusive education — Literature review* (A. Kefallinou, Ed.). Odense, Denmark.

European Agency for Special Needs and Inclusive Education (2016b). *Early school leaving and learners with disabilities and/or special educational needs: A review of the research evidence focusing on Europe* (A. Dyson & G. Squires, Eds.). Odense, Denmark.

European Agency for Special Needs and Inclusive Education (2017a). *Early school leaving and learners with disabilities and/or special educational needs: To what extent is research reflected in European Union policies?* (G. Squires & A. Dyson, Eds.). Odense, Denmark.

European Agency for Special Needs and Inclusive Education (2017b). *Raising the achievement of all learners in inclusive education: Lessons from European policy and practice* (A. Kefallinou & V. J. Donnelly, Eds.). Odense, Denmark.

European Agency for Special Needs and Inclusive Education (2018a). *Evidence of the link between inclusive education and social inclusion: A review of the literature* (S. Symeonidou, Ed.). Odense, Denmark.

European Agency for Special Needs and Inclusive Education (2018b). *Key actions for raising achievement: Guidance for teachers and leaders* (V. Donnelly & A. Kefallinou, Eds.). Odense, Denmark.

European Agency for Special Needs and Inclusive Education (2018c). *Supporting inclusive school leadership: Literature review* (E. Óskarsdóttir, V. J. Donnelly and M. Turner-Cmuchal, Eds.). Odense, Denmark.

European Agency for Special Needs and Inclusive Education (2019a). *Preventing school failure: A review of the literature* (G. Squires & A. Kefallinou, Eds.). Odense, Denmark.

European Agency for Special Needs and Inclusive Education (2019b). *Preventing school failure: Examining the potential of inclusive education policies at system and individual levels*

(A. Kefallinou, Ed.). Odense, Denmark.

European Union Agency for Fundamental Rights (2020). *Fundamental rights report — 2020*.

Farrell, P., Alborz, A., Howes, A., & Pearson, D. (2010). The impact of teaching assistants on improving pupils' academic achievement in mainstream schools: A review of the literature. *Educational Review, 62*(4), 435–448.

Farrell, P., Dyson, A., Polat, F., Hutcheson, G., & Gallannaugh, F. (2007). Inclusion and achievement in mainstream schools. *European Journal of Special Needs Education, 22*(2), 131–145.

Faubert, B. (2012). *A literature review of school practices to overcome school failure*. OECD Education Working Paper no. 68. Paris: OECD.

Flecha, R. (2015). *Successful educational actions for inclusion and social cohesion in Europe*. Cham: Springer.

Flexer, R. W., Daviso, A. W., Baer, R. M., McMahan Queen, R., & Meindl, R. S. (2011). An epidemiological model of transition and postschool outcomes. *Career Development and Transition for Exceptional Individuals, 34*(2), 83–94.

Florian, L., & Black-Hawkins, K. (2011). Exploring inclusive pedagogy. *British Educational Research Journal, 37*(5), 813–828.

Francis, B., Archer, L., Hodgen, J., Pepper, D., Taylor, B., & Travers, M. C. (2017). Exploring the relative lack of impact of research on 'ability grouping' in England: A discourse analytic account. *Cambridge Journal of Education, 47*(1), 1–17.

Fullan, M. (2002). The change. *Educational Leadership, 59*(8), 16–20.

Gill, M. (2005). The myth of transition: Contractualizing disability in the sheltered workshop. *Disability & Society, 20*(6), 613–623.

Göransson, K., & Nilholm, C. (2014). Conceptual diversities and empirical shortcomings — A critical analysis of research on inclusive education. *European Journal of Special Needs Education, 29*(3), 265–280.

Gross, J. M. S., Haines, S. J., Hill, C., Francis, G. L., Blue-Banning, M., & Turnbull, A. P. (2015). Strong school-community partnerships in inclusive schools are "part of the fabric of the school...we count on them". *School Community Journal, 25*(2), 9–34.

Haines, S. J., Gross, J. M., Blue-Banning, M., Francis, G. L., & Turnbull, A. P. (2015). Fostering family-school and community-school partnerships in inclusive schools: Using practice as a guide. *Research and Practice for Persons with Severe Disabilities, 40*(3), 227–239.

Harris, A. (2012). Leading system-wide improvement. *International Journal of Leadership in Education, 15*(3), 395–401.

Hattie, J. A. C. (2009). *Visible learning: A synthesis of 800+ meta-analyses on achievement*. Abingdon, OX: Routledge.

Hehir, T., Grindal, T., Freeman, B., Lamoreau, R., Borquaye, Y., & Burke, S. (2016). *A summary of the evidence on inclusive education*. Cambridge: ABT Associates.

Hill, N. E., & Tyson, D. F. (2009). Parental involvement in middle school: A meta-analytic assessment of the strategies that promote achievement. *Developmental Psychology, 45*(3), 740–763.

Jeynes, W. H. (2005). A meta-analysis of the relation of parental involvement to urban elementary school student academic achievement. *Urban Education, 40*(3), 237–269.

Jeynes, W. H. (2007). The relationship between parental involvement and urban secondary school student academic achievement: A meta-analysis. *Urban Education, 42*(1), 82–110.

Kalambouka, A., Farrell, P., Dyson, A., & Kaplan, I. (2007). The impact of placing pupils with special educational needs in mainstream schools on the achievement of their peers. *Educational Research*, 49(4),365–382.

Kinsella, W., & Senior, J. (2008). Developing inclusive schools: A systemic approach. *International Journal of Inclusive Education*, 12(5–6),651–665.

Kools, M., & Stoll, L. (2016). *What makes a school a learning organisation?* OECD Education Working Paper no. 137. Paris: OECD.

Kvalsund, R., & Bele, I.V. (2010a). Students with special educational needs — Social inclusion or marginalisation? Factors of risk and resilience in the transition between school and early adult life. *Scandinavian Journal of Educational Research*, 54(1),15–35.

Kvalsund, R., & Bele, I.V. (2010b). Adaptive situations and social marginalization in early adult life: Students with special educational needs. *Scandinavian Journal of Disability Research*, 12(1),59–76.

Lang, R., Kett, M., Groce, N., & Trani, J.F. (2011). Implementing the United Nations Convention on the rights of persons with disabilities: Principles, implications, practice and limitations. *ALTER-European Journal of Disability Research/Revue Européenne de Recherche sur le Handicap*, 5(3),206–220.

Lin-Siegler, X., Dweck, C.S., & Cohen, G.L. (2016). Instructional interventions that motivate classroom learning. *Journal of Educational Psychology*, 108(3),295.

Looney, J.W. (2011). *Integrating formative and summative assessment: Progress toward a seamless system?* OECD Education Working Paper no.58. Paris: OECD.

Loreman, T., Forlin, C., & Sharma, U. (2014). Measuring indicators of inclusive education: A systematic review of the literature. *Measuring Inclusive Education*, 3,165–187.

Lunt, N., & Thornton, P. (1994). Disability and employment: Towards an understanding of discourse and policy. *Disability & Society*, 9(2),223–238.

Mitchell, D. (2014). *What really works in special and inclusive education: Using evidence-based teaching strategies.* London: Routledge.

Muskin, J.A. (2015). *Student learning assessment and the curriculum: Issues and implications for policy, design and implementation.* In-Progress Refection no. 1. Geneva: UNESCO International Bureau of Education (IBE).

Myklebust, J.O. (2006). Class placement and competence attainment among students with special educational needs. *British Journal of Special Education*, 33(2),76–81.

Myklebust, J.O. (2007). Diverging paths in upper secondary education: Competence attainment among students with special educational needs. *International Journal of Inclusive Education*, 11(2),215–231.

Myklebust, J.O., & Båtevik, F.O. (2005). Economic independence for adolescents with special educational needs. *European Journal of Special Needs Education*, 20(3),271–286.

Myklebust, J.O., & Båtevik, F.O. (2014). Economic independence among former students with special educational needs: Changes and continuities from their late twenties to their mid-thirties. *European Journal of Special Needs Education*, 29(3),387–401.

OECD (2012). *Equity and quality in education: Supporting disadvantaged students and schools.* Paris: OECD.

Oh-Young, C., & Filler, J. (2015). A meta-analysis of the effects of placement on academic and social skill outcome measures of students with disabilities. *Research in Developmental Disabilities*, 47,80–92.

Pagán, R. (2009). Self-employment among people with disabilities: Evidence for Europe. *Disability & Society*, 24(2),217–229.

Pallisera, M., Vilà, M., & Fullana, J. (2012). Beyond school inclusion: Secondary school and preparing for labour market inclusion for young people with disabilities in Spain. *International Journal of Inclusive Education, 16*(11), 1115–1129.

Priestley, M. (2000). Adults only: Disability, social policy and the life course. *Journal of Social Policy, 29*(3), 421–439.

Rea, P., Mclaughlin, V., & Walther-Thomas, C. (2002). Outcomes for students with learning disabilities in inclusive and pullout programs. *Exceptional Children, 68*(2), 203–223.

Rowe, N., Wilkin, A., & Wilson, R. (2012). *Mapping of seminal reports on good teaching (NFER Research Programme: Developing the Education Workforce)*. Slough: National Foundation for Educational Research.

Ruijs, N. M., & Peetsma, T. T. D. (2009). Effects of inclusion on students with and without special educational needs reviewed. *Educational Research Review, 4*(2), 67–79.

Salend, S. J., & Garrick Duhaney, L. M. (1999). The impact of inclusion on students with and without disabilities and their educators. *Remedial and Special Education, 20*(2), 114–126.

Sebba, J., Brown, N., Steward, S., Galton, M., & James, M. (2007). *An investigation of personalised learning approaches used by schools*. Nottingham: Department for Education and Skills Publications.

Shandra, C. L., & Hogan, D. (2008). School-to-work program participation and the post-high school employment of young adults with disabilities. *Journal of Vocational Rehabilitation, 29*(2), 117–130.

Sharma, U., & Salend, S. J. (2016). Teaching assistants in inclusive classrooms: A systematic analysis of the international research. *Australian Journal of Teacher Education, 41*(8), 118–134.

Simplican, S. C., Leader, G., Kosciulek, J., & Leahy, M. (2015). Defining social inclusion of people with intellectual and developmental disabilities: An ecological model of social networks and community participation. *Research in Developmental Disabilities, 38*, 18–29.

Skjong, G., & Myklebust, J. O. (2016). Men in limbo: former students with special educational needs caught between economic independence and social security dependence. *European Journal of Special Needs Education, 31*(3), 302–313.

Swann, M., Peacock, A., Hart, S., & Drummond, M. J. (2012). *Creating learning without limits*. Maidenhead: Open University Press.

SWIFT [Schoolwide Integrated Framework for Transformation] (2017). *Equity as a basis for inclusive educational systems change, research to practice brief*. Lawrence, KS: Sailor Wayne.

Symeonidou, S., & Mavrou, K. (2019). Problematising disabling discourses on the assessment and placement of learners with disabilities: Can interdependence inform an alternative narrative for inclusion? *European Journal of Special Needs Education, 35*(1), 70–84.

Szumski, G., Smogorzewska, J., & Karwowski, M. (2017). Academic achievement of students without special educational needs in inclusive classrooms: A meta-analysis. *Educational Research Review, 21*, 33–54.

UNESCO (2009). *Policy guidelines on inclusion in education*. Paris: UNESCO.

UNESCO (2017). *A guide for ensuring inclusion and equity in education*. Paris: UNESCO.

UNICEF (2017). *Inclusive education: Including children with disabilities in quality learning: What needs to be done?*

United Nations (2006). *Convention on the rights of persons with disabilities*.

United Nations (2015). *Transforming our world. The 2030 agenda for sustainable development*.

Vescio, V., Ross, D., & Adams, A. (2008). A review of research on the impact of professional learning communities on teaching practice and student learning. *Teaching and Teacher Education*, 24(1), 80-91.

Waldron, N. L., & McLeskey, J. (2010a). Inclusive school placements and surplus/deficit in performance for students with intellectual disabilities: Is there a connection? *Life Span and Disability*, 13(1), 29-42.

Waldron, N. L., & McLeskey, J. (2010b). Establishing a collaborative school culture through comprehensive school reform. *Journal of Educational and Psychological Consultation*, 20(1), 58-74.

【作者简介】

安索拉·凯法丽诺

欧洲特殊需要与全纳教育发展署的项目负责人。她参与过一些欧洲项目,项目主要关注预防学校失败与提高办学成效,专业供给的作用以及赋权教师以促进全纳教育。她也在欧洲委员会的结构改革支持项目框架内支持发展署的活动,关注欧洲各国在全纳教育领域的立法变革。此前,她在曼彻斯特大学获得了教育学博士学位并在该校教学、参与行动研究项目。

通信地址:European Agency for Special Needs and Inclusive Education, Østre Stationsvej 33, 5000 Odense C, Denmark

电子信箱:anthoula@european-agency.org

西莫尼·西米奥尼杜

欧洲特殊需要与全纳教育发展署的顾问,塞浦路斯大学教育学系助理教授(全纳教育方向)。她拥有塞浦路斯大学(小学教育学士)、曼彻斯特大学(特殊需要与发展教育学硕士)和剑桥大学(教育学博士)的学位。其研究兴趣包括全纳教育中的教师教育,全纳教育的课程发展,全纳教育政策和实践以及残疾人政策。她积极参与学前教育、初等教育、中等教育教师持续专业发展。她是知识镶嵌研究项目的科学协调员,该项目关注残疾人和慢性病患者制作的材料的收集、数字化、传播和使用。

通信地址:Department of Education, University of Cyprus, P. O. Box 20537, 1678 Nicosia, Cyprus

电子信箱:symeonidou.simoni@ucy.ac.cy

科·J.W.梅杰

欧洲特殊需要与全纳教育发展署的主任。他在格罗宁根大学学习社会科学(特殊教育),并于1988年毕业于莱顿大学,关注影响荷兰转介隔离特殊供给因素的分析。在发展署的任职中,他负责欧洲范围的重大项目,比如欧洲的特殊供给与全纳、欧洲特殊需要教育的融资以及课堂实践研究。他为经合组织、联合国教科文组织以及其他国家和国际机构提供特殊需要问题的咨询。他是《特殊教育新视角》(Routledge, 1994)、《全纳教育:全球议题》(Routledge, 1997)以及《实施全纳教育:弥合政策与实践的差距问题》(Emerald Publishing Group, 2016)的合编者。

通信地址:Department of Education, University of Cyprus, P. O. Box 20537, 1678 Nicosia, Cyprus

电子信箱:director@european-agency.org

专 栏

全纳教育的发展和挑战：对中东和北非地区的考察

玛哈·霍亨-巴格肖

在线出版时间：2020年9月24日
©联合国教科文组织国际教育局2020年

摘　要　许多国家教育系统的发展正向着全纳目标迈进。然而，全纳是一个存在争议的术语，不同人对全纳理解不同。全纳在实践中如何理解，也在地方、区域和国家等层面各有不同。本文讨论全纳的发展、全纳在中东和北非地区阿拉伯语国家的理解和实施，目的在于更好地理解全纳教育的区域境脉，并为教育改革者的未来努力提供参考。更具体地说，本文在相关文献支持下，使用该地区在残疾与全纳方面的个人及专业经验，反思这些国家当前面向残疾儿童的教育供给。在这一地区，迈向全纳的进展处于不同的发展阶段，且发展缓慢而分裂。为此，有必要创建以研究驱动的国家框架，使各国政府与非政府的努力保持一致，以促进残疾人的全纳。最后，本文鼓励，以协作作为促进该地区全纳的一种方式，充分利用日益增长的专业知识，利用该地区呈现的文化和语言的相似性。

关键词　全纳　残疾人　中东和北非地区（MENA）

全球普遍朝着"全纳"，尤其是"全纳教育"迈进，但这些术语的确切含义长期来一直存在争论，而且不同的人对其理解也各异（Ainscow 2020）。笔者使用现有文献以及在残疾与全纳方面的个人及专业经验，调查了中东和北非地区（MENA）阿拉伯语国家的全纳教育。更具体地说，笔者旨在阐明这一地区全纳教育的障碍、进展和前进方向。为此，笔者提出以下问题：
- 在中东和北非地区，全纳教育及其相关实践存在哪些挑战和障碍？
- 在该地区，全纳教育已经取得了哪些进展，正在努力取得哪些进展？
- 现有的挑战可能会如何解决？

在讨论这些问题之前，有必要简要介绍一下笔者及笔者在该地区残疾与全纳教育方面的参与情况和研究方向。

笔者是黎巴嫩裔英国女性，在中东和北非地区从事残疾人全纳工作超过了15年。从黎巴嫩大学取得文学学士和教学文凭后，笔者在贝鲁特一所特殊学校里任

原文语言：英语

教,教育有视力障碍、听力障碍和学习困难的儿童和成人,涉及为患有复杂和多重障碍者教授并开发补充课程。2006年,笔者移居英国,在伦敦大学学院教育学院获得了视力障碍和多重困难方向的研究生文凭、特殊教育与全纳教育专业的硕士学位以及全纳和残疾人研究的博士学位。

在有关残疾人全纳的领域,笔者在非洲、亚洲、欧洲,以及中东和北非地区若干国家有超过十年的开展研究和能力建设项目的经验。这些研究项目指向课堂与学校领导、课程设计以及学校、高等教育、部委层面的其他关键人员,项目涉及的国家有阿尔及利亚、埃及、伊拉克、黎巴嫩、阿曼、沙特阿拉伯和阿拉伯联合酋长国(UAE)。笔者还为阿尔及利亚、伊拉克、阿曼和库尔德地区提供了制定政策改革框架的建议。

除了笔者的专业经验和教育经历之外,笔者自身也有残疾人(视力障碍)的经历,这给了笔者第一手接触残疾人在教育、就业及更广泛的社会生活中所面临的排斥和边缘化的机会。[当提到残疾人时,一些全纳倡导者使用以人为本的方式,《联合国残疾人权利公约》(CRPD)即采用此方式,该方式承认个人至高无上,比他们可能遇到的任何困难都重要。另一些人受到残疾社会模式的启发,使用"残疾人"这一术语来辨识这一人群可能面对的歧视。以人为本的方式贯穿本文始终,因为这一方式在当前的国际文件中更为常见,在中东和北非地区的阿拉伯语国家和全纳倡导者中更为普遍采用。]

笔者在中东和北非地区及其他国家的个人经历和专业经历,都影响着笔者对全纳教育项目的兴趣和方法,笔者将采取以人为中心和整体分析的方法来进行研究。

笔者使用以上见解及自己的研究成果和相关文献,来描述中东和北非地区全纳教育面对的挑战,并给出了一些建议。本文分为五个部分:(1)全纳教育概述,(2)全纳教育的含义,(3)中东和北非地区全纳教育面临的障碍,(4)中东和北非地区实现全纳教育的进展,(5)前进之路。

全纳教育概述

全纳教育运动已从排斥残疾学生,主要是排斥那些需要支持服务的残疾学生接受教育,进展到将他们隔离在特殊学校,再到近来将这些学生融合或全纳到主流环境中的举措(Gaad 2011; Hadidi and Al Khateeb 2015; Slee 2011)。在世界各地,这一进程处于不同发展阶段。

在全球北方各国,在特殊学校里教育残疾人的运动,始于18世纪和19世纪,但直到1948年《世界人权宣言》发表之后,在主流环境中教育所有儿童的理念,才开始加快发展(Signal et al. 2017)。从那时起,特别是过去的30年来,包括残疾人在内的每一个人都有权接受主流教育的信念获得了关注(Ainscow 2020)。1990年,全民教育(EFA)宣言呼吁,各国为所有学生提供优质的基础教育,呼吁各国确定全纳教育的现有障碍以及可能减轻那些障碍的本土促进因素(UNESCO 2019)。这些观念在1994年世界特殊需要教育大会期间得到了进一步强化,与会各国对全民教育作出承诺,呼吁根本性的政策转变,以促进全纳教育,使学校能服务所有儿童,尤其是那些被定义为有特殊教育需要(SEN)的儿童。为此,包括埃及、约旦、摩洛哥、巴勒斯坦、突尼斯、阿联酋和也门在内的中东和北非地区的若干阿拉伯语国家制定了国家全民教育战略(UNESCO IBE 2008)。

例如,受全民教育运动激励,意大利在20世纪下半叶关闭了几乎所有的特殊学校(D'Alessio and Watkins 2009)。相比之下,在中东和北非地区的阿拉伯语国家,例如阿尔及利亚、埃及、伊拉克、黎巴嫩、科威特、阿曼和叙利亚,在残疾学生的教育方面,特殊学校仍然发挥着首要作用(Khochen-Bagshaw 2018)。该地区现有的大部分特殊学校实际上是在20世纪建立的,许多是1948年后建立的。

尽管仍有共识认为,特殊学校可能适合那些被认为不适合主流教育的人(UNESCO IBE 2008),但对这一人群的构成的理解正在不断变化。例如,在英国,特殊学校正日益成为满足复杂和强烈需求的学校,而绝大多数单一障碍的人,无论程度轻微还是严重,在接受主流教育时不应该面临任何障碍(Douglas et al. 2009)。相比而言,在中东和北非地区的所有国家,包括埃及、伊拉克、黎巴嫩和阿曼,特殊学校通常位于首都或主要城市,仍被认为适合那些有轻微障碍的人,而且通常被认为是那些有严重障碍和多重障碍的人的唯一选项。同样,这导致与残疾和全纳相关的资源集中在特定城市的特定学校,并不是每个人都有机会就读。这影响着全纳教育实践,也限制了残疾儿童的教育和社会参与,往往将农村社会的残疾儿童或没有社会经济资本的残疾儿童完全排斥在教育之外。此外,通过剥夺残疾儿童与其兄弟姐妹和非残疾同龄人共同就读当地学校的机会,残疾儿童的社区参与更多地受到限制。

现有的全纳倡议呼吁,所有人,包括残疾儿童,都有权利在其兄弟姐妹和邻居就读的当地学校上学。这一全纳的观点,关乎当地学校和社区的归属感,关注成为社会中有效且公平的一员(Booth and Ainscow 2011; Gaad 2011)。全纳教育行动得到了《联合国残疾人权利公约》(CRPD)的进一步支持,公约使残疾人的全纳成为一项义务而非选择。此外,最新的联合国可持续发展目标(SDGs)包括为残疾儿童提供优质公平教育的目标。因此,世界上的绝大多数国家都已提出实现全纳教育的目标,尽管关于全纳可能是什么模样的争论仍在继续。

有观点认为,实现全纳教育的进程,受制于社会经济和政治变革,而后者反过来又受到更广泛的社会变革的影响(Goodley 2016)。相应地,古德利(2016)认为,重要的不是将过于简化的全纳理念从一个国家引入另一个国家,而是考虑其具体境脉,思考这些理念如何能在国家、区域和地方层面实现最佳实践。这一点在全球化时代尤为重要,在竞争激烈的教育市场中,学校的地位可能威胁学校的潜在成功。学校渴望保持标准，吸引高分学生，这可能与全纳教育的目标背道而驰（Ainscow 2007）。如果教育机构只接受那些能保持其学业标准并在排行榜上得分很高的学生，这将导致那些被认定有特殊教育需要的学生，被持续地安置在特殊学校和隔离学校——或他们被主流教育的中等教育阶段及高等教育阶段所排斥，在这些阶段，学校承担着更多责任。

全纳教育的含义

在讨论这一地区全纳教育进展之前，有必要考察一下"全纳"这个词的不同定义。在全球北方各国，"全纳"更多的是指鼓励每个人有意义并积极地参与生活的各个方面的进程。然而，大多数现有的全纳定义，都是从教育的角度来看待这个问题。例如，布斯和安斯科（2011）将全纳定义为旨在接纳所有易于受到排斥压力的学生的改革。塞巴和安斯科的定义（1996，p.9）更具体：全纳指的是"学校通过重新思考其课程、组织和规定，努力回应所有学生个体需要的过程"，包括捷美迪沙（2009）在内的其他学者断言，这一概念应该不仅指主流教育中的全纳，而且应该包含对高等教育、工作场所和整个社会的有意义的积极参与。

在全球北方，全纳也日益指向所有人，无论其能力或残疾、社会经济背景、宗教、性取向、年龄、性别或任何其他差异（Hwang and Evans 2011）。然而，对许多人而言，全纳仍然是教育那些被认为有"残疾和有特殊教育需要"的人的同义词（Goodley 2016）。阿尔伯诺和加德（2014）已经断言，全纳，特别是在全球南方各国，指的是在主流环境中服务残疾学生的方法。然而，有人可能会认为，在将全纳作为理想目标十年之后，对其含义及其指代的理解可能也有了发展。这一点在笔者自己的研究中很明显（Khochen-Bagshaw 2019b），笔者探索了英语教师理解全纳的方式。在该研究中，来自 74 个国家的 1,035 名教育者回答了"对你而言，全纳意味着什么？"这一问题。他们的定义揭示了对全纳理解的转变，从狭义的指残疾人的角度（11.2%）转变到更广义的面向所有学生的角度（72.5%）。但是，对这些回答作进一步的仔细研究会发现，来自中东和北非地区的参与者中，半数对全纳没有任何理解，尽管定义了这一术语的人中，60%的人指代的是所有人，而 40%的人通过残疾表达了他们对全纳的理解。

在不同的境脉中，全纳可以指不同的价值观和含义（Armstrong and Barton 2009；Chimedza 2009）。例如，在意大利，"全纳"这一术语不被使用。取而代之的是使用"融合"这一术语，因为意大利语中的全纳指的是被迫的而非自然的含义（D'Alessio and Watkins 2009）。在阿拉伯语中，*Al-Idmaj*、*Al-Indemaj* 和 *Al-Damj* 等术语已被交替使用来指代全纳。然而，*Al-Idmaj* 和 *Al-Indemaj* 也可以指强迫学生进入教育系统，暗示必须改变的是学生而非环境，与之相反，使用术语 *Al-*

Damj 则指的是学生成为系统的一部分。全纳教育已经被翻译为 *Al-Taaleem Al-Jamaa*、*Al-Taaleem Al-Damej*、*Al-Damj Al-Kollie*、*Al-Damj Al-Tarbawi* 以及 *Al-Damj Al-Shoomooli*。如此之多不同的术语正被用来指代同一概念,表明全纳教育在阿拉伯语中仍然是开放的广泛理解,或者说容易受到广泛理解。鉴于该地区对这一术语的各种阐释和理解,仍然存在的问题是:在中东和北非地区,在实现全纳教育方面已经取得了哪些进展?正在取得哪些进展?在试图回答这一问题前,有必要仔细分析这一地区全纳教育所面临的障碍。

中东和北非地区全纳教育面临的障碍

教育中的全纳面临着诸多障碍,可能是态度的、环境的、制度的,它们可能在国家、学校和课堂层面显现。同样,在政策与课程发展的内容和语言方面、在学校及课堂实践方面、在诸如残疾学生的入学率和保留率方面,都可以观察到这些障碍。

残疾人全纳发展的障碍

在中东和北非地区的许多国家,全纳教育倡议是由非政府组织和国外实体发起的,导致各国政府对全纳教育的概念、实践和监督的控制权较小。因此,与残疾有关的国家立法,往往没有得到强制执行,取而代之的是,让每所学校自行判断它们想要提供的全纳程度(Damj 2014)。这些组织的影响持续渗透在该地区全纳教育的发展中。例如,在黎巴嫩,全纳实践最初是由非政府组织和国际组织推动的,后来,这些组织支持它们的部分学生就读主流私立学校和公立学校(Khochen and Radford 2012)。它们仍然主导并决定教师及其他专业人员所需的培训以及他们所合作的学校。另一方面,课程设计由政府部门主导。两相结合,在全纳教育方面,这可能导致对教师的期望缺乏一致性。

此外,国际建议与当地需求认知之间的脱节,可能导致行动者之间的摩擦,阻碍全纳教育的进展,并导致该地区引进和采用过时的或废弃的理念和实践。例如,过去十多年中,在阿尔及利亚、埃及、伊拉克、阿曼和阿联酋的公立主流学校里,为残疾儿童实施了一种平行班级的制度,尽管研究表明这种制度与全纳的原则相悖。诸多原因可以解释这一点,例如,对"外国"全纳理念的抵制,对残疾和全纳的普遍态度,以及人力资源和财政资源的匮乏。进一步的原因可能是,参与该地区教育改革项目的国际专家虽然对全纳有兴趣,但并不一定是全纳方面的专家,因此可能助推了过时的"全纳"实践的复制。这一地区语言和风俗的相似性,也可能推动平行课堂等做法在各国之间的循环,而全纳教育项目评估的匮乏,使得这一循环难以打破。在这种情况下,如决策层不了解该地区的全纳,可能导致在无知情审查的情况下接受这些理念。

为使该地区全纳教育横向发展,而非陷入恶性循环,迫切需要界定并促进该地区所需的全纳教育专业知识。这一路径不仅应该鼓励本土专家的参与,指导国际专家的甄别,而且应该为残疾人参与适用于他们的议题铺平道路。

入学率和保留率的障碍

研究(UNESCO 2019)表明,尽管过去十年来,全球南方的入学率有所提高,但挑战持续存在,特别是在诸如残疾儿童、游牧民儿童和移民儿童等最边缘化儿童的入学方面。世界卫生组织估计,全世界约有 10%—15% 的人口可能患有残疾,其中 80% 居住在全球南方各国(WHO 2011),但在库尔德斯坦地区,2017—2018 学年,在政府主流教育和特殊教育中注册入学的学生中,每 185 名学生中,只有 1 名被确认患有残疾。此外,在伊拉克的中部和南部地区,就读于公立学校的学生中,每 19 名儿童中,只有 1 名被确认患有残疾。在阿尔及利亚,在主流公立学校中,残疾儿童与寄养儿童、游牧民及难民一起,成为所占比例最少的少数群体,也是受辍学影响最大的群体(Khochen-Bagshaw 2019a)。

在中东和北非地区的许多国家,包括埃及、黎巴嫩、卡塔尔、阿联酋和沙特阿拉伯,私立机构而非公立学校,一直都是全纳教育的驱动力。然而,与公立学校相比,在市场需求驱动下,私立机构追求官方考试中的优异表现,这可能与全纳教育相矛盾(Abou-Nassif 2011)。此外,校长可以选择性地实行全纳,且执行国家全纳政策不力,这强化了残疾学生持续被安置在特殊学校或隔离学校,进而阻碍了全纳教育的实现,且不说围绕全纳定义的争论仍在持续(Slee 2011)。这已在许多阿拉伯语国家造成了一种自我应验的入学趋势,学校在排行榜上的分数,对于那些没有被确定为有特殊教育需要的儿童的家长来说,比对孩子需要支持政策的家长更重要。而后者往往受到教育专业人士(校长、地方官员以及非政府组织特殊教育倡导者)的鼓励,或由于别无选择,而被迫为他们孩子选择隔离教育,因为他们认为,自己的需求在其他地方无法得到满足。虽然缺乏证据表明,该地区的隔离教育确实是高质量的,是适合这些学习者的,但现有研究确实肯定了全纳在早期教育中的价值,它可以促进学习者形成全纳价值观和积极的长期态度。为此,有必要进一步研究该地区残疾儿童早期教育的可及性和全纳性。

教育全纳的障碍

课堂层面的实践,可能影响学生留在学校的时间,影响他们所经历的学习与社会全纳的程度(Croft 2010)。这一点,对学习困难儿童而言尤为有意义,这些儿童可能占到早期学生的 10%,其中 60% 可以通过良好的教学方法得到健康发展(Norwich 2013)。一项对伊拉克辍学趋势的研究,探讨了教师、校长、在校生和辍学生及其家长的看法(Khochen-Bagshaw et al. 2018)。该研究表明,学困生在初等教育阶段受辍学的影响最大,将近一半的入学孩子在一年级到二年级间辍学。教师培训欠佳,以及缺乏与全纳和公平相关的持续专业发展,意味着教师采取以教师为中心的教学方法,且往往只有这一种教学方法。这一情况在现有课程中被复制并推进,最终导致学生缺乏参与,提高了辍学率。这就需要审视高等教育和持续专业发展的作用,这种作用在何处,及如何能更好地培养教师,将学生置于教与学过程的中心,并相应地调整教学与评价的方法和资源。

课程相关的障碍

该地区除了普遍的教师培训欠佳,及其对实施课程可能产生的影响外,课程的内容及如何评价也成为全纳的主要障碍。例如,伊拉克的课程复制了残疾医学模式的元素和基于慈善的全纳方法,将残疾人描绘成值得同情和帮助的贫困群体。在伊拉克,除了复制对待残疾人的现有态度外(这反映了该地区全纳教育的起源,是由非政府组织、慈善机构及外国援助所驱动的),伊拉克的课程设计并没有赋予教师必需的灵活性,进行必要的调整和修改,以满足其学生的个体需求(Strogilos et al. 2020),也没能在教师指南或学科课程中嵌入全纳环境。

尽管伊拉克目前正在实施新的通用课程框架,其设计与 21 世纪要求相一致(UNESCO 2012),但其重点在编写供所有教师使用的教材上,再加上缺乏所有年级和学科的学科课程框架,仍然可能剥夺教师所需的灵活性,以满足其学生多样化的需求。这说明,伊拉克所需要的教育改革,必须考虑课程的内容、如何实施并评价课程,以及如何最好地使所有学生掌握社会及个人所需的基本技能(Al-Zboon 2020;Kelly 2009)。这些问题是整个中东和北非地区的关切,包括摩洛哥、突尼斯和阿尔及利亚,在这些地方,青年无论是否完成学业,失业率都非常高。

全纳的态度及制度障碍

教育专业人员、政府官员、家长甚至学生的态度,依然是中东和北非地区全纳教育的主要障碍。例如,笔者和同事(Khochen-Bagshaw et al. 2018)提问了 12 位来自伊拉克省级教育部门的关键人物,问题是他们对全纳的看法,以及他们认为残疾人应该在哪里接受教育。其中,绝大多数认为,现有的"全纳教室",即残疾学生与他们非残疾的同学相隔离的教室,是最适合的环境,他们认为,对残疾人而言,特殊学校比主流教室更好。这种有条件的全纳方式在一位埃及教育部代表的话里得到了回应,他强调,"在我们的全纳方式中,适合主流教育至关重要"(Khochen-Bagshaw et al. 2018)。

相比主流学校,特殊学校教育质量低下的问题常被提及(Hehir et al. 2016)。就中东和北非地区各国而言，部分原因可能是，特殊学校常常对残疾学生采取慈善和关爱的方式，因此对学生的期望很低(Khochen-Bagshaw 2018)。这些学校使用明显的医学用语而非社会用语，来描述和讨论残疾人，"他者化"残疾人可能进一步伤害学校寻求提供帮助的这些人群，使得这一情况更加恶化。

在阿曼，某些主流学校为残疾儿童提供相同的教育供给，让他们有自己的教师、督导，有时甚至是课程，这一做法，也可能给教育系统带来额外的财政负担(Ainscow 2020)。从这一视角出发，安斯科认为，实行单一的全纳安排，比继续实行隔离的做法，在经济上更划算。鉴于需要财政支持是中东和北非地区及其他地区实现全纳教育所面临的最大障碍之一，这一点尤其值得考虑。拥有一个支持全纳政策及实践的有效框架，可以支持残疾人接受优质公平教育的权利，确保现有政策和立法落实这一权利，确保现有资金按要求并在需要时用于使全体学生受益。这必须由严格的数据主导的研究来支持，该研究要具体到该地区的境脉，而不是从全球南方或全球北方各国批发引进研究结果。

全纳的环境障碍

部分学校的物理环境受限，其中一些学校是21世纪10年代才建成的，意味着部分学生无法到达他们的教室或在校内无法独立行动。在那些努力使物理环境更加无障碍的地方，通常是从狭义上来达到"无障碍"，例如提供坡道和无障碍浴室，而非从更广义的角度来看待无障碍，即整个学校环境、活动以及实际上是教育的无障碍。同样，在官方考试期间为残疾学生提供的专用空间，如果有的话，是临时申请的，通常与学生在学年里所习惯的不一致。

这种全纳应用层面的不一致，尤其反映了该地区许多教育专业人士的潜在态度。残疾往往被理解为一种磨难，因此，残疾人被视为需要帮助或值得同情的人，这是一种将残疾置于个体身上的残疾医学模式，而非认为残疾是由个体之外的态度、环境、制度等障碍所造成的残疾社会模式的盛行所促成的观念。这不仅表现在全纳实践的临时性质上，而且表现在依赖个体的教师和学校来实施(Gaad 2011)，反映在维护所有人受教育权的国家政策和这些政策落实不力、执行不力的差距上，这种差距又促进了上述态度。讨论了全纳的现有障碍后，笔者接下来将对该地区实现全纳教育已经取得和正在取得的进展进行概述。

中东和北非地区实现全纳教育的进展

最近二十余年，中东和北非地区主流学校中残疾儿童的教育引发了关注。本部分首先概述残疾儿童现有的各种教育供给，随后解释正在取得的全纳方面的进展，接下来呈现现有全纳政策的当前方向。本部分最后反思全纳的进展，也反思了在整个地区运用协作作为实现全纳的手段。

残疾儿童现有教育供给的概况

在该地区,每个国家都有着形式多样的教育供给,服务于残疾儿童及需要支持的儿童。它们包括:特殊学校、主流学校里的特殊班级、以全日制或非全日制形式在非残疾同伴的同一班级学习(Gaad 2011)。就读主流班级,也许是全纳倡议的一部分,倡议中的学校在那些班级里为残疾学生提供支持,有些学校可能会有一个"资源室"为那些学生提供额外的专业支持。然而,主流的全纳倡议,如果有的话,往往更强调社会的全纳而非教育的全纳。

评估中东和北非地区现有供给的研究虽然数量少,但研究一致认为,残疾人在主流环境中经历的社会全纳很糟糕(Alkhateeb et al. 2015;Hadidi and Al Khateeb 2015)。笔者在该地区多个国家进行的访谈中听到,对主流环境中糟糕的社会全纳情况,被残疾儿童及其家长、其同龄人以及教育者反复提及。一位家长说,"我希望我的女儿在课间休息时能加入小伙伴中,但她独自待在教室里"(Lebanon 2017)。

阿尔及利亚、摩洛哥、埃及、伊拉克以及阿曼等国的教育部在选定的公立主流学校里为残疾儿童指定教室,试图为残疾儿童提供全纳教育。在阿尔及利亚和阿曼,这些班级是为那些有常见困难且被认为不适合主流班级的儿童准备的。在伊拉克,它们是为所有具有严重困难和残障的学生准备的。这些隔离班级被称为"全纳教室",使得这一术语在这些国家的理解和全纳的实施更为复杂。就读于这些班级的学生,有时可能会在非核心活动中加入到他们同龄人中去。

在阿尔及利亚、约旦和黎巴嫩,那些被认为有学习能力的残疾儿童,当他们的特殊教育结束后或当主流学校加入全纳项目时,有时可以进入主流教室。在巴林、伊拉克、约旦和黎巴嫩等许多中东和北非地区的国家,14—15岁及以上的学生不能接受特殊学校教育(Abu-Hamour and. Al-Hmouz 2014;Gaad 2011;Khochen-Bagshaw 2018)。然而,即使主流学校中没有必需的专用空间,这些学生的存在也被认为是"全纳"——无论这些学生是否能够参与他们所在教室的教与学活动,这进一步表明在该地区全纳是如何被理解并付诸实践的。

全纳的进展

在阿拉伯语国家中,"融合"和"全纳"被交替使用。虽然就读于主流学校的残疾儿童不断增加,这表明人们渴望摆脱排斥,但他们在客观上出勤的事实,未必反映了环境的全纳性。相反,他们的出勤更应被描述为融合而非全纳。"全纳"和"融合"在含义和应用上不同。"全纳"被广泛用于指代识别并消除可能阻碍所有人入学、参与及成就的障碍(UNESCO 2017),而"融合"指的是那些之前被认为不适合主流教育的人亲身出现。在实践中,融合暗示着学生,有能力的话,让自己适应一个基本不变的系统。这在两个方面是排斥性的,或者说不全纳的。首先,"有能力"排斥了具有复杂、多重或不良(例如,社会、情感和心理健康)需求的学生。其次,"一个基本不变的系统"将有障碍的负担及参与的责任置于学生身上,而非置于教育环境及其实践者身上。

在21世纪,该地区多个国家声称,坚持全纳政策的学校数量激增,但现有研究和文献显示,残疾儿童在主流学校里的教育有赖于父母和同龄人。这种依赖使得他们在主流学校的出现,更适合被描述为融合而非全纳,这已成为笔者研究该地区的经验。这反映在阿联酋举办的一次培训上,一位重要的部长级与会者的话语中:"我们应对那些视力障碍的人没有问题:我们给他们提供盲文书籍或大字版书籍,这样他们的问题就解决了。不过,我们的主要问题是那些有行为和学习困难的……他们在主流课堂的出现是破坏性的。"

这是该地区决策层面对全纳教育理解不足的例子。决策者没有充分认识到,为使教学环境变得全纳,残疾学生、他们的老师、同龄人以及父母需要支持性的生态。这进一步加剧了困难学生的负担,导致责任从全纳转变为被全纳,从位高权重的人的责任转变为往往是影响力最小的人,比如残疾儿童的责任,其目的是融合而非全纳。该地区的一些国家中,现有的有关残疾儿童教育政策的内容和语言仍然不符合全纳原则及其相关实践。

现有全纳政策的方向

在该地区,每个人的受教育权均在国家公约及条约里得到保障。同样地,该地区各国均已签署国际公约和条约,比如《联合国残疾人权利公约》以及《联合国可持续发展目标》,以保障所有人在主流学校里的受教育权。然而,受国家与国际宣言所影响的政策目标,与书面政策的实际内容之间存在不一致,这会使全纳的做法在学校层面妥协。其后果是,导致全纳的实施浮于表面。例如,在主流教育中招收被描述为有特殊教育需要的学生,但并不能保障他们参与教学过程,也不能确保他们体验到全纳(Croft 2010; Farrell 2007; Sawhney 2015)。在阿拉伯语国家的许多学校里,在政策与学校层面对全纳含义的有限理解,似乎支持了融合的应用,而非全纳的应用。造成这一局面的原因之一,可能是全纳被引入该地区的进程是源于全球北方国家,以及通常是来自这些国家非政府组织中的行动者。

部分学者(Evans and Lunt 2002)认为,教育机构要变得具有全纳性,就必须拥抱全纳的态度,接受变革并为支持其实施维系必要的资源。因此,将全纳教育付诸实践,要求学校实施以学生为中心的学习,实施差异化教学方法,以满足全体学生的不同需求(Croft 2010)。具体而言,教师需要接受并尊重学生,对所有学生负起全部责任,让那些学生参与到有关教学的决策中,并运用合适的教学策略。他们也应该得到全校的支持,采用全纳政策,并接受相关的持续专业发展。要做到这一点,可能需要学校文化、组织和期待方面的巨大转变。实际上,这不仅需要从公平与全纳的视角,来审视现有政策,而且需要考虑教师在教学准备时所得到的支持,以及这些课程在多大程度上使他们具备所需的技能。

过去十多年来,该地区不同国家中,数量有限的高等教育机构已经开始提供"特殊教育"模块。在伊拉克、阿尔及利亚、埃及、黎巴嫩、阿曼、沙特阿拉伯以及卡塔尔,笔者进行的访谈已经反映出这些模块在多大程度上培养其师范毕业生为从事全纳教学做好准备,培养他们对投身全纳教学的兴趣,以及是否有合格导师指导他们。然而,这些课程未必反映了全纳原则,所以任何旨在提升教学实践的倡议,都应该重新审视其内容,以使其更好地符合全纳与公平,更好地反映学生的多样性。

在全球南方,全纳议程通常以全球北方引入的全纳教育理念为基础(Aldaihani 2011;Croft 2010;Mohamed 2011)。于是,对这些理念,可能会有不同的阐释,乃至在各国之间以及国内各校之间产生不同的实践。有些学校可能名义上采用全纳的理念,却同时排斥那些应该全纳的人——例如,学校接纳了有轻微障碍或困难的学生,他们可以在有限支持或没有支持的情况下管理好自己,但同时,学校拒绝那些在他们看来学校还没有做好准备以满足其需求的学生。在整个地区的阿拉伯语国家中,校长负责决定学校提供的全纳层次及实践,接受或拒绝学生的入学(Alborno and Gaad 2014)。

如果学校没有一以贯之地践行全纳,没有持续地识别并消除障碍以确保所有学生都能接受教育、参与教育并取得教育成就(UNESCO 2017),那么,残疾儿童就有可能被排斥在教育之外。这有两种主要形式:首先,如果残疾儿童及其家庭没有资源进入特殊学校,有些人可能就永远无法接受主流教育,或者,事实上无法接受任何教育;其次,那些在主流学校里由于缺乏支持或支持有限而无法管理自己的学生将会辍学。

协作作为影响更好全纳实践的手段

协作的行动可以支持所有人的全纳,并在一个全纳的环境里增加那些需要支持服务的人的参与度和成就(Messiou and Ainscow 2020)。协作可以在同龄人、教育者或学校之间采取许多不同的形式。在中东和北非地区的集体社会中,教育者经常表示,协作是发生在他们教室和学校里的事情(Khochen-Bagshaw 2019a)。然而,与发展全纳实践相关的结构化协作形式,在课程框架、教师培训或学校政策中却几乎没有体现。这种情况也反映在更大的教育系统结构中。例如,在阿尔及利亚、埃及和阿曼,为残疾学生和非残疾学生提供的相同供给加剧了差异,阻碍了专业协作。尽管在教育及教师相关培训中,这些国家中的大多数会使用"形成性评价""协作"以及在较低程度上使用"差异化"等概念术语,但它们并未广泛用于主流环境中为需要支持的学生提供全纳服务。这表明,对中东和北非地区的国家而言,仅靠它们自己发展教学实践，可能不足以使其发展全纳教育相关的实践。因此，还必须制定符合全纳与公平的政策，以确保这些全纳实践得到系统性的应用、监测和改进。同样，尽管诸多学校都参与了全纳倡议行动，但学校之间的协作很少在此类项目设计中占有重要地位。

前进之路

在整个中东和北非地区，全纳教育面临着诸多障碍。在如何理解和实施全纳方面，这些障碍是显而易见、持续且不断重复的。同样，与全纳教育相关的行动计划也很多，但它们是支离破碎的，也并不总是由有组织的国家行动来回应国家的承诺。因此，必须进行态度、政策和实践的模式转换，从将残疾定位于个体的医学模式，转变为残疾的社会模式，考虑外部环境、制度因素和物理因素与个体缺陷相互作用而导致残疾。需要审视学校课程及其内容、供给和评价方式，以便它们能为教师提供全纳教学所需的灵活性，并最终为学生提供他们及其社会所需的技能。

全纳教育框架可利用现有障碍及其指示性促成因素，来发展全纳教育的整体路径，这可能有助于政府以系统性方式发展全纳教育。这一框架不仅要覆盖"全纳"的定义以及教师在首次从教前及职业生涯中所接受的培训，而且应该反思现有政策、法律和规定，以及它们如何与公平和全纳保持一致。该框架还必须规定如何监督并支持全纳，以及如何识别并分享成功的经验。

这一框架还可以支持政府及非政府的行动者，使全纳的各项努力正规化和相互衔接，并提供机会去了解哪些做法有效，哪些做法无效，以便政府能在各自国家现有成功的基础上进一步发展。然而，这要求重构该地区的全纳，从我们应该全纳谁，在哪里全纳他们，到我们应该如何全纳他们。在此过程中，各国需要在国家、区域和地方层面识别现有障碍，同时确定适合当地境脉的可行解决策略。

制定任何国家计划的关键，是研究的重要性和证据的使用，以此来指导实践和全纳教育发展，并促进中东和北非地区在目前已支离破碎的全纳教育方面的内外协作。可以说，尽管中东和北非各国在面积、人口、可用（或缺乏）资源及全纳教育历史等方面存在差异，但它们在语言和文化方面也存在相似性，这可能创造一个促进协作的环境。事实上，笔者的研究也表明，在追求全纳教育的过程中，该地区许多国家面临相似的障碍。协作能够使资源得到开发，最佳实践得以确定、分享并相互借鉴。尽管这一进程可以由非政府行动者利用其国际经验来促进和支持，但最终各国政府应承担起对其所有学生，甚至是其教师的教育责任。这样，它们就有可能对该地区已承诺要实现的国际运动作出强有力的、集体的、国家的和区域层面的响应。

（徐　晶　译）

参考文献

Abou-Nassif, S. M. (2011). *Self-reported factors that influence choice of college-bound students in Lebanon*. Unpublished doctoral thesis. School of Education, Capella University.

Abu-Hamour, B., & Al-Hmouz, H. (2014). Special education in Jordan. *European Journal of Special Needs Education, 29*(1), 105–115.

Ainscow, M. (2007). From special education to effective schools for all: A review of progress so far. In L. Florian (Ed.), *The Sage handbook of special education* (pp. 147–160). London: Sage.

Ainscow, M. (2020). Promoting inclusion and equity in education: Lessons from international experiences. *Nordic Journal of Studies in Educational Policy, 6*(1), 7–16.

Alborno, N. E. (2017). The "yes ... but" dilemma: Implementing inclusive education in Emirati primary schools. *British Journal of Special Education, 44*, 26–45.

Alborno, N. E., & Gaad, E. (2014). Index for inclusion: A framework for school review in the United Arab Emirates. *British Journal of Special Education, 41*(3), 231–248.

Aldaihani, M. (2011). *A comparative study of inclusive education in Kuwait and England*. Unpublished doctoral thesis. Birmingham: University of Birmingham.

Alkhateeb, J. M., Hadidi, M. S., & Alkhateeb, A. J. (2015). Inclusion of children with developmental disabilities in Arab countries: A review of the research literature from 1990 to 2014. *Research in Developmental Disabilities, 49*(2), 60–75.

Al-Zboon, E. (2020). The inclusion of disability issues and concepts in the Jordanian national curriculum from the perspective of curriculum planning experts. *European Journal of Special Needs Education*.

Armstrong, F., & Barton, L. (2009). Policy, experience and change and the challenge of inclusive education: The case of England. In L. Barton & F. Armstrong (Eds.), *Policy, experience and change: Cross cultural reflections on inclusive education* (pp. 5–18). Dordrecht: Springer.

Booth, T., & Ainscow, M. (2011). *Index for inclusion: Developing learning and participation in schools* (3rd ed.). Bristol: Centre for Studies on Inclusive Education.

Chimedza, R. (2009). Disability and inclusive education in Zimbabwe. In L. Barton & F. Armstrong (Eds.), *Policy, experience and change: Cross-cultural reflections on inclusive education* (pp. 123–132). Dordrecht: Springer.

Croft, A. (2010). *Including children with disabilities in learning: Challenges in developing countries*. CREATE Pathways to Access. Research monograph no. 36. Brighton: CREATE.

D'Alessio, S., & Watkins, A. (2009). International comparisons of inclusive policy and practice: Are we talking about the same thing? *Research in Comparative and International Education, 4*(3), 233–249.

Damaj, M. G. (2014). The overpowering role of policies in constructing social identities of children with disabilities. In I. Bogotch & C. M. Shields (Eds.), *International handbook of educational leadership and social (in)justice* (pp. 993–1021). Dordrecht: Springer.

DFID [Department for International Development] (2000). *Disability, poverty and development*. London: DFID.

Douglas, G., McCall, S., McLinden, M., Pavey, S., Ware, J., & Farrell, A. M. (2009). *International review of the literature of evidence of best practice models and outcomes in the education of blind and visually impaired children*. Trim: National Council for Special

Education.

Evans, J., & Lunt, I. (2002). Inclusive education: Are there limits? *European Journal of Special Needs Education, 17*(1),1–14.

Farrell, M. (2007). *The special school's handbook: Key issues for all.* Abingdon: Routledge.

Gaad, E. (2011). *Inclusive education in the Middle East.* Abingdon: Routledge.

Goodley, D. (2016). *Disability studies: An interdisciplinary introduction.* New York, NY: Sage.

Hadidi, M. S., & Al Khateeb, J. M. (2015). Special education in Arab countries: Current challenges. *International Journal of Disability, Development and Education, 62*(5),518–530.

Hehir, T., Grindal, T., Freeman, B., Lamoreau, R., Borquaye, Y., & Burke, S. (2016). *A summary of the evidence on inclusive education.* São Paulo: Instituto Alana.

Hwang, Y., & Evans, D. (2011). Attitudes towards inclusion: Gaps between belief and practice. *International Journal of Special Education, 26*(1),136–146.

Kelly, V. (2009). *The curriculum: Theory and practice* (6th ed.). New York, NY: Sage.

Khochen, M., & Radford, J. (2012). Attitudes of teachers and headteachers towards inclusion in Lebanon. *International Journal of Inclusive Education, 16*(2),139–153.

Khochen-Bagshaw, M. (2017). *Including students with disabilities in mainstream educational provision in Lebanon with particular reference to those with visual impairment.* Unpublished doctoral thesis. University College London.

Khochen-Bagshaw, M (2018). *An insight into the status of educational provision for children with disabilities and special educational needs in Iraq, along with the barriers to education faced by this demographic in mainstream and special schools.* An EU schools funded project entitled "Building capacities, increasing equity and quality of education in primary and secondary schools in Iraq". Baghdad: British Council Iraq.

Khochen-Bagshaw, M. (2019a). *An exploration into the phenomena of dropping out of school education in Algeria, causes and interventions strategies.* Algiers: British Council Algeria.

Khochen-Bagshaw, M. (2019b). *How inclusive is English language teaching?* British Council Signature Event IATEFL Conference, Liverpool.

Khochen-Bagshaw, M., Shuayb, M., & Sarten, E. (2018). *An exploration into the experience of children in education including those with disabilities: Understanding causes and potential strategies for reducing school dropout in Iraq.* An EU schools funded project entitled "Building capacities, increasing equity and quality of education in primary and secondary schools in Iraq". Baghdad: British Council Iraq.

Lee, H., Alghaib, O. A., & Lauriciano, R. (2019). *Disability in Gaza: Policy, barriers to inclusion and a mapping of interventions.*

Messiou, K., & Ainscow, M. (2020). Inclusive inquiry: Student-teacher dialogue as a means of promoting inclusion in schools. *British Educational Research Journal, 46*(3),670–687.

Mohamed, N. H. B. (2011). *Inclusion of pupils with special education needs in Sudan: Teachers' perceptions of their competence and their perceived training needs.* Unpublished doctoral thesis. University of London.

Norwich, B. (2013). *Addressing tensions and dilemmas in inclusive education: Living with uncertainty.* Abingdon: Routledge.

Sawhney, S. (2015). Unpacking the nature and practices of inclusive education: The case of two schools in Hyderabad, India. *International Journal of Inclusive Education, 19*(9),887–907.

Sebba, J., & Ainscow, M. (1996). International developments in inclusive schooling: Mapping the issues. *Cambridge Journal of Education, 26*(1),5–18.

Singal, N., Ware, H., & Khanna-Bhutani, S. (2017). *Inclusive quality education for children with disabilities.* Report prepared for the World Innovation Summit for Education, Doha.

Slee, R. (2011). *The irregular school: Exclusion, schooling and inclusive education.* Abingdon: Routledge.

Strogilos, V., Avramidis, E., Voulagka, A., & Tragoulia, E. (2020). Differentiated instruction for students with disabilities in early childhood co-taught classrooms: Types and quality of modifications. *International Journal of Inclusive Education,* 24(4), 443–461.

UNESCO (2007). *Strong foundations: Early childhood care and education.* EFA global monitoring report. Paris: UNESCO.

UNESCO (2012). *Iraq curriculum framework.* Paris: UNESCO.

UNESCO (2017). *A guide for ensuring inclusion and equity in education.* Paris: UNESCO.

UNESCO (2019). *Global education monitoring report summary* 2019: *Migration, displacement and education: building bridges, not walls.* Paris: UNESCO.

UNESCO IBE [International Bureau of Education] (2008). *Inclusive education: The way of the future. Conclusions and recommendations of the 48th session of the International Conference on Education (ICE).* Geneva: UNESCO IBE.

UNESCO IBE (2009). *A broadened concept of inclusive education in the Arab region.* Geneva: UNESCO IBE.

UNESCO IBE (2017). *A guide for ensuring inclusion and equity in education.* Geneva: UNESCO IBE.

WHO [World Health Organization] (2011). *World report on disability.* Geneva: WHO.

【作者简介】
玛哈·霍亨-巴格肖

教育全纳与公平领域的国际顾问。她对促进所有儿童受教育机会及促进教育质量感兴趣,重点关注那些有被排斥风险的儿童。为此,她致力于与全纳教育政策及实践相关的研究、培训和咨询。她的工作涉及中东、北非、东非、中亚及英国等地的不同国家和地区。

通讯地址:International Consultant, Leicester, UK

电子信箱:maha.khochen.14@ucl.ac.uk; mahakhechen@hotmail.com

专　栏

拉丁美洲的教育全纳与公平：对挑战的分析

伊格纳西奥·卡尔德隆-阿尔门德罗斯　梅尔·安斯科
西尔维亚·贝撒内丽　帕梅拉·莫利纳-托莱多

在线出版时间：2020 年 9 月 14 日
©联合国教科文组织国际教育局 2020 年

摘　要　本文借鉴作者在拉丁美洲社区参与有关促进教育全纳与公平的叙事经历，说明师生及家长的声音可以阐明所涉及的挑战。特别是，本文展示了师生及家长的条件、困难、成就、担忧和希望等可以如何为其所处的复杂现实提供更好的理解，并有助于形成变革的理论。本文综合了不同利益相关者的观点，聚焦使人们能够对现实产生批判性认识的过程，同时开发理论工具，使人们的思维更具全纳性。本文认为，全纳教育是一项根本性的政治计划，需要更贴近被压迫者的感受与知识。这意味着，我们必须建构新的叙事，鼓励人们提出自己的挑战；这反过来又有助于系统层面的变革。本文提出了一个可用于审视其他国家形势的框架，并就如何引进该框架提出了建议。

关键词　公平　全纳教育　合作探究　系统变革

可以说，找到全纳所有儿童上学的方式，是全世界教育系统面临的最大挑战（Ainscow 2016）。在经济相对贫困的国家中，这主要关乎数百万无法接受正规教育的儿童（UNESCO 2015a）。与此同时，在相对富裕的国家中，许多年轻人离开学校时，没有获得任何有价值的学历，而另一部分人则被安置在形式多样的特殊教育中，远离主流教育，还有一些年轻人干脆选择辍学，因为课程似乎与他们的生活无关（OECD 2012）。

拉丁美洲各国面临着特殊的挑战，但这些挑战的本质在各国之间甚至在各国内部都差异巨大（Marchesi 2019）。尽管近年来有所进步，但整体而言，该地区许多儿童都被排斥在受教育机会之外。

本文中，我们分析了我们作为顾问所收集到的证据，使用了诸多拉丁美洲国家聚焦于这一重要问题的研究。我们特别关注以下问题：

原文语言：英语

- 在拉丁美洲各国,限制部分儿童参与和学习的障碍是什么?
- 如何充分理解这些障碍?
- 这对推动教育系统进步意味着什么?

我们所呈现的分析引导我们提出一个可用于审视其他国家形势的框架,并就应该如何引进该框架提出了建议。

国际背景

自 1990 年以来,全民教育(EFA)运动致力于让所有学习者接受基础教育,已经为学校的全纳与公平提供了国际推动力。然而,根据联合国教科文组织的报告(2015a),教育不公平在本世纪之初有所加剧,最贫困、最弱势群体承担着最重的负担。最近,联合国教科文组织统计研究所(UIS)的数据显示,仍有 2.58 亿儿童、青少年和青年人失学,超过 6.17 亿儿童和青少年未能达到阅读和数学的最低熟练程度(UIS 2019)。同样重要的是,要注意到,全世界只有一半的儿童接受了学前教育,这一失败限制了儿童的未来,并加深了今后学习中的不公平(UNICEF 2019)。值得注意的是,弱势群体获得优质早期幼儿保育和教育的机会最少,尽管他们从相关干预中获益很多。

2015 年对全民教育运动的未来尤为重要。当年联合国教科文组织发布了《教育 2030 行动框架》,并强调全纳与公平是优质教育的基础(UNESCO 2015)。它还强调,需要解决在受教育机会、参与、学习过程及结果方面的一切形式的排斥和边缘化、差异和不平等。因此,很明显,国际全民教育议程确实必须与"全民"有关,正如最近联合国教科文组织指导纲要中使用的座右铭所反映的那样:"每个学习者都重要,并且同等重要。"(UNESCO 2017)

在这一新的国际政策议程中,全纳残疾儿童的重要性是必然的。《联合国残疾人权利公约》(UN 2006)及其后续发展都强调了这一点。第 4 号一般性意见(UN CRPD 2016)将非全纳定义为在单独环境里教育残疾学生(即,在单独的特殊学校里,或在普通学校里的特殊教育班级中)。它致力于结束教育环境中的隔离,确保在有适当支持的无障碍学习环境中进行全纳课堂教学。

一份最近的联合国教科文组织报告《迈向教育的全纳与公平:现状、趋势和挑战》(UNESCO 2020b)认为,迈向全纳教育的理由有很多。这些理由是:

(1) 教育合理性 要求学校让所有儿童一起接受教育,意味着学校必须发展出回应个体差异,并进而使所有儿童获益的教学方法;

(2) 社会合理性 全纳学校的目的是改变对差异的态度,让所有儿童一起接受教育,并为一个公平、非歧视的社会奠定基础;

(3) 经济合理性 建立并维持让所有儿童一起接受教育的学校,可能比建立一个专门教育特殊儿童群体的不同类型学校的复杂系统,在经济上更划算(UNESCO 2020b, p.11)。

在下文中,我们将牢记这些观点,分析我们在支持拉丁美洲国家教育发展以促进全纳与公平的经验。

拉丁美洲的背景

在解决全纳与公平问题时,拉丁美洲是一个特别有趣的地区,特别是在残疾儿童和土著背景儿童方面。这是世界上收入分配最不均衡的地区,即使在本世纪第一个十年里,贫困现象有所减少(UNESCO 2015b)。这一地区也有丰富的自然资源和共同的历史,西班牙语和葡萄牙语这两种主要语言与其他土著语言共存(Marchesi 2019)。但是,在经济和社会发展以及人口方面,这些国家存在显著差异。例如,巴西人口超过2.1亿,墨西哥超过1.26亿,而中美洲7国加起来人口不足5,000万。

马基西(2019)指出,从积极的角度看,尽管拉丁美洲没有可靠的有关教育全纳方面的数据,但近年来在学校入学率上已经取得了令人鼓舞的发展,包括:

- 初等教育方面,儿童入学率从1995年的90.5%增长到2013年的92.3%;
- 中等教育方面,这一数据从1995年的56.3%增长到2013年的75.7%,这一教育周期里的平均辍学率略有下降——从2000年的17.8%下降到2010年的15.5%。

与世界其他地区相比,在初等教育和中等教育方面,其生师比接近平均水平:每名教师分别对应19名学生和16名学生。然而,在教师质量方面存在很大差距(UNESCO 2013)。

一份来自拉丁美洲和加勒比经济委员会(ECLAC 2019)的报告将情况总结如下:

> 对不同收入阶层受教育程度的分析显示,在初等和中等教育阶段,尤其在较低收入阶层,受教育难度和辍学率有显著下降。(p.61)

在之前的《教育展望》中,瓦利恩特(2011)解释了拉丁美洲教育系统在之前20多年所经历的重大变革。20世纪90年代,该地区几乎每个国家都实行了改革,例如制度变革、改革学习结果评价体系、修订课程内容、努力提升管理技能、教师激励以及提升教学质量的应用策略。然而,她的结论是,许多国家没有取得明显进展,尽管乌拉圭和阿根廷在提高入学率和延长学制上取得了成功。她补充说,但教育质量的情况并非如此。

阿马德奥(2009)分析了该地区一系列政策文件后作出总结,绝大多数国家的主要挑战是,保障所有人接受优质教育的权利。他认为,目前全面全纳的路径似乎还处于初级阶段,尽管他注意到,对社会方面的全纳的关注度正日益增长。然而,重要的是,要认识到该地区各国之间以及诸如智利、乌拉圭、墨西哥等一些国家内部存在巨大差异(UNESCO 2015b)。

根据梅德拉诺·尤里塔(2005)的研究,与教育不公平有关的主要因素有:收入、环境(即农村/城市)、种族特点、性别和残疾。穆里洛和罗曼(2008)更细致地观察了该地区发生的情况后指出:"该地区教育不公平的主要根源在于,学生所属家庭的经济与社会文化不公平。"(p. 28)这一分析在经济合作与发展组织的一份报告(OECD 2007)中得到印证。利用国际学生评估项目(PISA)数据,经济合作与发展组织(2007)的报告总结认为,拉丁美洲的教育系统比世界上其他地方的教育系统更不公平。尤其是,该报告认为,公立教育与私立教育、农村地区与城市地区在质量和绩效上的差异,是公平应成为各国议程核心的另一个原因。当然,我们在一系列拉丁美洲国家的经历,给我们留下了类似的总体印象,特别是,正如最近的全球教育监测报告(UNESCO 2020a)中所强调的,在过去的几十年间智利和墨西哥的学校在社会经济上的隔离尤为严重且保持不变。

然而,还有与受教育权相关的更具体的问题,是我们不能忽视的。根据联合国儿童基金会(UNICEF)2019年的报告,超过800万残疾儿童和青少年居住在拉丁美洲地区;他们中的70%没有上学,5万人被送至社会福利机构。如果我们加上其他被污名化的身份特征:贫困、年龄、种族、民族特点、移民身份、性取向、性别认同和语言表达,等等,这一情况会更糟糕。为作出有效的、全纳的、跨部门的回应,在本文中,我们认为,美洲国家需要在提出解决方案的进程中整合所有声音。在面对前所未有的境脉和不可预测的未来时,这些进程必须创新。

在不同残疾状况的入学率差距方面,中学适龄青少年(12—17岁)的差距大于小学适龄儿童(6—11岁),总体来说,相比非残疾中学生,10%的残疾中学生更有可能不上学。然而,联合国儿童基金会报告的作者敦促我们,要慎重对待这些数据,因为其低估了残疾儿童上学的人数,他们的失学率可能高得多。我们也必须牢记与定义有关的问题,即在一地被定义为"残疾"或"有特殊需要"的孩子可能在另一地不会被如此归类(Booth and Ainscow 1998)。

在拉丁美洲,另一个高度脆弱的人口群体是土著民族,在许多国家,他们从经济增长中获得的利益普遍较少(OECD 2007)。在该地区,土著民族遭遇了更深程度的贫困,处于社会经济弱势;在农村地区贫困程度往往更深。在世界银行的一份报告中,威格斯和彼得罗(2008)指出,相比于非土著学生,土著学生完成小学教育的可能性更低。

总之,如何将被排斥在外或处于高度脆弱境地的社会群体——特别是穷人、残疾人、土著学习者以及农村人口——融入教育系统,是所有拉丁美洲国家的一项根本挑战。为了就这些问题提出建议,本文试图阐明年轻人及其家庭所面对的挑战的本质。

开发一种研究方法

我们的研究需要利用不同利益群体代表的经历和观点,来开发一种研究方法。我们的整体方法,我们称之为合作探究,属于行动研究的"分支"方法(Reason and Bradbury 2001)。它是由库尔特·勒温(1946)的行动研究传统以及其他学者多年来的研究(e.g. Cochran-Smith and Lytle 2009; Elliott 1991)发展而来的。合作探究还强调,积极参与探究,影响和改进实践,并有意识地将知识与行动相结合,以实现积极的社会变革(Kemmis 2010)。

与传统研究不同的是,这一研究方法包括各种形式的探究,并强调:

- 接触不同利益相关者的观点,相信将从业者、学生、家庭及学术研究者的专业知识汇聚起来,可以挑战假设,激发新思维,鼓励尝试新的工作方式(Ainscow 2016a; Calderón-Almendros and Habegger 2017)。
- 通过分享专业知识和各种形式的合作行动来改进实践,努力寻找更有效的方法,吸引那些被视为"难以接触"的学生(Hiebert et al. 2002; Martínez et al. 2019)。
- 建立合作网络,以便在教育系统内传播专业知识(Ainscow 2016b; Sepúlveda et al. 2012)。
- 发展地方的持续变革能力。这需要使用更全面的战略,寻求将学校、社区以及外部政治和经济机构联系起来(Kerr et al. 2014)。

在本文中,我们使用这种方法所产生的证据来研究以下国家的政策:智利、哥伦比亚、厄瓜多尔、墨西哥、巴拉圭、秘鲁以及乌拉圭。每个国家多达300人参加了研讨会和工作坊,在此期间,我们使用参与式方法研究了与教育全纳与公平相关的国家情况。这些参与者包括家长、年轻人、志愿组织、教师以及管理者和政治家。多个组织支持并组织了这些活动,包括各国政府、美洲国家组织、国际电信组织、欧洲社会、西班牙国家盲人基金会和联合国教科文组织。

研究期间,与会者参与了一些活动,活动引导他们分析并反思自己国家和其他国家的实践范例。他们还探讨了所涉及的挑战以及如何解决这些挑战。这些讨论被尽可能地系统记录和分析。本文使用这些数据的摘要来阐明所提出的观点,特别聚焦于年轻人及其家庭的观点,他们中的许多人都有被边缘化的个人经历。

我们发现,合作探究的潜在益处是巨大的,可以发展出开放的对话。我们所渴求的理想是这样一种方法,即批判性评估会导致理解,这种理解会在该领域的思考和实践上产生即时和直接的影响。核心策略是使用"小组阐释过程"来分析并诠释证据。这些过程包括：吸纳不同利益相关者的观点，鼓励批判性反思、合作学习以及相互批评（Wasser and Bresler 1996）。

对于涉及利益相关者如此高度参与的研究而言，可信度问题是一项特别的挑战。特别是，人们必须清楚这种方法的严谨性。舍恩（1983）认为，如果不对严谨的含义作出明确界定，参与式研究"就会对头脑不清的人敞开大门，成为一个任何事情都会发生的虚妄乐土"（p. 137）。他接着建议，在实践研究中，适当的严谨性应该聚焦于效度（例如，我们如何知道我们声称知道的事情？）和效用（例如，研究对利益相关者多有用？）。

考虑到这一点，只要有可能，我们就使用三角互证的形式：从多个角度支持我们的观察和报告。我们比较并区分不同人提供的证据——例如，教师、家庭和学生——利用各种收集信息的方法，从不同角度仔细审查事项；以及使用"局外人"作为观察者。

我们主要以工作坊、圆桌会议或专家小组的形式召开会议，并系统进行了记录，以获得广泛的成果。例如，在某个国家，我们以"教育的现实与梦想"为主题设计了青年工作坊。我们与当地组织协商如何挑选年轻人；工作坊举办前，我们与参会者见面，鼓励他们表达自己的想法。这一过程向更多的年轻人开放了对话，从而获得了更丰富多样的观点。我们记录了这些早期的磋商，以便随后可以将这些已出现的想法传递给工作坊的参与者。

在有些国家，我们选择"专家小组"的形式。例如，一组家长分析他们参与学校教育的经历。在有些场合，学生和教师也会在专家小组里。有人可能会认为，以这种方式将家庭、学生及教师定位为专家和积极的变革推动者，是一项挑战性的提议，特别是当公众目睹了这些小组成员之后。

同样，在活动之前，我们再次举办筹备会议，会上，我们努力放权，让许多参与者从压抑中解放出来（Calderón-Almendros and Ruiz-Román 2015, 2016）。这意味着，他们可以提出批评和建议，以使公共政策更贴切地回应他们的需求。

我们发现，很多参与者能够批判性地表达自己的想法，因为他们参与到了他们所认为的有价值、有建构性的空间里。然而，我们偶尔会想起隐藏的政治因素，这些因素可能限制了我们记录真实观点的努力。例如，在厄瓜多尔，一系列讨论之后，我们中的一位收到了来自组委会成员的一封电子邮件，邮件写道：

> 许多与会者更愿意保持沉默，因为他们知道当会议被录音时，他们会被轻易认出来，并担心丢掉工作（2018年10月）。

作为局外人，尤其是作为对当地境脉了解有限的到访者，我们认识到基于有限证据草率下结论的危险。此外，我们意识到既得利益群体可能正在影响这一进程，例如,对于工作坊参与者的选择。

理解证据

通过上述参与式进程所收集的证据,使我们能更接近拉丁美洲教育系统中所发生的事情,正如不同利益相关者所经历的那样。接下来,我们总结了分析中出现的与五个主题相关的证据,这些主题在促进全纳与公平方面意义重大。我们在下文中一一讨论。

原则

从世界其他地方开展的研究中可以知道,政策制定涉及教育系统的所有层面,而不仅仅是学校和课堂层面(Ainscow et al. 2020)。而且,促进全纳与公平,并不是简单的技术或组织变革。相反,它是一个有明确哲学方向的运动,需要教育系统中渗透全纳的文化。

这种文化变革的产生需要国家、地区、学校各层面工作人员的共同承诺。因此,对于那些需要参与到这场变革中的人而言,对变革的目的有清晰的认识至关重要。特别是,我们必须定义"全纳"与"公平"这两个术语——并将其作为政策的基本原则——以对多种利益相关者都有意义的方式来定义。同样重要的是,要理解当地的制度建设如何能滋养、细化并强化这些核心理念,以形成一种融合多样性和复杂性的共识,进而提升质疑学校系统如何运作的能力。

倾听学生的意见,特别有助于确定利益相关方在多大程度上了解其所在国家指导政策的原则。例如,在巴拉圭,我们听到了年轻人的下列评论:

> 有两种现实:能上学的人面对的现实和不能上学的人面对的现实。
> 他们不教我们如何生活,他们让我们死记硬背。
> 我们需要安全的教育。
> 我们想要……不那么像监狱的学校。
> 我们想要开放的教育,围墙之外的教育。

听到诸如此类的挑战性话语,提醒我们学生们有能力认识到问题,尽管他们对于问题的观点可能各有不同。此外,学生的学校经历,让我们以新的方式看到短板、问题和潜力。尽管年轻人常常使用简单的论点,但他们有时指出了问题的根本,例如:他们的学校太专制;学习对他们的生活没有用处;机构是分类隔离的。此外,他们往往优先考虑可及性和安全性,他们将此视为实现变革的基础。例如,乌拉圭的一名学生在评论自己的在校经历时,表达了深刻的观点:

我总能得到学校的支持,但它总是这样子:"我们在跟你一起学。"总是在制造那种差异。抱歉,如果我说得不是很清楚,但我想说的是,全纳不是一个你给孩子贴标签的过程。孩子必须成为这一过程的主角,而不是说:"我们要全纳你,我们要帮你,因为我们要有所不同。"全纳不是说了什么,而是做了什么。哦,抱歉! 不要试图制造差异,去做就好。

他继续说:

所有这些围绕一个话题:"试图用小音量实现全纳。"这意味着什么? 努力实现全纳,可是努力不落在孩子这里,而是落在教师这里。你可以想象,对于不得不经历这个过程的家庭和孩子而言,这会带来情感压力。必须做的是,相关的努力和变革不能仅仅落在孩子—家庭—孩子的环境上,而且也要落在机构—儿童—家庭上。

智利的一名学生评论说,"有时教师夸大了残疾人的情况。他们会夸大,是因为他们不知道如何对待我们"。在录像中听到这一建议后,一名墨西哥学生反思说,"这哥们儿用'夸大'这个词,让我们想到,学校是用小东西来创造大世界"。当一名教师告诉一名墨西哥的女孩,自己不知道如何教她时,女孩说了相似的话:"教我真的那么不一样吗?"在这些方面,来自不同国家的学生们谴责痴迷于给学生分类的做法,并以此邀请他们的老师参与到取权利的斗争中来。

关于学生的质疑能力,最典型的事情发生在本文的一位作者身上,当时她在智利担任不同青年和儿童工作圆桌主持人。一位正在用脚写字的女孩,对一个走到她桌边给她提供指导的男教师说:"你为什么要打扰我们?"男教师道歉并离开了。会后,男教师找到女孩与她协商,他说,"最终我们成为了朋友"。女孩回答说,"有必要去挑战,否则什么都不会改变"。在随后的辩论中,这个女孩说,"有些教师认为自己拥有绝对真理"。

同时,我们发现,只要有可能,将这些评论与那些深入了解国家教育系统情况的人的观点进行交叉验证是很有帮助的。例如,一位墨西哥的研究者评论说:"在墨西哥,无论你贫穷或富有,你所受的教育都糟糕或很糟糕。"

证据的使用

为了解决教育系统中的入学与公平问题,知道谁被学校教育接纳了,谁被隔离了,谁被排斥了,这是重要的。如果不了解与所有排斥有关的证据,就几乎没有教育问责。此外,了解这些证据就有可能激发各种行动,努力找到更有效方法,促进所有学习者参与和进步。因此,需要有关境脉因素的数据,包括政策、实践以及设施设备,还包括态度和社会关系。

然而,我们发现,拉丁美洲国家几乎没有这样的数据。例如,各种关于拉丁美洲地区的报告(e.g. FIADOWN 2019;RREI 2018,2019;IIEP UNESCO 2019),均支持前文所述的马基西(2019)的观点,关于学校系统内残疾人的统计数据几乎没有。的确,我们甚至不知道这一地区有多少特殊学校(RREI 2018)。

此类信息的缺乏,更强化了为什么教育者和决策者必须要寻求并重视年轻人及家庭的观点,尤其是那些高风险群体的观点。他们的声音可以说明教育系统内正在发生什么。同时,他们有可能去挑战决策者和实践者,以找到更有效的方式确保所有儿童都被全纳。以下例子说明了这一点:

> 中学生(一位智利的残疾中学生的姐姐),明显很兴奋:不公平即是因为残疾而不允许孩子入学。嗯,很多时候,这是最大的问题之一,因为我们不得不努力,去寻找哪所学校会接受我们。我认为,所有学校都应该接纳我们,不应该区别对待。
>
> 一位巴拉圭年轻活动家:当时我想到了监狱,它意味着各种缩略词和诊断。他们如何压榨我们,如何让我们噤声。……如果我们有时间与其他人在一起,异常就会从那个身体、那张嘴、那个声音里泄露出来。

同时,将从业者的回应纳入考虑是有帮助的,因为他们听到这样的评论后会进行反思。例如:

> 一名巴拉圭的决策者:巴拉圭的全纳不仅要回应残疾人的全纳问题,而且要回应我们需要改革的系统问题。

此处再次说明,有必要认识到,某些群体特别容易被忽视,例如来自低收入家庭的学习者、有各种残疾状况的学生,以及来自少数民族背景或少数群体背景的学生。在这方面,我们听到的一些观点令人不安:

> 一位巴拉圭的年轻活动家:挑战在于一种视野……告诉我他们如何看待你,我就能告诉你你是谁。挑战在于理解我们如何看待他人,他人如何看待我们。有些看法是会杀人的。在过去的 24 小时里,看待他人时,你犯下了多少用规范去杀人的罪行呢?

"Normicide",是这位发言人发明的一个词,是"norm(标准,规范)"和"homicide

(杀人犯)"的组合。该词的目的在于,声称使用标准常态杀死了那些标准之外的人。当被问及"你最喜欢你学校里的什么?"一名墨西哥学生给出了一个让我们备受打击的诅咒式的回答,"出口"。

这些观点指向受教育的障碍,包括态度上的障碍阻碍了学生的发展,并可能妨碍他们的健康以及他们在学校里参与学习的愿望。

因此,我们的观点是,促进教育全纳与公平的规划,必须考虑到这样的观点,以便识别并消除参与和学习的障碍。当然,这些观点是挑战性的、令人不安的,但它们也能阐明变革如何得以实现。

学校发展

来自经济合作与发展组织的证据(引自 Schleicher 2015)表明,在那些教师们相信其职业受到重视的国家,学习结果显示出更高程度的公平。这表明,我们必须改革学校并加强实践,让教师在积极回应学生多样性时感到受支持——不将个体差异视为需要修正的问题,而是将其视为丰富学习的机会。通过这种方式,思考学生遇到的困难,能为变革提供议程,并就如何实现这样的变革提供见解。与此同时,积极的例子能够提供鼓励。例如,一位乌拉圭的年轻活动家解释说:

> 机构里从来没有一名残疾者,但我感受到的不是抵制——我感受到的是开放,这是他们传递给我的,因为我觉察到周边的环境是如何反应的……我,我自己,喜欢跟我的老师碰面……

国际研究表明,提高学校回应学习者多样性的能力,其起点是,教职员工合作分享现有实践做法,推动面向所有学生的新的教育试验(Ainscow 2016a)。在鼓励和支持问题解决的合作文化中,这更有可能取得成功。因此,全纳实践的发展,需要特定境脉下人们的共同努力,以解决部分学习者所面对的教育障碍。

在这方面,有机会观摩其他教师的工作,被认为是特别有效的。例如,墨西哥的一名参与了学校交换项目的小学教师评论道:

> 我们参观了教室,有时可以去拜访其他合作伙伴,并与协调员一起观察课堂。在此后的学校董事会上,我们就这些观察进行了反馈。这是非常丰富的,因为我们看不到彼此,我们很少看到自己并分析自己,日复一日,我们被常规束缚。

在这样的境脉中,倾听学生们的观点,会让熟悉的事物变得不熟悉,从而激发教师的自我质疑、创造力和行动力(Messiou and Ainscow 2015)。这有助于重构已认识的问题,继而,将教师们的注意力转到可能被忽视的参与障碍和学习障碍上。这样,学生之间的差异不再是问题,而是改进的催化剂。

例如,我们遇到的一些学生的评论表明,他们可以帮助教师开发更全纳的实践方法:

> 一位墨西哥的中学生:我不太喜欢在团队中工作,因为,比如我自己,我的同伴们不会把我……纳入他们的团队。所以,因为这个原因,我不得不等到最后,看看是否有人被剩下来和我一起做。所以,我不太喜欢团队合作。……我不喜欢的是我基本上没有团队。……他们并不乐意跟我合作。他们……没有配备了,我才会是他们唯一的选择。这就是我不喜欢的原因。

在我们研究的这些国家中,许多教师和家庭成员也呼吁,改革职初教师培养和在职专业发展,推动学校和教育系统的转型。对此,各种报告(e.g., FIADOWN 2019; RREI 2019)和联合国教科文组织(2013)都有回应,并主张使用参与式方法,如行动研究(Stenhouse 1975)和行动反思(Schön 1983)。

这一主张与我们在工作中所使用的整体视角相一致,正如墨西哥的一位母亲所指出的,她认为,我们所推动的各种活动促进了专业学习:

> 我认为,作为教师培训的一部分,这种类型的"参与式"研讨会是必不可少的:研讨会上,他们会发现,有些事情不是因为孩子们不想做,而是因为他们做不到。有些孩子可能不得不去25趟厕所,因为他们不得不去,而不是因为他们喜欢去厕所,这才是问题,对吧?"你儿子待在厕所不出来了。"嗯,他需要去厕所。

有些教师自己就是弱势学生的家长,他们的评论指出了他们的困境:

> 一位巴拉圭的教师:可能我是一个不愿改变的教师,因为我只为我的儿子考虑,非常自私。当时的逆境和悲伤让我思考人类可以将这一切转化为积极的局面。这就是我所学到的。

国家和地方教育部门的角色

迈向全纳与公平的运动,可能需要对一个国家的教育供给方式进行重构。涉及其中的有些人——尤其可以理解的是那些为他们自己的孩子倾尽全力的家长——可能会抵制这样的变革。特别是,那些奋力为孩子争取到额外支持的家长们,可能会担心迈向全纳可能使这种额外帮助消失。

我们遇到的许多家长描述了他们为了让孩子被学校接受所作的努力。例如：

> 一位智利妈妈：我女儿不被学校所接受，他们的理由是，"她没有做好准备"。学校因为无知且不想知道，因为害怕未知而否决了她的受教育权……学业优秀，与之相对的是，我的女儿。

在这一案例中，缺乏培训、学校抵制以及将害怕作为驱动情绪都应被谴责。同时，在秘鲁和巴拉圭，家长们强调，那些工作条件非常不稳定的教师们承担了过多的责任。显然，在发现障碍和提出解决方案方面，家长所积累的经验知识具有很大的价值。在厄瓜多尔、智利和巴拉圭，家长和教师都要求参与教育决策的设计。

处理诸如此类的困难，意味着国家、地区和学校层面的高级工作人员间必须有共同的承诺。特别是工作人员必须尊重差异，积极合作，承诺提供公平的教育机会。因此，教育系统各层级的领导者必须做好准备，分析其所处形势，识别当地的障碍和促进因素，并规划适当的发展进程，以促进社会中全纳态度和实践的发展。

最近的一份报告指出，四个最成功的国家教育系统——新加坡、爱沙尼亚、芬兰和加拿大安大略省——无论其学校自治程度或分权决策程度如何不同，它们都有一个连贯统一的"中间层"(Bubb et al. 2019)。特别是，它们都有地区层面的架构提供一致的观点，为了保持公平和卓越，需要具有地方问责制的权威协调影响力。我们的经验是，这样的架构在有些拉丁美洲国家里是缺失的。例如，乌拉圭没有明显的地区层面的协调机构。除此之外，学校领导通常地位较低，且很少有机会与其他学校合作，以协调为当地服务的学校之间的集体行动。在世界其他地区，这种集体行动策略在促进教育公平方面，已被证明是有效的(Ainscow 2016a)。

同样重要的是要认识到，在所有国家维持隔离系统（即单独的普通学校和特殊学校）都会制造矛盾，使资源从改革主流上转移。首先，它助长了不公正、歧视和不公平。即使在巴拉圭，该国实行学校不拒绝政策，但家长和学生们也在谈论现实与法律的差距。在其他国家提到政策辞令——与实际政策相对时，我们有时会听到这样的表达，"它就是张湿掉的纸"。

让每一个相关者参与儿童生活

为了促进教育的全纳与公平，政府需要动员人力和财政资源，有些资源可能并不在其直接控制之下。因此，必须在关键利益相关者之间建立伙伴关系，以支持并推进变革进程(Kerr et al. 2014)。这些利益相关者包括：家长/监护人，教师和其他教育专业人员，教师教育者和研究者，国家、地方、学校层面的行政官员和管理者，其他部门的决策者和服务提供者（例如，卫生、儿童保护、社会服务），社区的民间团体，以及处于排斥风险的少数群体成员。一位墨西哥的教师提供了一个例子：

我想评论一项我们与普雷佩查儿童社区（土著社区）开展的活动。他们来到学校，引起了一些骚动，因为他们仍然说普雷佩查语，所以无法学习课程。然后，由于和教师之间有此类冲突，我们去求助家长。家长们能说普雷佩查语，于是他们就在那里交谈起来……

这样的例子尤其强调了家庭参与的重要性。在拉丁美洲的一些国家，家庭和教育当局紧密合作，为特定学习者群体开发基于社区的项目，比如那些因为其性别、社会地位或身体障碍而被排斥在外的群体。对这些家长来说，符合逻辑的下一步是，参与并支持学校全纳的变革。谈到这一点时，家长们描述了各种经历。例如：

一位智利妈妈：我有最好的性格，作为妈妈我更了解儿子，我认为，如果我们和学校一起努力，我儿子和许多其他孩子会有一个更好的学校。

一位智利爸爸：我以为他们会告诉我，我要思考什么，我要做什么；现在我知道我必须自己去做。

这里值得补充的是，有研究表明，只有当学校内外部情况都发生变化时，对所有儿童都有效的教育系统才能得到发展（Kerr et al. 2014）。特别是有鼓舞人心的证据表明，当学校与其他社区参与者——雇主、社会团体、大学和公共服务机构的努力形成一致的策略时，会发生什么事情（Ainscow 2016b）。这未必意味着学校要做得更多，但它的确需要超越学校的伙伴合作，这种合作将使彼此的努力产生加倍的增长。从这个意义上说，该地区公众的参与，还有很长的路要走。

所有这一切，都强调了参与式方法与行动导向式方法的价值，通过这种方法，各利益相关者建立网络，分析现状，并分享经历。在此，重要的是，在该地区现有发展上更进一步，比如秘鲁和巴拉圭的非政府组织努力支持学校发展全纳实践；以及通过广泛的参与，引发有关全纳和学校变革的公众辩论，就像秘鲁的公民教育对话、智利全国儿童委员会的"Yo opino, es mi derecho（我认为，这是我的权利）"全国磋商会，以及乌拉圭的曼德拉网络和儿童及青少年议会。

前进中的拉丁美洲

在我们工作过的每一个拉丁美洲国家，参与者提出了一系列建议，我们与相关各方分享这些建议，并在社区中更广泛地进行分享。我们意在激发进一步的讨论，这将有助于政策和实践向前发展。在某些情况下，为支持这些发展，我们继续发挥积极的作用。

我们的重点是，提出与具体国家有关的建议，但我们已经看到，某些综合因素似乎与整个拉丁美洲有关。从我们已获取的证据——以及该地区国际组织和机构的各种报告来看——以下促进全纳与公平的行动似乎尤为重要：

- 利用参与式方式，让不同的行动者参与到使学校全纳的项目中。简言之，他们需要成为变革者，而非变革的对象。
- 采取措施确保所有学习者在学校的出勤、参与和进步，尤其重点关注弱势群体、残疾儿童和来自少数族裔背景的人。
- 发展用于监测地区教育不公平的工具，同时规划建筑和文化上的可及性。
- 制定全国教师培训计划，该计划应在行政部门、大学和市民社会的参与下制定。他们应汇聚力量，创造基于整个社会声音的民主文化和实践。
- 制定相关法规，消除对所有儿童和年轻人受教育权的侵犯。这必须与加强公共教育紧密联系，不必将儿童分开编入特殊教育和普通教育的平行系统。

拉丁美洲面临巨大挑战。但无论我们在哪里交流知识和经验，都有一种让我们惊讶的能量。这一动力，连同国际战略的制定，为该地区基于全纳与公平原则的学校发展带来了许多光明和希望。

分析框架

我们依据一个分析框架——在拉丁美洲许多国家——构建了我们的建议，该框架是我们在整个地区工作期间形成并完善的。我们相信，该框架在世界其他地区也是有用的，它包含了下列几组问题：

在原则方面：

- 对于教育的全纳与公平，是否有一致的定义？
- 如有，在整个教育系统内，这些定义是否被广泛知晓并理解？

在证据的使用方面：

- 监测所有在校学生出勤、参与及成就的系统是否就位？
- 是否知道哪些学生被落下或被排斥？
- 学校是否使用证据来激发全纳所有学生的各种行动？
- 是否采用学生的观点来鼓励学校的全纳？

在学校发展方面：

- 教师是否被鼓励发展旨在全纳所有学生的实践？
- 是否存在有效的与全纳实践有关的专业发展项目？
- 学校领导者是否强调全纳教育的重要性？

在教育部门的角色方面：

- 国家决策者是否鼓励全纳实践的发展？

- 地方行政官员是否采取措施促进全纳实践的发展?
- 是否鼓励学校合作以发展有效的实践?

在社区参与方面:
- 家庭是否被视为支持其孩子教育的合作伙伴?
- 学校是否与其他专业人士合作,例如卫生和社会服务部门的专业人士?
- 学校是否与当地其他参与者有联系,例如雇主、社会团体、大学以及公共服务部门?

这些问题强调了这一理念,即促进教育全纳与公平本质上是一个必须在特定境脉下发生的社会进程。它关乎学习如何与差异共存,以及事实上,学习如何从差异中学习。因此,它需要将内部人士所提供的本地知识汇聚起来。

考虑到这一点,我们在各个国家的经验表明,如果成立一个指导小组——领导审查和开发的过程——制定一份行动规划将是有益的。在我们看来,这样一个指导小组应该包括来自不同利益相关者群体的代表。如果指导小组要产生影响,政治授权并支持其工作是至关重要的。

在制定行动规划时,我们建议指导小组采取以下步骤:

(1)进行磋商:基础广泛的磋商必不可少,以便为正在做出的变革争取广泛的支持。指导小组应该鼓励集体参与,以激发对进步的反思和辩论(比如,使用工作坊,焦点小组讨论)。其还应考虑不同的参与式方法,以确保来自边缘群体的利益相关者——比如种族和语言上的少数群体——以及残疾人感到被赋予参与讨论的权利。

(2)准备报告:磋商之后,指导小组应该就关键结果提供指导,撰写综合报告,并就推动政策所需的行动提出建议。这份行动规划——确定关键步骤、负责人和实施建议的时间表——可以随综合报告一起撰写。

(3)监测行动规划的实施:要记住,教育政策是"在各个层面上制定",对整个教育系统引入变革的方式进行监测将十分重要。这种监测可以是成为指导小组继续发挥的作用之一。在小组开展监测时,重要的是,要让利益相关者知晓实施该规划的进展,使用有效实践的例子,来激励变革进程中的广泛参与。

本文的调查尝试遵循这一路径,但正如我们已指出的,这往往远非那么简单。然而,这一进程揭示,在参与调查的拉丁美洲国家内部,利益相关者之间存在着巨大的开发潜力,可以利用这些潜力来促进全纳教育。

结　论

我们回到前文提及的全纳教育的三个合理性作为总结。首先,我们在拉丁美洲的经历表明,与教育合理性有关的进步,将取决于在培养和支持教师增强其能力以教育所有儿童方面所作出的更大努力,无论儿童的个人特点或条件如何。这与来自经济合作与发展组织的证据相一致(Schleicher 2015),该证据表明,在那些教师们相信其职业受到重视的国家,学生的学习结果方面显示出更高程度的公平。

其次,学校有可能减少社会不平等所带来的影响,这可以被视为促进全纳的社会合理性。正如马基西(2019)针对拉丁美洲国家所指出的,"来自弱势社会经济背景的学生,往往缺乏训练有素的教师,他们就读的学校提供的服务和资源也更有限。所有这一切的结果,使最初的不公平得以维系并代代相传"(p.9)。我们也可以在其他有关的风险群体中观察到这一点,尤其是在他们之间的交叉点上。

最后,基于全纳与公平原则,在教育改进方面的投入,可能在该地区国家的经济实力方面获得回报。正如经济合作与发展组织所报告的(2012),减少学业失败,可以增强个人和社会的能力,有助于经济增长和社会福祉。我们认为,拥有丰富学校经历的学生,更有可能继续接受教育并成功地转移到劳动力市场。

所有这些,都使我们赞同经济合作与发展组织所采取的立场(2012):

> 证据是确凿的:教育公平是有回报的。经济合作与发展组织国家中表现最好的教育系统,是那些将高质量与公平相结合的系统。在这样的教育系统内,绝大多数学生能获得高水平的技能和知识,这取决于他们的能力和动力,而不是他们的社会经济背景。

我们也赞同因卡皮耶等学者的观点(2019),他们认为,拉丁美洲向全纳教育的转向,需要政治意愿和承诺,需要强烈的共识。我们的建议是,这些共识必须考虑到我们在本文中所提到的那些声音。

(徐 晶 译)

参考文献

Ainscow, M. (2016a). Diversity and equity: A global education challenge. *New Zealand Journal of Educational Studies, 51*(2), 143–155.

Ainscow, M. (2016b). *Towards self-improving school systems: Lessons from a city challenge.* London: Routledge.

Ainscow, M., Chapman, C., & Hadfield, M. (2020). *Changing education systems: A research-based approach.* London: Routledge.

Amadio, M. (2009). Inclusive education in Latin America and the Caribbean: Exploratory analysis of the national reports presented at the 2008 International Conference on Education. *Prospects, 39*(3), 293–305.

Booth, T., & Ainscow, M. (Eds.) (1998). *From them to us: An international study of inclusion in education*. London: Routledge.

Bubb, S., Crossley-Holland, J., Cordiner, J., Cousin, S., & Earley, P. (2019). *Understanding the middle tier: Comparative costs of academy and LA-maintained school systems*. London: Sara Bubb Associates.

Calderón-Almendros, I., & Habegger, S. (2017). *Education, disability and inclusion: A family struggle against an excluding school*. Rotterdam: Brill.

Calderón-Almendros, I., & Ruiz-Román, C. (2015). Education as liberation from oppression: Personal and social constructions of disability. In F. Kiuppis & R. S. Hausstätter (Eds.), *Inclusive education twenty years after Salamanca* (pp. 251–260). New York, NY: Peter Lang.

Calderón-Almendros, I., & Ruiz-Román, C. (2016). Disadvantaged identities: Conflict and education from disability, culture and social class. *Educational Philosophy and Theory, 48*(9), 946–958.

Cochran-Smith, M., & Lytle, S. L. (2009). *Inquiry as stance: Practitioner research for the next generation*. New York, NY: Teachers College Press.

De Medrano Ureta, C. V. (2005). *Los retos de la educación básica en América Latina. Documento de Trabajo N° 1* [The challenges of basic education in Latin America. Working document no. 1]. Madrid: Fundación Carolina – CeALCI.

ECLAC [Economic Commission for Latin America and the Caribbean] (2019). *Social panorama of Latin America*. Santiago de Chile: United Nations.

Elliott, J. (1991). *Action research for educational change*. Buckingham, UK: Open University Press.

FIADOWN [Federación Iberoamericana de Síndrome de Down] (2019). *Informe y planes de acción para la población con síndrome de Down de Iberoamérica* [Report and action plans for the population with Down syndrome in Latin America]. Madrid: FIADOWN.

Hiebert, J., Gallimore, R., & Stigler, J. W. (2002). A knowledge base for the teaching profession. *Educational Researcher, 31*(5), 3–15.

Hincapié, D., Duryea, S., & Hincapié, I. (2019). *Education for all: Advancing disability inclusion in Latin America and the Caribbean*. Washington, DC: Inter-American Development Bank.

IIPE-UNESCO (2019). *Información y transparencia: Cuadros de indicadores de las escuelas en América Latina* [Information and transparency: Tables of indicators of schools in Latin America]. Paris: IIPE-UNESCO.

Kemmis, S. (2010). Research for praxis: Knowing doing. *Pedagogy, Culture & Society, 18*, 9–27.

Kerr, K., Dyson, A., & Raffo, C. (2014). *Education, disadvantage and place: Making the local matter*. Bristol: Policy Press.

Lewin, K. (1946). Action research and minority problems. *Journal of Social Issues, 2*(4), 34–46.

Marchesi, A. (2019). Salamanca 1994–2019: There is still a long way to Latin America. *International Journal of Inclusive Education, 23*(7–8), 841–848.

Martínez, M., Calderón-Almendros, I., & Villamor, P. (2019). El papel de la práctica en la formación de profesionales de la educación [The importance of practice in the training of education professionals]. In J. V. Vila (Ed.), *Formar para transformar. Cambio social y profesiones educativas* [Training to transform: Social change and educational professions] (pp. 133–156). Granada: Editorial GEU.

Messiou, K., & Ainscow, M. (2015). Responding to learner diversity: Student views as a catalyst for powerful teacher development? *Teaching and Teacher Education, 51*(2), 246–255.

Murillo, F. J., & Román, M. (2008). Resultados de aprendizaje en América Latina a partir de las evaluaciones nacionales [Learning outcomes in Latin America based on national evaluations]. *Revista Iberoamericana de Evaluación Educativa, 1*(1), 6–35.

OECD (2007). *Enhancing social inclusion in Latin America: Key issues and the role of social protection systems.* Paris: OECD.

OECD (2012). *Equity and quality in education: Supporting disadvantaged students and schools.* Paris: OECD.

Reason, P., & Bradbury, H. (Eds.) (2001). *Handbook of action research: Participative inquiry and practice.* London: Sage.

RREI [Red Regional por la Educación Inclusiva] (2018). *Monitoreo del ODS 4: Indicadores para no dejar atrás a las personas con discapacidad* [Monitoring SDG 4: Indicators for not leaving people with disabilities behind]. Buenos Aires: RREI.

RREI (2019). *Inclusive and quality education: A pending debt in Latin America.* Buenos Aires: RREI.

Schleicher, A. (2015). *Schools for 21st-century learners: Strong leaders, confident teachers, innovative approaches.* Paris: OECD.

Schön, D. (1983). *The reflective practitioner: How professionals think in action.* New York, NY: Basic Books.

Sepúlveda, M. P., Calderón-Almendros, I., & Torres, F. J. (2012). From the individual to the structural: Participatoryaction research as an educational strategy for personal and social change. *Revista de Educación, 359*, 456–480.

Stenhouse, L. (1975). *An introduction to curriculum research and development.* London: Heinemann.

UIS [UNESCO Institute for Statistics] (2019). *Fact sheet no. 56.* Paris: UNESCO.

UN [United Nations] (2006). *Convention on the rights of persons with disabilities.* New York, NY: UN.

UN CRPD [Committee on the Rights of Persons with Disabilities] (2016). *General comment no. 4 on the right to inclusive education.* New York, NY: United Nations.

UNESCO (2013). *Situación Educativa de América Latina y el Caribe: Hacia la educación de calidad para todos 2015* [Educational situation of Latin America and the Caribbean: Towards quality education for all 2015]. Santiago de Chile: OREALC/UNESCO Santiago.

UNESCO (2015a). *Education for all 2000–2015: Achievements and challenges.* Paris: UNESCO.

UNESCO (2015b). *Informe de resultados TERCE: Logros de aprendizaje* [TERCE (Third Regional Comparative and Explanatory Study) Results Report: Learning Achievements]. Santiago de Chile: UNESCO/ OREALC.

UNESCO (2017). *A guide for ensuring inclusion and equity in education.* Paris: UNESCO.

UNESCO (2020a). *Global education monitoring report 2020: Inclusion and education — All means all.* Paris: UNESCO.

UNESCO (2020b). *Towards inclusion and equity in education: Status, trends and challenges.* Paris: UNESCO.

UNICEF (2019). *Children and adolescents with disabilities.* Panama City, Panama: UNICEF.

Vaillant, D. (2011). Preparing teachers for inclusive education in Latin America. *Prospects, 41*, 385–389.

Vegas, E., & Petrow, J. (2008). *Raising student learning in Latin America: The challenge for the 21st century.* Washington, DC: World Bank.

Wasser, J. D., & Bresler, L. (1996). Working in the collaborative zone: Conceptualising collaboration in qualitative research teams. *Educational Researcher, 25*(5), 5–15.

【作者简介】

伊格纳西奥·卡尔德隆-阿尔门德罗斯

西班牙马拉加大学教育理论与历史、教育研究与诊断方法系的副教授。他与活动家、教师和其他研究者合作研究全纳教育,他是伊比利亚美洲唐氏综合征联合会教育科学委员会成员。他撰写了多篇文章和专著,最近的一本英语专著名为《残疾、教育和全纳:一个家庭与一所排斥学校的斗争》(Brill,2017)。

通信地址:Department of Theory and History of Education, University of Malaga, Málaga, Spain

电子信箱:ica@uma.es

西尔维亚·贝撒内丽

阿根廷拉潘帕省圣罗莎市第一运动残疾全纳支持学校的教师和主任。她拥有西班牙萨拉曼卡大学的残疾人融合专业硕士学位。她是拉潘帕省全纳教育主任;阿根廷全国残疾人融合委员会(CONADIS)主席,美洲国家组织消除残疾人歧视委员会(CEDDIS)主席。她还担任帕特里亚研究所的残疾人委员会协调员。

通信地址:Escuela de Apoyo a la Inclusión, Ministry of Education of the Province of La Pampa, Santa Rosa, La Pampa, Argentina

帕梅拉·莫利纳-托莱多

美洲国家组织权利与公平秘书处社会全纳部的残疾人问题专家。她拥有芝加哥伊利诺伊大学残疾人研究和人类发展专业的硕士学位。她直接参与了《联合国残疾人权利公约》的撰写过程。她在美洲各国人权体系方面有12年的工作经验,是一名国际演说家和残疾人权利倡导者,并就这一主题发表了若干文章。

通信地址:Department of Social Inclusion, Organization of American States, Washington, DC, USA

专　栏

太平洋地区的全纳教育：挑战与机遇

乌姆什·夏尔玛

在线发表：2020年8月20日
©联合国教科文组织国际教育局2020年

摘　要　太平洋地区国家正在改革其教育政策，以全纳那些经常被排除在任何形式教育之外的学习者。为将学习者纳入其学校教育系统，它们面临着诸多挑战。本文系统地呈现并回顾了该地区的研究和政策文件，报告了这些国家面临的7个最常见的阻碍和挑战。文章还揭示了该地区的积极发展，这将引领未来应对全纳教育挑战和障碍的努力。本文最后提出了对该地区全纳教育未来发展的4点重要建议。

关键词　全纳教育　教育改革　太平洋岛国

　　澳大利亚东部和新西兰北部的广阔太平洋上分布着16个国家，它们通常被称为"太平洋岛国"。浩欧法（Hau'ofa 2008）认为，太平洋岛国是"岛屿之海"，而不是"海之远端"的岛屿（Hau'ofa 2008）。海洋并没有将它们分开，而是将它们连接在一起（Hau'ofa 2008）。该地区各国面临诸多卫生、经济、环境、教育和社会的挑战，它们承诺共同努力以应对挑战。

　　其中一个挑战就是残疾学习者的教育。太平洋残疾人论坛（PDF）的数据显示，在太平洋地区，超过90%的残疾学习者处于学校系统之外，无法获得任何形式的教育（PDF 2012）。在最近发表的一份报告中，太平洋岛国论坛秘书处（PIFS）秘书长提出了一个值得关切的重大问题，即整个地区的残疾人继续面临着污名、歧视和排斥。他们在穷人和失业者中的占比很高（PIFS 2016）。残疾人缺乏教育和社会对他们的歧视是相互交织的问题。除非这些国家开始将残疾学习者纳入正规学校，否则残疾成年人几乎不可能被社会接受并成为对社会有贡献的成员。秘书长建议，将残疾学习者纳入学校和社区，作为解决这一问题的可能办法。

　　在太平洋岛国，对残疾的定义和理解各不相同。虽然大多数政策文件倾向于使用医学术语来定义残疾，但近年来出现了一些转变，开始使用残疾的道德与社会模式（Picton, Horsely, and Knight 2016; Sharma, Loreman, and Macanawai 2016b）。该地区对残疾的医学定义受到了一些批评，因为这些定义往往会强化污名化的态度

原文语言：英语

和行为（Taufe'ulugaki 2001；Tufue-Dolgoy 2010）。该地区的一些研究者强调，需要通过社区的社会改革来提高认识，以便用于定义残疾的术语有明确的目的、功能并适合当地环境（Taufe'ulugaki 2001；Tufue-Dolgoy 2010）。皮克顿等人（Piction et al. 2016, p.19）指出："人们普遍认为，文化、语言、归属感和自我价值观念之间存在着根本的联系。在概念和术语方面缺乏共同理解的情况下，残疾人的边缘化现象仍然存在。"

重要的是必须承认，虽然该地区的许多国家已签署并批准了《联合国残疾人权利公约》（CRPD），但当地残疾人接受教育的机会仍然非常低（Forlin et al. 2015）。这表明，国际公约的签署和批准不足以给基层带来变化。决策者和地区性机构（如太平洋岛国论坛秘书处和太平洋残疾人论坛）已经认识到，他们迫切需要提供全纳教育，为成千上万在学校系统之外的残疾儿童提供受教育机会（PDF 2012；PIFS 2016）。区域内大多数国家都起草了新的政策或修订了现有政策，以支持全纳教育。有关该地区政策改革的详细信息可参见其他文献（Forlin, Sharma, Loreman and Sprunt, 2015；Sharma and Michael 2017）。尽管在国家和地区层面有若干政策势在必行，但在整个地区实施全纳教育方面并没有取得太大进展（Forlin et al. 2015）。本文的目的是确定和强调为何相关工作鲜有进展或毫无进展，并找到各国面临的阻碍。阐述整个地区的积极发展也是本文的一个重点。

在讨论太平洋地区全纳教育的阻碍和解决方案之前，重要的是要承认和认识到，太平洋文化是高度全纳的。整个地区的人们生活在小型社区中，彼此间高度联系和依存。然而，同样重要的是要认识到，整个地区的社区运作方式存在差异，必须小心过度概括、以偏概全。许多来自该地区的作者（Le Fanu 2013；McDonald and Tufue-Dolgoy 2013；Miles, Merumeru and Lene 2014）撰写了有关全纳教育的殖民取向的文章。他们认为，全纳教育的实施没有考虑到当地的背景和文化价值观，并提出了一些担忧，在实施教育改革（即全纳教育）时，该地区人民的声音未能尽数被听到。该地区的主要利益相关者会提出他们的关切，无视或鲜少关注这些关切，这可能会制造紧张、混乱，并给实施任何教育改革带来阻力（Sharma et al. 2016a, b；Sharma, Forlin, Marella and Jitoko 2017；Yates, Carrington, Gillette-swan and Pillay 2019）。

支持在全球实施全纳教育有三个理由（UNESCO 2009）。从教育的角度来说，所有的孩子，无论他们有何不同，都应该一起学习，而全纳对所有的孩子都有好处。从社会的角度来说，要改变学习者对彼此的态度，并创造人人都有归属感的社会，无论他们之间的差异如何，全纳也许是最简单的方法之一。从经济的角度来说，全纳教育是一种教育残疾学习者的划算方式。所有这三个理由在太平洋地区的国家都是有效的，但它们可能对当地利益相关者没有多大吸引力，因为几乎没有任何本土研究表明，这些理由是否也适用于该地区。然而，在太平洋地区，许多当地的文化习俗和传统以及一些本土研究(尽管很少)表明,全纳教育在该地区是可能的。例如,该地区各社区有一种普遍的文化习俗是塔拉诺亚(Talanoa)(Picton et al. 2016)。它的字面意思是"交谈"。社区成员围成一圈,分享他们的故事。成员之间建立起密切联系,并作出许多重要决定。有趣的对话发生在所有成员之间,不管他们的能力如何,都参与其中。塔拉诺亚在该地区以各种形式得到运用。这种实践可以为许多能够促进所有学习者包容性的全纳教学实践提供基础。在本文中,我将介绍许多这样的做法以及该地区的积极发展。

理解相关背景

有一种普遍的误解,认为太平洋地区的大多数国家都很相似。虽然它们有相似之处,但在人口、土地面积、语言和文化习俗方面的差异也十分明显。这些国家分布在一个面积约占地球表面积15%的广大地区(世界银行 2018)。联合国人口基金会的数据显示巴布亚新几内亚、斐济和所罗门群岛这三个国家的人口占该地区人口总数的90%以上(UNPF 2014)。一些国家和大陆块上的人口非常少。例如,纽埃和托克劳的人口分别为 16,000 和 12,000,陆地面积分别为 259 平方公里和 12 平方公里(UNPF 2014)。该地区的所有国家在政治上都是独立的,尽管有些国家与美国(帕劳、马绍尔群岛、密克罗尼西亚联邦)和新西兰(库克群岛、纽埃和托克劳)有着强大的政治联系。该地区受到气候变化的不良影响。区域内许多国家(如基里巴斯和马绍尔群岛)的海平面正前所未有地上升,它们有可能在 2050 年之前沉入水下(Storlazzi et al. 2018)。该地区非常脆弱,经常遭受粮食危机和飓风等自然灾害的袭击,大量资金被定期投入自然灾害后的恢复重建。尽管如此,它们仍通过全国性和区域性改革,将教育作为优先事项。

由于认识到资源与资金的缺乏,该地区各国决定相互合作,并通过《太平洋地区联盟框架》制定了一项区域教育战略。残疾儿童教育被该地区所有国家确定为核心优先事项,太平洋岛国论坛秘书处协调各国的努力,并制定区域战略来落实。本区域所有国家的教育部部长每年一次受邀制定政策和国家行动计划,以应对当地挑战并实现区域目标。例如,2009 年,他们制定了《太平洋地区残疾战略(2011—2015年)》,特别侧重于支持该地区实施全纳教育(PIFS 2009)。制定该战略的一个主要理由是,该地区 90%以上的残疾儿童无法接受任何形式的教育。来自许多国家的证据表明,这一数字可能高达 98%(Sharma 2012)。2014 年,教育部部长们采取了另一项重要举措,他们责成太平洋岛国论坛秘书处制定一个全纳教育的区域框架,以解决不同能力儿童(包括有学习困难和残疾的儿童)受教育的阻碍。2019 年,太平洋岛国论坛秘书处制定了《太平洋地区全纳教育框架》。该框架在很大程度上受到本土研究以及以往残疾和全纳教育政策的影响,并得到了太平洋地区教育部部长们的认可

(Filipe Jitoko 2019)。

概念框架：欣赏式探询和基于优势的方法

本文主要根据对该地区文献的系统分析来确定积极的发展。分析是在"欣赏式探询"（Cooperrider and Srivastva 1987）和"基于优势的方法"（Lopez and Louis 2009）的关键原则指导下进行的。分析的重点是确定并报告积极的发展，而不是关注和报告哪些做法在该地区不起作用。在全纳教育相关研究有限的国家和地区，关注积极的发展可能更为合适。令人惊讶的是，"南方国家"（或贫困国家）发表的大量关于全纳教育的论文，往往倾向于确定并报告这些国家没有奏效的做法，而不是有效的做法（Cooperrider and Srivastva 1987）。报告挑战更为容易；然而，仅仅报告挑战可能不会使该领域（或实践）向前发展。研究者、从业人员和决策者需要的是，在当地具体情况下已被证明有效的模式，而不是学习与当地具体情况相关或不相关的其他国家的做法。

欣赏式探询起源于组织变革和领导领域（Cooperrider and Srivastva 1987）。它基于这样一个前提，即知识是通过社会系统中个人之间的相互作用共同构建的。一个关键的基本假设是，每个组织（在我们的例子中是太平洋地区的国家）在变革倡议（即全纳教育改革）方面都有一些运作良好的东西，组织应该关注那些有效的东西。通过关注组织的优势，提出正确的问题，就有可能给组织带来变化（Cooperrider, Whitney and Stavros 2008）。正确的问题可能是开启、推动和维持积极变化的关键催化剂。

与欣赏式探询密切相关的基于优势的方法侧重于个人而不是组织。它被广泛应用于教育领域（Lopez and Louis 2009）。基于优势的教育方法强调学生个人的积极方面，并赞赏他们所作的努力和取得的成就（Lopez and Louis 2009）。这种方法要求教育者在设计课程方案和实施教学时将注意力从个人的缺陷转移到个人的优点上。洛佩兹和路易斯（Lopez and Louis 2009, p.2）指出："基于优势的教育始于教育者帮助学生在学习过程中发现自己最擅长的地方并运用其优势，使之能够达到个人前所未及的卓越水平。"

在本文中，我使用了基于优势的方法的关键原则，来理解和研究太平洋地区学校教育者的做法。重点不是关注教育者不能做什么，而是关注为了全纳该地区具有不同能力的学习者，他们可以做什么以及在有限的可用资源下已经做了什么。

在过去几年中，该地区各国采取了一些措施，表明实施全纳教育是可能的，尽管其规模较小。在本文中，我的目的是确定该地区的积极发展，这些发展可以指导区域未来全纳实践的进一步发展。

系统地搜索信息

为了确定相关的信息来源,我使用斯高帕斯(Scopus)数据库系统地搜索信息。用于识别文章的搜索词是"全纳教育"和"太平洋"。通过搜索,我确定了总共 37 份文献,并通过筛选这些文章的摘要,舍弃了其中的 24 篇。我舍弃这些文章,要么是因为它们未涉及太平洋岛国的信息(例如,报道澳大利亚和新西兰发展情况的文章),要么是因为它们提供的信息与当前的综述无关。

二次搜索借由查看通过斯高帕斯搜索确定的文章、网站和政策声明的参考文献,来确定没有出现在斯高帕斯搜索中的任何其他文件。这一过程确定了与当前的综述有关的另外 6 篇文章(包括政策文件),用于分析的文章共有 19 篇。

我分析了这些文章,以确定研究中报告的主要阻碍和挑战。一些研究报告了如何解决障碍和挑战。在本文中,我只报告那些在同行评议的论文和政策文件中经常出现的明显、突出的障碍和挑战。我参与了该地区的一些全纳教育项目,了解一些与当前的综述有关的政策举措和案例研究。来自这些来源的资料也被纳入了分析。我承认,用于确定障碍和策略的方法不是高度系统化的。然而,我确实认为,半系统化的方法适用于刚刚开始实施教育改革的国家和地区。

结果与讨论

我在所研究的文章中确定了 7 个挑战和阻碍。每一个挑战都被描述为该地区利益相关者面临的一个问题或关切。本文列举了在一个或多个太平洋岛国行之有效的策略和办法的案例,以说明该区域取得的积极发展。

什么是"全纳"?

"全纳"是一个复杂概念。一些当地研究者(e.g., Merumeru, Le Fanu, Lene and Tufue-Dolgoy)认为,人们对什么是全纳以及什么形式的全纳在太平洋地区能够奏效的认识存在混淆(Miles et al. 2014)。缺乏清晰的概念,阻碍了各国在弱势学习者的教育方面取得进展。虽然大多数决策者采用对他们来说可能有意义的国际定义,但这些定义对学校教育者来说几乎没有实际意义(Miles et al. 2014)。显然,需要一个易于理解并被该地区各国广泛接受的定义。虽然"全纳教育"最初的重点是将残疾学生纳入正规学校,但近来它更多地开始指代教育系统、程序和做法,其关注点是全纳一系列通常受到排斥和面临风险的群体,如女童、土著、农村和偏远地区儿童、童工、流浪儿童或少数民族儿童,以及其他可能被边缘化的群体。根据《联合国残疾人权利公约》第 24 条概述的权利,以及太平洋地区同行的贡献,夏尔马、福尔林、马雷拉、斯普朗特和德佩勒(Sharma, Forlin, Marella, Sprunt and Deppeler 2016a, p.9)将全纳教育定义为:

> 是保障残疾儿童和青年的受教育权在各级普通教育系统、在与其所在社区其他人平等的基础上得到实现的一种方法。它涉及确定和克服普通教育系统中妨碍优质教育的阻碍,合理地照顾个人的需要,并提供支持措施,以促进他们获得和参与有效的优质教育。

重要的是要承认,虽然国家和地区层面的决策者需要就共同定义达成共识,但各国也需要投入资源,以确保国家和区域政策的执行者(例如,学校教育者和教师教育者)了解该定义的真正意图。我们不需要两个全纳教育的定义——一个给决策者,一个给实施者/教育者。相反,各国确实需要有所投入(例如,设计专业的学习方案),以确保所有教育者对这一概念有共同的理解。在这方面已取得一些积极的发展。例如,库克群岛等国的政策文件(库克群岛教育部 2010)给出了不仅对决策者有意义,对学校教育者来说也很有意义的全纳教育定义。该政策指出:

> 全纳教育是一个变化的过程。它鼓励学校和学习机构以及所有教育利益相关者反思其政策和做法,以确保它们促进"全纳"(一种人人都有归属感的生活方式)。在这个过程中,学校需要做出改变,并认识到所有儿童以及学校社区的所有成员带入学校环境中的多样性和不同的教育需求。
>
> (库克群岛教育部 2010,p.9)

该地区其他国家需要作出更多努力,重新定义"全纳",并确保所有教育者对这一概念有共同的理解。在尝试将全纳教育概念化的过程中,让太平洋地区的利益相关者参与进来是至关重要的,这样他们就能掌握议程,并让这一定义具有太平洋地区的特点。

"我们为什么要为全纳而烦恼?它是由外部机构推动的"

该地区的一些作者担心,全纳倡议主要是由外国机构推动的。例如,勒法努(Le Fanu 2013, p.139)指出:"国际发展机构利用其在新的全球秩序中的权力地位和影响力,促进西方教育政策和实践不加批判地向低收入国家进行国际转移。"同样,阿姆斯特朗等人(Armstrong et al. 2010, p. x)提出了这样一种担忧,即"教育政策往往是在发达国家'成长'起来,然后再出口到发展中国家"。但在每一个案例中,当地的政策和实践背景都使我们能够审视国家(在这个案例中是太平洋地区)教育体系内部要求变革的特殊压力,以及它们可能在国内和国际上引发的紧张局势。其他研究者(e.g., Tufue-Dolgoy 2010；Yates et al. 2019)担心，资助机构和国际组织往往会实施与当地文化价值观不一致的政策和做法。例如，在大多数西方国家，每当我们提到全纳倡议时，我们倾向于把孩子放在倡议的中心。这种观念在太平洋地区可能会出现问题。家庭和孩子是不可分割的，任何政策举措的重点都应该是"家庭第一、孩子第二"。以儿童享有的受教育权为由为全纳教育辩护，可能会制造不必要的紧张关系。

该地区的一些积极发展表明了如何最好地解决太平洋地区利益相关者提出的这些真正的问题(Sharma et al. 2016a, b)。一个由太平洋地区研究者和国际研究者组成的大型团队合作开展了一个项目，旨在制定太平洋地区全纳教育指标。该项目在四个太平洋岛国(斐济、萨摩亚、所罗门群岛和瓦努阿图)进行。项目遵循一些关键原则的指导，使太平洋地区利益相关者能够掌握项目活动和项目结果(Sharma et al. 2017; Sharma, Jitoko, macanwai and Forlin 2018)。这些关键原则包括"协作""系统变革的需要"以及"与我们无关的，我们不参与"。

第一个原则"协作"是指，两个地区性机构 PIFS 和 PDF 共同设计和共同实施项目活动。这两个组织的项目伙伴也参与征聘和培训国内研究者。他们还与来自这四个国家的研究者密切合作，收集数据。这些数据是由太平洋地区研究者在澳大利亚和其他国家的国际研究者的支持下共同分析的。

第二个原则"系统变革的需要"用于指导团队完成整个项目。整个团队共同努力，而不是由国际团队强加他们的观点，以确定哪些做法可能对残疾学生参与学校教育造成阻碍，并制定了可以为解决系统阻碍提供指导的指标。在制定全纳教育指标时，该团队意识到要牢记太平洋地区的具体情况。

最后一个原则"与我们无关的，我们不参与"，也许是这个项目最关键的原则，而且在理想情况下，它应该成为在该地区进行的任何研究的基石。残疾人和太平洋地区人士的声音指导了所有项目活动。例如，来自每个案例研究国家的两位研究者对数据加以收集与分析。两位研究者中有一位是当地残疾人组织提名的残疾人，另一位在残疾和教育部门有丰富的工作经验。这两位研究者都接受了有关收集和分析数据的培训。他们参加了与确定和制定指标有关的所有会议。项目负责人通过获取太平洋地区研究伙伴收集的所有数据，确保在制定指标时反映太平洋地区的声音。如果当地研究者不相信某一指标与他们的国家或太平洋地区有关，那么该指标就被删除。来自每个参与国家的研究者都得到了支持，撰写了记录家长、教育者和政府官员故事的案例研究。该项目的主要成果随后被用于制定太平洋地区全纳教育框架，这表明该地区主要决策者对项目成果的接受程度越来越高。

"政策告诉我们该做什么，而不是怎么做"

该地区大多数国家都有关于残疾儿童教育的国家政策(Forlin et al. 2015)。

对该地区政策文件的仔细研究表明,大多数国家都将全纳教育作为向残疾儿童提供教育的一种手段。当地研究者担心,这些政策大多是由外部机构推动,往往无视当地的文化和价值观(McDonald and Tufue-Dolgoy 2013)。在很大程度上,大多数政策是以医学范式或残疾的缺陷观为基础的,它们倾向于支持隔离(Forlin et al. 2015)。显然,其他国家的政策可能使这些国家的全纳措施过于复杂。在对政策的研究中(Forlin et al. 2015),我们发现,政策未能体现一个国家如何实现全纳教育。

重要的是要强调,从积极的角度看,一些国家的政策是例外,在该地区其他国家开始制定自己的政策时可能对它们有所帮助。库克群岛早在2010年制定的政策,就是这种积极政策的一个典型例子。该政策的大多数内容可以增强当地利益相关者对政策指令的把握。例如,该政策(库克群岛教育部2010,p.6)指出:

> 至关重要的是,我们在学校的项目和课程反映了质量、公平、效率、伙伴合作、相关性、可持续性和卓越。全纳教育承认所有学习者的包容性,所有人都受到重视并有真正的归属感。为此,重要的是,我们所有人都必须共同参与重新思考和重新概念化的过程,以确保公平且优质的机会为所有学生带来成功和卓越。

该政策由库克群岛当地的利益相关者参与制定。它吸纳了各社区团体负责人和教育利益相关者代表的声音。该政策还试图改变对残疾的医学或缺陷视角,将有特殊学习需要的学生定义为:

> 那些由于各种原因(作者强调)没有充分发挥其教育潜力或可能无法实现库克群岛课程主要成就目标的学生。这指的是那些有可能成绩表现不佳的学生,包括那些有特殊学习和行为困难的学生,以及有天赋但没有意识到自己潜力的学生。

近几年来,该地区的其他国家也通过当地利益相关者的参与,修订了政策(例如,所罗门群岛;Sharma 2012),而且,修订后的政策可能在短时间内完全吸纳太平洋地区的声音,并根据当地具体情况作出回应。瓦努阿图制定了一项实施全纳教育政策的行动计划——《全纳教育政策和战略计划(2010—2020年)》——提供了广泛的指导方针,确定了该国用于监测其全纳教育实施进展的一系列成果(瓦努阿图政府2011)。在支持各国制定其国家政策方面,太平洋岛国论坛秘书处和太平洋残疾人论坛等地区性机构现在乃至将来都发挥着非常重要的作用。

"本土全纳教育模式的缺失"

太平洋地区的教育者和决策者往往发现，很难在该地区推行全纳实践。利益相关者发现的一些常见阻碍包括：缺乏对概念的理解、教育者缺乏意愿、教学队伍缺乏足够的技能，以及缺乏支持在学校推行全纳实践的资源（Sharma et al. 2016a，b）。太平洋地区人们发现的阻碍与其他国家教育者报告的阻碍惊人地相似。但是，解决其他国家阻碍的策略，可能并不适合太平洋地区。重要的是，要开发并向该地区的教育者展示本土全纳教育模式。

该地区有一些积极的发展，可以指导最好的学校教育者创建全纳学校。2011年，在澳大利亚联邦的财政支持下，斐济教育部启动了"优质教育计划"（AQEP）（澳大利亚国际发展署 2015）。该项目历时5年（2011—2016），其关键目标之一，是提升该国5所试点学校的能力，使其能够接纳附近的残疾学生。学校获得了项目提供的专业继续教育和指导，以使用与具体情况相关的全纳方法。专业教育计划的内容，由澳大利亚和太平洋地区教育者组成的团队，根据当地具体情况制定。该项目每年进行一次评估。这个项目取得了许多积极成果。例如，项目学校学生的计算能力和读写能力都有所提高。学校教育者接纳有学习困难的学生的意愿和知识也发生了积极变化。2015年的一份评估报告（澳大利亚国际发展署 2015，p.8）指出：

> "优质教育计划"成功地改变了当地的教育环境，这不仅有利于项目学校，也有利于许多领域。例如，"优质教育计划"推动全纳教育的工作，为教育部和学校层面都带来了变化。"优质教育计划"的5所全纳教育示范校为全纳教育提供了一种模式，教育部正在借鉴这种模式，启动自己的全纳教育集群学校模式。

对于斐济的学校教育者来说，试点学校是重要的资源。它们可以作为示范点，让其他学校的教育者在这里进行短期学习，了解大多数当地学校在教育有困难的学习者方面面临的挑战，以及他们可以用来应对这些挑战的相应策略。在过去几年中，该项目组织其他太平洋岛国（如瓦努阿图）的教育者来此参观，使其有机会了解试点学校采用的全纳教育实践。这种接触的影响可能是显著的，因为教育者了解到在具体情况下可采用的策略。太平洋地区的教育者普遍更愿意从其他太平洋岛国的同行那里学习教学策略，而不是去那些与自己的具体情况毫无共同之处的国家（例如，澳大利亚、加拿大）参观学校。

"如何决定从哪里开始？我们应该如何监测我们的全纳教育工作？"

在实施全纳教育时，大多数太平洋岛国面临的一个主要困难是，决定从哪里开始以及如何确定是否取得了进展。大多数太平洋岛国在国际监测指标（例如，可持续发展目标或千年发展目标)方面表现不佳,在与其他国家制定和采用的指标进行比较时可能处于劣势。因此,诸如太平洋岛国论坛秘书处和太平洋残疾人论坛等地区性组织以及该地区各国教育部提出,有必要制定适合当地具体情况的指标。"太平洋残疾人全纳教育指标"(Pacific INDIE)正是针对这一需求制定的。整个项目采用了自下而上的方法,听取太平洋岛国人民的意见。该项目共编制了48项指标,涵盖了10个关键维度(Sharma et al. 2018)。它们是:(1)政策和立法;(2)意识;(3)教育、培训和持续专业发展;(4)参与和成就;(5)物理环境和交通;(6)身份认同;(7)早期干预和服务;(8)协作和共同责任;(9)课程与评价方法;(10)过渡途径。该项目最重要的一个成果是,太平洋岛国论坛秘书处选出了12项对所有国家都至关重要和强制性的指标。这12项指标涵盖了所有10个维度。指标包括一份详细的手册(由太平洋地区研究者编写),说明如何使用指标来确定国家、学校和系统的进展,并提供实现其既定目标的实用工具/策略。许多国家(如斐济、瓦努阿图、所罗门群岛)继续使用这些指标作为指导工具,以确定适合本国具体情况的活动。

"从业者还没有准备好"

该地区的决策者、教育者和研究者最关心的问题是,教师不知道如何在全纳学校开展教学(Le Fanu 2013; Forlin et al. 2015)。皮莱(Pillay 2015, p.9)指出:

> 虽然教师和社区富于同情心,但缺乏如何教育残疾儿童的知识和技能。最近对教师培训的投入只是重复了已有的工作,而不是以文化敏感的方式去影响已有的工作,特别是在开始时,培训的要求很高,但培训的需求仍将巨大。

全纳课堂中教师教学准备不足的问题,通常包含两个维度。首先,在教师培养过程中,职前教师对全纳教育了解不够。其次,几乎没有任何专业教育方案,能让在职教育者在全纳课堂中做好充分准备。该地区很少讨论的第三个方面是,太平洋地区的教育者应该学习哪些关于全纳的知识。如果我们希望,该地区的教育者有能力在全纳课堂中教学,就需要充分重视这三个方面。

为使职前教师做好全纳课堂教学的准备,所有教师教育者需要对全纳有共同的理解。关于全纳的内容不是由某一位学者教授的,而是该项目所有教师教育者的责任。所罗门群岛国立大学(SINU)开设了一个项目,授权所有教师教育者教授与全纳有关的内容(Sharma et al. 2015)。所罗门群岛国立大学的教师教育者与澳大利亚一所大学合作了3年,学习如何将全纳内容纳入所有教师教育学科。该项目的一个重点是培养具有全纳教育者的"心"(全纳所有学习者的承诺)、"头"(全纳所有学习者的知识和技能)和"手"(在实际课堂中实践全纳的能力)的教师。最初,所罗门群岛国立大学的所有教师教育者都访问了作为合作伙伴的澳大利亚大学,在第一周了解了该模式，并在接下来的两周内，对可以纳入大学课程的内容进行了头脑风暴。回来后，来自所罗门群岛的教师教育者对他们的方案作了必要的调整。该小组还在所罗门群岛开展了一些项目，以提高当地学校的能力，使其能够全纳具有不同能力的学习者。教师教育项目的初步评估显示，在全纳课堂的教学准备方面，职前教师取得了积极成果。

卡林顿和杜克(Carrington and Duke 2014)实施了一个大型项目，展示了如何提高太平洋地区在职教师在全纳课堂中的教学能力。他们与来自该地区4个国家的太平洋地区研究者合作，采用全纳指数(Booth and Ainscow 2011)作为创建全纳学校的工具。随着项目的启动，卡林顿和杜克(Carrington and Duke 2014)意识到太平洋地区的研究者(e.g., Armstrong et al. 2010; Le Fanu 2013)对于在该地区使用全纳指数的担忧。例如，阿姆斯特朗等人(Armstrong et al. 2010)认为，该指数将西方的全纳方式强加于太平洋岛国。他们还认为，该指数本质上是公式化的，而全纳教育不应该被公式化。卡林顿和杜克认可了这些担忧，并与当地研究者和教育者合作修改了该指数，提高了其文化敏感性。该地区国家(特别是瓦努阿图、斐济和萨摩亚)继续使用调整后的指数，并发现该指数是一种有用的资源，可以通过创建全纳学校和社区，提高学校教育者的能力，使其能够接纳各种多样性的学习者(Tones et al. 2017)。

与全纳教师教育方案内容有关的第二个维度，是必须认识到太平洋体系的价值。太平洋体系的一些显著优势并不总是体现在整个地区的教师教育课程中(Sharma et al. 2016a, b)。将太平洋地区的价值观和实践纳入教师教育课程，有可能极大地改变所有教师的教学实践，并可能为所有太平洋地区的学习者带来更好的结果。新西兰教育部(2018)发布的《塔帕萨(Tapasā)：太平洋地区学习者教师文化能力框架》提供了一个典型案例，说明了大多数教师需要学习什么。该框架基于这样一种信念，即熟练和自信的教师对改善所有太平洋地区学习者的学习成果至关重要。该框架的两个关键原则承认，教师在教授太平洋地区学习者方面是成功的(新西兰教育部 2018, p.3)：

(1) 当教师对太平洋地区的学生、家长及社区所理解的东西、他们的价值观和知识有充分的认识，并将之作为工作的基础时；

(2) 当教师将这些理解、价值观和知识整合到他们的计划和教学实践中时。

塔帕萨(Tapasā)框架允许教师在学生学习的不同阶段，将太平洋视角引入有效且高质量的教学实践。此外，还有其他一些与全纳教学策略密切相关的本土做法(例如，合作学习和同伴辅导)。大多数太平洋地区的教育者能够很好地将这些实践联系起来，并运用于课堂。使用与学习者相关的本土实践，可以让学习者积极参与并享受成功。这难道不是最全纳的教师应该做的吗？如果我们能够确保太平洋地区的所有教师教育方案都将这样一个框架作为其关键基础，那么不仅残疾学习者，所有学习者都将受益。此外，教师会发现这些信息更有吸引力，与情境更相关，更敏感。

"我们如何在学校实施全纳？我们没有足够的资源"

该地区的教育者、家长和残疾人提出了一个共同而真正的关切，即缺乏实施全纳教育的资源(Sharma and Michael 2017)。教育者提出的一些主要问题，与缺乏视力障碍或听力障碍学习者使用的设备有关。有视力障碍的学生，需要使用盲文或音频格式的教科书。有听力障碍的学生，需要助听器或可以让他们获得听觉信息的教室技术(例如，麦克风系统，也称调频系统)。虽然在城市，主要是在该地区的特殊学校，一些有视力和听力障碍的学生确实可以获得技术支持，但居住在偏远地区的大多数有听力和视力障碍的学生，无法获得这些技术和材料。对于更广泛的人群来说，特殊学校无法满足这些需求，也不是一种经济有效的方式。

托恩等人(Tones et al. 2017)在斐济开展了一个研究项目，该项目可以指导我们如何充分利用该地区的资源(如特殊学校等)来支持全纳教育。这项研究审查了斐济的特殊学校如何与普通学校合作，为有一系列特殊教育需要的学生提供支持。这项研究确定了一些特殊学校用来支持普通学校的做法。例如，一所特殊学校为视力受损的学生制定了一项过渡计划，使他们能够完全融入普通学校。为支持融入方案，特殊学校的教师访问了普通学校。整个地区都需要这种性质的实践，使特殊学校能够与普通学校合作。尽管可能没有足够的资金开设新的特殊学校，但现有的特殊学校可以被改造成资源中心。

太平洋岛国论坛秘书处和太平洋残疾人论坛等地区性机构的存在，以及该地区各国之间的高水平合作，为各国提供了最好的利用现有资源的独特机会。地区性机构可以帮助各国集中资源，以便在整个地区建立区域资源中心，而不是在每个国家开设新的特殊学校或资源中心。这将有助于减少不必要的资源重复，充分利用现有资金，并将进一步促进各国之间的合作。

结　　论

在本文中，我认为，太平洋地区的国家面临一些继续妨碍它们在实施全纳教育方面取得进展的挑战/阻碍。阻碍多种多样，有的简单，如缺乏对全纳教育概念的清晰理解；有的复杂，如缺乏对全纳课堂教学人员的培养。消除实施全纳教育的阻碍，需要各国采取创新的、本土化的方法(例如，在全纳课堂中使用塔拉诺亚作为教学策略)。显然，在其他国家取得成功的全纳教育模式，在该地区不太可能成功，因为该地区的大多数研究者、决策者和残疾人支持者,对引进其他国家的政策和解决方案持怀疑态度。从理念上让太平洋地区的利益相关者作为真正的合作伙伴参与进来,可以产生更好的结果,也可以提高项目活动在项目资金之外的可持续性。我使用了混合的方法,将欣赏式探询和基于优势的方法相结合,用于确定该地区的积极发展。回顾本文所报告的积极发展以及来自该地区的本土研究者(e.g., Hau'ofa, Le Fanu, Tufue-Dolgoy, Merumeru and Lene)的观点,让我得以提出一些关键性建议,以指导实施全纳教育的各种努力。

首先,太平洋地区的人民应该掌握全纳教育议程。他们应该知道,为什么该地区需要全纳,并为他们面临的挑战确定本土解决方案。外部机构和资助机构在整个地区开展工作时应该尊重他人。他们需要共同调查、设计和评估太平洋地区实施全纳教育的努力。

其次,太平洋文化和价值观应成为整个地区全纳教育政策和实践的核心基础。全纳可以而且应该在本地区以太平洋文化的方式实现。太平洋岛国拥有丰富的文化,该地区的许多本土做法(塔拉诺亚、特定实践的塔帕萨框架)在课堂上得到应用,可以使所有儿童而不仅仅是残疾儿童真正有可能融入社会。当土著文化习俗得到认可并被用于创建全纳课堂时,大多数太平洋利益相关者将会接受和响应。该地区的教师教育方案可以考虑设计新的课程,如"全纳不同能力学习者的太平洋实践"。"全球北方"国家有可能从太平洋地区几十年来使用的社区实践中学习实施全纳的新方法。

再次,国家间和国家内部的合作,应成为各国实施全纳教育的核心基础。该地区各国可以相互合作,了解各自面临的挑战,然后确定适合本国国情的、切实可行的解决方案。太平洋岛国论坛秘书处和太平洋残疾人论坛等地区性机构可以在支持各国合作方面发挥重要作用。重要的是应强调一点,即各国需要明白,全纳教育不仅仅是对残疾儿童的教育,而是面向所有儿童提供高质量教育的一种手段。这也是解决社会对残疾人歧视的一种手段。

最后,各国需要获得支持,以充分利用现有资源。全纳教育是一项资源密集型活动。该地区的一些国家处于世界上最贫穷的国家之列,可能决定不为全纳教育分配任何资源。各国需要创造性地寻找资源,并在实施全纳教育方面相互合作。在这方面,像南太平洋大学(USP)这样的地区性大学可以发挥非常重要的作用,因为它在该地区的大多数国家都有海外校区。南太平洋大学可以启动研究项目,确定如何利用一个国家的资源支持一个或多个国家的全纳教育。

(王冰如 译)

参考文献

Armstrong, A. C., Armstrong, D., & Spandagou, I. (2010). *Inclusive education: International policy and practice*. London: Sage.

Australian Aid (2015). Access to Quality Education Program (AQEP): Fiji — Eighth six monthly report.

Booth, T., & Ainscow, M. (2011). *Index for inclusion: Developing learning and participation in schools*. Bristol: Centre for Studies on Inclusive Education.

Carrington, S., & Duke, J. (2014). Learning about inclusion for developing countries: Using the Index for Inclusion. *International Perspective on Inclusive Education*, 3, 193–206.

Cook Islands Ministry of Education (2010). Special needs education policy.

Cooperrider, D. L., & Srivastva, S. (1987). Appreciative inquiry in organizational life. In W. A. Pasmore & W. Woodman (Eds.), *Research in organizational change and development* (Vol. I, pp. 129–169). Greenwich: JAI Press.

Cooperrider, D. L., Whitney, D., & Stavros, J. M. (2008). *Appreciative inquiry handbook for leaders of change* (2nd ed.). Brunswick: Crown Custom.

Forlin, C., Sharma, U., Loreman, T., & Sprunt, B. (2015). Developing disability-inclusive indicators in the Pacific Islands. *Prospects*, 45(2), 197–211.

Government of Vanuatu (2011). *Inclusive education policy and strategic plan, 2010–2020*. Vanuatu: Ministry of Education.

Hau'ofa, E. (2008). *We are the ocean: Selected works*. Honolulu: University of Hawaii Press.

Le Fanu, G. (2013). The inclusion of inclusive education in international development: Lessons from Papua New Guinea. *International Journal of Educational Development*, 33(2), 139–148.

Lopez, S. L., & Louis, M. C. (2009). The principles of strengths-based education. *Journal of College and Character*.

McDonald, L., & Tufue-Dolgoy, R. (2013). Moving forwards, sideways or backwards? Inclusive education in Samoa. *International Journal of Disability, Development and Education*, 60(3), 270–284.

Miles, S., Merumeru, L., & Lene, D. (2014). Using networking to measure the promotion of inclusiveeducation in developing countries: The case of the Pacific region. *International Perspectives on Inclusive Education*, 3, 205–226.

New Zealand Ministry of Education (2018). Tapasā: Cultural competencies framework for teachers of Pacific learners. Wellington: Ministry of Education.

Pacific Disability Forum (2012). Disability in the Pacific.

Pacific Islands Forum Secretariat (2009). The Pacific education development framework. Suva: Pacific Islands Forum Secretariat.

Pacific Islands Forum Secretariat (2016). *Pacific framework for the rights of persons with disabilities(2016–2025): A regional framework to support national government actions on inclusive development for the rights of persons with disabilities*. Suva: Pacific Islands Forum Secretariat.

Pillay, H., Carrington, S., Duke, J., Chandra, S., Herraman, J., & Tones, M. (2015). *Mobilising school and community engagement to implement disability-inclusive education through action research: Fiji, Samoa, Solomon Islands and Vanuatu*. Queensland: University of Technology.

Picton, C., Horsley, M., & Knight, B. A. (2016). Exploring conceptualisation of disability: A

Talanoa approach to understanding cultural frameworks of disability in Samoa. *Disability, CBR and Inclusive Development, 27*(1), 17–32.

Sharma, U. (2012). *Inclusive and special education: A way forward in the Solomon Islands*. A report commissioned by Education Resource Facility (DFAT) and the Ministry of Education and Human Resource Development. Solomon Islands Government.

Sharma, U., & Michael, S. (2017). Parental perspective about inclusive education in the Pacific. In K. Scorgie & D. Sobsey (Eds.), *Working with families for inclusive education: Navigating identity, opportunity and belonging* (pp.71–86). Emerald: Bingley.

Sharma, U., Forlin, C., Marella, M., Sprunt, B., & Deppeler, J. (2016a). *Pacific indicators for disability-inclusive education (Pacific-INDIE) guidelines*. Melbourne: Monash University.

Sharma, U., Forlin, C., Marella, M., & Jitoko, F. (2017). Using indicators as a catalyst for inclusive education in the Pacific Islands. *International Journal of Inclusive Education, 21*(7), 730–746.

Sharma, U., Jitoko, F., Macanawai, S., & Forlin, C. (2018). How do we measure implementation of inclusive education in the Pacific Islands? A process for developing and validating disability-inclusive indicators. *International Journal of Disability, Development and Education, 65*(6), 614–630.

Sharma, U., Loreman, T., & Macanawai, S. (2016b). Factors contributing to the implementation of inclusive education in Pacific Island countries. *International Journal of Inclusive Education, 20*(4), 397–412.

Sharma, U., Simi, J., & Forlin, C. (2015). Preparedness of pre-service teachers for inclusive education in the Solomon Islands. *Australian Journal of Teacher Education, 40*(5), 103–116.

Storlazzi, C. D., Gingerich, S. B., van Dongeren, A., Cheriton, O. M., Swarzenski, P. W., Quataert, E., et al. (2018). Most atolls will be uninhabitable by the mid-21st century because of sea-level rise exacerbating wave-driven fooding. *Science Advances, 4*(4), eaap9741.

Taufe'ulugaki, A. (2001). The role of research: A personal perspective. *Directions: Journal of Educational Studies, 23*, 3–13.

Tones, M., Pillay, H., Carrington, S., Chandra, S., Duke, J., & Joseph, R. M. (2017). Supporting disability education through a combination of special schools and disability-inclusive schools in the Pacific Islands. *International Journal of Disability, Development and Education, 64*(5), 497–513.

Tufue-Dolgoy, R. (2010). *Stakeholders' perspectives of the implementation of the inclusive education policy in Samoa: A cultural fit*. Unpublished doctoral thesis. Victoria University of Wellington.

UNESCO (2009). *Policy guidelines on inclusion in education*. Paris: UNESCO.

United Nations Population Fund (2014). *Population and development profiles: Pacific Island countries*.

World Bank (2018). *The World Bank in Pacific Islands*. Washington, DC: World Bank.

Yates, R., Carrington, S., Gillett-Swan, J., & Pillay, H. (2019). Foreign aid and inclusive education in the Pacific island nation of Kiribati: A question of ownership. *International Journal of Inclusive Education, 23*(1), 79–92.

【作者简介】
乌姆什·夏尔玛
澳大利亚莫纳什大学教育学院教授,教育心理学和全纳教育领域的学术负责人。乌姆什在残疾教育和全纳教育领域的研究项目遍及印度、巴基斯坦、中国、孟加拉国、斐济、所罗门群岛、瓦努阿图和萨摩亚,以及澳大利亚、加拿大、美国和新西兰。他主持了多个获奖的国家和国际项目,如为澳大利亚联邦残疾学生提供教育资金,为维多利亚州政府制定个性化和支持性的指南,以及为所罗门群岛制定全纳教育国家政策。他是《澳大利亚特殊教育杂志》和《牛津全纳和特殊教育百科全书》的首席联合主编。他撰写了150多篇学术论文、书籍章节,重点关注全纳教育的各个方面。

通信地址:Faculty of Education, Monash University, Room 1.67D, 19 Ancora Imparo Way, Melbourne, VIC 3800, Australia

电子信箱:umesh.sharma@monash.edu

专　栏

澳大利亚推行全纳教育的合理性

克里斯多夫·博伊　乔安娜·安德森

在线出版时间:2020年9月3日
©联合国教科文组织国际教育局2020

摘　要　本文在更广泛的国际视野下探讨澳大利亚推行全纳教育的合理性。在澳大利亚等众多国家,隔离式教育供给正不断增加。随着对非全纳环境的需求不断增长,全纳教育已进入一定程度的停滞期。支持和反对全纳教育的观点主要来自教育、社会和经济三个方面。有明确证据表明,澳大利亚的全纳教育在这些领域都是合理的。全纳教育并非对主流学校的所有学生都有益,这一观点缺乏依据。研究表明,全面实施全纳教育具有经济优势,但这不应被视为教育部门节省成本的机会,而应被视为对资源的正确配置,以确保所有背景的学生都能获得有效的教育。社会效益和教育效益的证据来源广泛,父母和学生都报告了积极的结果。全纳教育可能困难重重,但本文清楚地展示了创设全纳教育环境的积极意义。

关键词　全纳教育　合理性　澳大利亚　教育不平等　特殊教育

全纳教育是澳大利亚教育话语和政策中牢固确立和公认的一部分,已经有超过25年的历史。本期专刊探讨全纳教育在世界范围内的发展和挑战,因而本文将主要关注澳大利亚的全纳教育。究竟是什么构成了全纳教育,一直是不同层面辩论的主题,其中既有实践的观点(Boyle et al. 2013；Varcoe and Boyle 2014；Hoskin et al. 2015；Page et al. 2019),也有哲学的观点(Anderson and Boyle 2020a, b)。然而,里希勒(Richler 2012, p.177)简洁地指出"全纳教育是好的教育",仅此而已。从这一范式来看,实施良好的全纳教育实践,需要高质量的教学方法与积极的社会互动,以满足所有学生的教育需求。里希勒断言,在全纳的环境中实施全纳实践与提供"好的"教育是相统一的。这则简单的宣言掩盖了"全纳的"教育和"好的"教育理念的复杂性。虽然对这些构想及其之间关系的深入探讨超出了本文的范围,但它确实凸显了在为所谓全纳教育的"邪恶问题"寻求简单解决方案时出现的困难(Armstrong 2017)。

就全纳教育的应然状态达成共识并非易事,相关探讨充满各种争议和辩解。学

原文语言:英语

界对全纳教育的定义进行了许多尝试,但即使是最坚定的倡导者也承认,最被广泛接受的定义,如 2016 年《联合国残疾人权利公约》中的定义,是模糊的、有多种解释的(Graham 2020)。为此,斯利(Slee 2011)认为,重点应该从寻求全纳教育的明确定义,转向消除排他性的教育实践,因为这可能是一个更加清晰可辨的起点。然而,有证据表明,这种转变尚未发生。

许多国家仍在努力阐明一种连贯、一致的全纳教育方法,这影响了其实施的成功(Schwab et al. 2018)。绝对形式上的全纳教育,要求通过提供适当的实践、教学方法和资源,使所有学生,无论其能力如何,都在当地学校接受教育。托平(Topping 2012)建议:"……全纳意味着悦纳多样性,支持所有面临各种学习和/或行为挑战的学生的成就和参与,这些挑战包括社会经济环境、种族血统、文化遗产、宗教、语言遗产、性别、性取向等方面。"(p.13)这种对全纳教育的广泛理解,即全纳教育面向的是所有学生,是对其特殊教育根源的摆脱(Ainscow 2020),目前在文献中已被普遍接受。然而,仍有学者坚持全纳教育与特殊教育息息相关,认为全纳教育应被视作一种支持的连续统一体(从安置于特殊学校,到全日制就读于当地学校的课堂中,以及介于两者之间的一切),为有与残疾相关的不同教育需求的学生提供支持(Kaufman et al. 2020)。尽管承认这一观点很重要,但这并非本文考察全纳教育的视角。而澳大利亚的全纳教育是从这样一种理解出发的,即它是一种构想,预示所有学生都应该在当地学校内共同接受教育。

讨论全纳教育的合理性恰逢其时。在国际层面,政策制定者正努力制定并实施确保全纳教育成功和可持续的改革;同时,有不同学习需求的学生进入学校的人数也在增加(Schwab et al. 2018)。事实上,波义耳和安德森(Boyle and Anderson 2020)认为,全纳教育理念已经到了一个转折点,因为近年来许多国家的全纳教育已经处于平台期,或者像澳大利亚一样,变得不那么全纳了(例如,在英国,Norwich and Black 2015;在澳大利亚,Anderson and Boyle 2019)。在提出全纳教育的论点之前,有必要将读者置于澳大利亚当前教育氛围的情境下,并考察在全纳教育的幌子下发生了什么。

日益不平等的社会

澳大利亚是最早批准《萨拉曼卡宣言》并采用全纳教育服务残疾学生的理念的国家之一(Anderson and Boyle 2015)。从那时起,"全纳教育"一词已经拓展为面向所有学生的教育,这反映在最近的一份国家宣言——《教育宣言》中,它提出了澳大利亚学生的教育目标。该宣言规定,澳大利亚政府"必须为所有澳大利亚年轻人提供平等的机会,使他们能够发挥潜能并取得最高的教育成果"(教育委员会 2019,p.17)。但仍有许多工作有待完成。2018 年,经济合作与发展组织的一份报告指出,澳大利亚在隔离式学校系统的排名中稳坐第四（在经济合作与发展组织的36个成员国中），也是经济合作与发展组织中优势背景学生和弱势背景学生之间教育成就差距最大的国家之一（OECD 2018）。有证据表明，在入学第一年，三分之一来自贫困家庭的学生没有达到关键的发展里程碑，而在条件优越的同龄人中，这一比例仅为五分之一（Smith Family 2016）。这种差异一直持续到成年早期：在24岁时，来自弱势背景的成年人中，只有不到五分之三的人在接受全日制教育、培训或工作，而在他们来自优势背景的同龄人中，这一比例超过五分之四（Smith Family 2016）。对于这群学生，需要被关心的不仅仅是受教育程度。有证据表明，在澳大利亚，来自弱势群体或少数群体背景的学生，更有可能被诊断出患有残疾或功能障碍，更有可能在隔离环境中接受教育（Anderson and Boyle 2019），并且/或者受到停课或开除等纪律处分（Armstrong 2018）。

在澳大利亚，优势背景学生与弱势和/或少数群体学生之间的教育差距对生活结果的影响是显著的。受教育程度与收入、社会参与和健康结果相关（OECD 2018）。意料之中，受教育程度较低的学生更有可能遭遇贫困、社会排斥和/或健康状况不良。有确凿的证据支持这一说法。自世纪之交以来，澳大利亚的收入不平等现象有所加剧（ACOSS and UNSW 2018），2020年发布的一份报告指出，该国13.6%的人口生活在贫困线以下（ACOSS and UNSW 2020）。由于受教育程度不足和/或残疾等少数其他因素，无法就业或就业不充分的人几乎构成了这一群体的全部（ACOSS and UNSW 2018）。因此，自2012年以来，社会排斥现象出现了"小幅"但"持续"的增加，无法参与"社区经济和社会活动"的人口比例上升（澳大利亚政府2018，p. 107）。这一群体被监禁的风险也更大，因为残疾人、精神健康障碍患者和/或来自低社会经济背景或土著背景者在澳大利亚监狱人口中所占比例都明显过高（HRW 2018）。鉴于本文讨论过的挑战，不难发现，这一群体出现慢性健康问题的比例要高得多，预期寿命也要低得多（澳大利亚国家原住民机构，2020；AIHW 2020）。两千多年前，柏拉图发表的宣言"教育给予的方向可能决定后来的一切"（Plato 2007，p. 127），无可争议地与当前的证据产生了共鸣。

尽管受教育程度低与生活结果差之间存在相关性，但将消除社会问题（如本文所述）的责任完全归于教育系统是不合理的。这样做，会否定那些有能力创造和实施变革的人（比如政府和有影响力的精英）必须承担的义务（Apple 2015）。然而，教育系统和在其中运作的学校确实可以发挥作用（Thomson et al. 2012）。这一责任在全球许多教育政策中得到承认，全纳教育的社会正义原则在政策修辞中比比皆是（Boyle and Anderson 2020；Anderson et al. 2020），尽管通常没有多少实际内容。它已经成为斯利（Slee 2018）所描述的"一种空洞的语言"（p. 20）。这种观点恰当地描述了澳大利亚的现状，全纳教育在超过25年的时间里一直处于教育政策的前沿，但该国的教育体系却比以往任何时候都更加隔离和排他。在这里，一个显而易见的问题是：为什么？

澳大利亚全纳教育面临的挑战

除了结构本身的复杂性之外，全纳教育在澳大利亚还面临着一些独特的挑战。虽然深入探讨这些问题超出了本文的范围，但为了说明澳大利亚教育供给的复杂性，这里有两点值得注意。

第一点与澳大利亚的学校管理有关，这是一个复杂且经常令人困惑的现象 (Dinham 2008)，特别是考虑到澳大利亚是一个人口不到 2,600 万的国家。波义耳和安德森(Boyle and Anderson 2019)是这样描述的：

> 澳大利亚有三类明确的、非常独立的学校——公立学校（州立或公立学校）、私立学校、天主教学校。这些学校在 8 个州和领地内运营，资助这个教育系统是一个复杂的过程。公立教育机构的大部分资金来自各个州和领地，澳大利亚政府是该部门的少数公共资助者之一。澳大利亚政府也是非公立学校的主要公共资助者，州和领地政府则为其提供少数公共资金。（p. 798）

澳大利亚统计局的数据显示，2019 年，澳大利亚注册入学的学生中有 65% 就读于公立学校，20% 就读于天主教学校，其余 15% 就读于私立学校（ABS 2020）。除了上面提到的复杂性之外，每个教育管辖区都需要解释国家立法和政策，进而制定自己的政策、资助模式和改革议程，以便在相关学校实施。其中一小部分适用于在教育管辖区内运营的三类机构中的每一所学校，但很多是由州、私立或天主教系统专门为自己的学校人口设计的。事实证明，这对全纳教育来说是个问题，因为各州和各部门对教育需求的构成不同，其应对和供资模式也不同。尽管最近的一篇综述建议采用一种基于需求的国家资助方法来为教育，包括全纳教育，提供资源（见 Gonski et al. 2018），但该模式仍保持相对不变。从本质上讲，澳大利亚的学生可以被某个州或某个教育机构认定为有特定教育需求，并获得支持以就读当地学校。然而，如果他们要跨越边界进入另一个州或进入不同类型的学校，他们可能无法继续获得任何教育支持(Boyle and Anderson 2014)。

第二点涉及近几十年来历届澳大利亚政府所确立的教育改革方向。政府没有采用社会正义原则来指导改革议程，而是接受了新自由主义原则。标准化、测量和市场选择等术语已成为日常教育话语的一部分，标准化的国家课程、全国性的考试制度和比较学校的工具正是在这些术语的基础上产生的。每一项改革都给全纳教育带来了挑战，考虑到社会正义和新自由主义的反直觉性质，这并不奇怪。

标准化国家课程的实施提出了许多问题，尤其是关于课程包含了什么、遗漏了什么的裁定,这种争论一直持续了十年;课程没有公平地体现"西方文明"(Cairns 2018);课程没有包含足够的宗教内容(Statham 2014);课程的确包含足够的土著历史(Foley and Muldoon 2014);课程没有包含足够酷的内容(Jagose et al. 2019);课程不能满足残疾学生的需求(Bonati et al. 2014)。关于什么被包含在内、什么不被包含在内的决定是由那些有权力的人作出的(Mulcahy 2008),因此课程对一些学生有效,但对其他学生无效。阿提斯(Artiles 2003)认为,在任何标准化的课程中都会有"赢家和输家"(p. 166),那些来自弱势群体和/或少数群体的人往往是输家。正如安德森和波义耳(Anderson and Boyle 2019)推断的那样,"那些自身经历与课程一致的学生将成为'赢家',而那些不符合课程背景的学生将成为'输家'"(p. 801)。最近一项关于国家课程的研究发现,尽管在国家课程(ACARA 2020)的文本中出现了全纳的言论,"教育工作者仍在继续争论澳大利亚课程(AC)对所有学生开放的程度"(McMillan et al. 2018, p.127)。

澳大利亚在实施国家课程的同时,还推出了全国性的考试制度,即国家读写算评估计划(NAPLAN)。这项高风险测试(Mayes and Howell 2018)每两年从学生那里获取一次数据,其结果影响着国家和州/领地层面的政策方向。从一开始,就有很多关于国家读写算评估计划的猜测(Hardy and Boyle 2011),虽然对这一问题的深入探讨超出了本文的范围,但有一个问题对全纳教育尤其重要——机会和参与。为了支持学生参加考试的调整鲜少得到允许。即便这件事情已经有所进展,学生仍无法获得他们在课堂上可以得到的支持,因此出现了那些理解概念的人可能无法成功地展示其知识的情况。尽管必须承认这不是唯一的原因,其结果是学生的参与率持续下降,而来自弱势群体和/或少数群体的学生在不参加考试的学生中占据了最大的比例(Dempsey and Davies 2013)。虽然这本身可能不成问题,但考虑到考试的高风险性质,它是有问题的。从统计意义上看,在用于制定教育政策的信息集合中,有相当数量的学生,其中大多数具有某种形式的教育需求,他们的数据没有被用于教育决策的信息中。

在开发国家课程和国家读写算评估计划的同时,一个名为"我的学校"的网站也在建设中。该网站提供了澳大利亚每所学校的学业数据、人口统计数据以及一个比较工具,该网站背后的假设是"选择"(Hardy and Boyle 2011)。时任总理陆克文曾宣布,允许父母"用脚投票",决定把孩子送到哪里(Riddle 2017);他们可以根据成绩、同龄人群体或兼顾两者来选择学校(Rowe and Lubienski 2017)。然而,这种"选择"的理念预设了两个条件:它假设所有父母都处于平等地位,既可以选择孩子的教育质量(Hutchings 2017),又有经济手段来执行他们的决定。不用说,事实并非如此。对于全纳教育来说,这是有问题的。被认为"成绩较差"抑或不遵守行为或社会规范的学生更有可能进入"表现较差"的学校(Ainscow 2010),这使得学生和学校的表现都较差的循环长期存在(Hutchings 2017)。因此,"弱势群体被隔离在薄弱的学校里,这样,提升最弱势群体的负担就不能均匀地分布在各个学校、部门和地区"(Bonnor 2019, p.2)。澳大利亚一个有影响力的公共政策智库格拉坦研究所(the Grattan Institute)指出,虽然竞争加剧对某些部门有利,但教育不是其中之一(Jensen 2013),然而这一理念在该国当前的教育时代思潮中仍占有一席之地。

承认和理解在澳大利亚成功实施全纳教育所面临的挑战是必要的。如果不了解这一点,就很容易把日益加剧的隔离和排斥归咎于全纳教育,把这种构想定位为一种无法实现的乌托邦理想。然而,从以上简短的讨论中可以明显看出,全纳教育并没有蓬勃发展。尽管如此,全球的教育工作者、研究人员和组织仍在继续倡导将全纳教育作为所有学生接受教育的前提,而且有很多证据表明这种立场是合理的。正如《爱丽丝泉(姆帕恩特威)教育宣言》(教育委员会 2019)所述,澳大利亚有责任为所有学生提供公平优质的教育。全纳教育的原则为实现这一目标提供了机会,可以从教育、社会和经济的立场考虑这一路径的合理性。

教育合理性

最佳的学习环境有利于所有学生,很少有人——如果有的话——会质疑这一点。然而,理解这一点应该是或可能是什么样子,一直是全球许多此类研究的焦点,而且,对于面向所有学生的全纳教育而言,什么是"好的"教育,仍未达成共识。必须承认,这不是一项容易的任务,特别是在当前的时代思潮中,人们越来越热衷于寻找"全纳教育"这一"邪恶问题"的循证解决方案(Boyle et al. 2020a, b, c)。斯利(Slee 2018)认为,许多学校、系统和政府都给人一种全纳的良好外在印象,而实际情况却截然不同,这一现实可能会加剧这种情况。澳大利亚大部分地区都是如此(Graham 2020)。如果17%的学生(主要来自弱势群体和/或少数群体)在完成学业时没有达到基本的教育技能水平,那么很难声称教育系统对每个人都有效(OECD 2015)。还有很多工作亟待完成。

洛曼等人(Loreman et al. 2010)发现,澳大利亚学校的教学优势,是预测学生成绩的关键因素。那些能够适应全纳环境并能提升自身实践的教师,需要得到适当的帮助和资源,以确保通过全纳环境促进高质量教学。在澳大利亚,这关乎教师培训,也关乎改进职前教师应对不同学习能力的教学准备的必要性。澳大利亚的各种研究表明,职前教师普遍支持全纳教育,但缺乏培训和经验,意味着许多新教师发现在全纳环境中教学极富挑战性(Costello and Boyle 2013; Hoskin et al. 2015)。在职教师持续的专业学习机会也至关重要,因为运用不同学习方式的良好教学实践对所有学生都有好处(Loreman et al. 2011)。波义耳等人(Boyle et al. 2011)将其描述为"全纳实践的专业优势"(p.73)。因此,教学实践的改进将使所有学生受益。

米切尔(Mitchell 2020)发现,来自弱势群体或少数群体的学生在全纳环境中取得了学业上的进步,有证据表明,他们在特殊教育环境中的表现优于同龄人(Topping 2012)。德布鲁因(De Bruin 2020)认为,来自澳大利亚国内的证据表明,全纳环境提升了语言、识字、计算等核心领域以及更广泛的认知技能发展领域的教育效益。即便一些文献提出了担忧,但并非只有来自弱势群体的学生从全纳学校中受益。一个常被提出来用以反对将来自不同背景和学习需求的学生纳入主流课堂的观点是,他们会妨碍班上其他学生的学习,并且/或占用更多的教学时间和更大比例的资源(Webster and Blatchford 2019)。然而,来自澳大利亚国内和其他地方的研究证明这一观点并不正确(e.g., Ruijs 2017; Topping 2012)。丰富多样的教学法以不同方式得到运用,天然地促进和支持广大学生群体的学习(De Bruin 2020)。毫无疑问,不同学生将需要不同数量的支持,才能成功地学习不同的课程内容,但在学业方面,全纳课堂的异质性对所有学生都有利(Szumski et al. 2017)。

社会合理性

全纳远不止学业成绩。全纳学校旨在通过共同教育所有学生,来改变人们对差异的态度(Schwab 2017);全纳教育首要的社会正义范式正是产生于这一基本理念(Dixon and Verenikina 2007)。学校参与已被确定为一个有意义的未来社会参与预测指标(OECD 2010),因为学校中积极的社会互动对学生成年后的社会参与有直接影响(Graham 2020)。这在像澳大利亚这样的国家尤其重要,如前所述,在澳大利亚,贫富差距正在扩大,因此有关社会参与的问题也在扩大化。

对一些特殊学生群体来说,澳大利亚目前的学校教育方式不起作用(Bills and Howard 2017)。对一些人来说,这意味着他们会被隔离在单独的教育机构之中,通常是以残疾或行为为由;而对另一些人来说,这会导致学业失败和/或脱离学校。无论其如何实施,都可能对学生过渡到高等教育/继续教育和/或就业机会产生重大影响(Mays et al. 2020)。每个被排除在主流学校之外的学生都有被同龄人、教师和社会"排斥"的危险,因为他们被归类为不符合"常规"的因素(Algraigray and Boyle 2017; Arishi and Boyle 2017; Lauchlan and Boyle 2020)。他者化是有问题的。它强化了声望和特权的模式(Mac Ruairc 2013),并延续了对被排斥群体的压制(Freire 2005)。虽然这一点必须受到挑战,但仅仅在同一所学校里存在异质学生群体是不够的。在澳大利亚,德布鲁因(De Bruin 2020)认为,全纳教育的社会效益"不仅仅来自同一所学校或同一间教室,而是来自产生影响的接触的性质"(p. 65)。融入是不够的,改变弱势群体和/或少数群体学生的社会结果需要有效的全纳实践。

有额外支持需求的学生对全纳环境的态度以及对任何形式的学校教育的态度,是国内外学界正在研究的一个领域(Schwab et al. 2018)。虽然人们承认,对来自弱势群体和/或富裕群体的学生进行研究可能会有问题,但这是学生自己的经历,他们需要有发言权，他们的经历需要被理解。已开展的少数研究只关注学校教育（Kvalsund and Bele, 2010；Markusson 2004）、特定领域（例如，行为困难）、条件（Humphrey and Lewis 2008），或参与者当前生活的特定方面（例如，经济独立）。然而，有两个主题确实反复出现：(1) 那些参加特殊课程的人，在以后的生活中经常会遭遇污名化；(2) 那些进入主流学校的人，可能会经历某种形式的社会孤立（Hardcastle et al. 2018）。这项研究尚不清楚的是，在真正的全纳环境中，就读于主流学校的学生是否得到了足够的支持，研究结果重申了这一点的重要性。在一项采用了不同方法的国际研究中，艾伦等人（Allan et al. 2009）采访了没有额外教育需求的学生。这项研究发现，参与者对全纳教育持积极态度，他们反复强调在一个异质学生群体中接受教育的重要性——这一群体反映了他们成年后生活、工作和社交所在的更广泛社区。

残疾学生的家长也认识到全纳教育对社会结果的影响。一项关于澳大利亚父母对全纳教育的态度的研究指出，将儿童纳入主流学校的一个积极方面在于他们的社会发展（Stevens and Wurf 2020）。研究结果表明，没有额外教育需求的同伴关系有助于建立信心和归属感。父母在坚持孩子接受何种教育方面的影响力十分重要。如果家长继续与其他倡导者一起宣传全纳教育的积极方面，将给予教育系统和政策制定者越来越大的压力，要求他们进行必要的改革，以使全纳学校蓬勃发展（Anderson and Boyle 2020）。

经济合理性

要理解全纳教育的整体经济情况，必须考虑两个截然不同但同样重要的方面。首先，必须探索与有额外教育需求的学生的现有结构相比，全纳教育本身的成本；其次，上述学生毕业后结果的成本也值得考虑。

有关在全纳和隔离环境中有额外教育需求的学生的成本的信息很少，因此有必要依靠国际研究，并在可能的情况下与澳大利亚进行比较。少数研究对全纳教育模式与隔离教育模式的成本进行了考察，发现全纳教育在教育有额外需求的学生方面，要么更具成本优势，要么与隔离教育成本相当（e.g., Odom et al. 2001）。缺乏对这一领域的研究的根本原因在于，全球教育系统中存在众多复杂的教育资助模式（European Agency 2016）。这一点在澳大利亚具有特别重要的意义，鉴于前文论及的资助模式的复杂性，因此很难获得与这一概念有关的具体数据也就不足为奇了。尽管如此，通过收集不同的数据集，还是有可能对澳大利亚的全纳教育和隔离教育的成本有所了解。受孤独症早期干预结果小组（AEIOU）委托，2011年的一份报告（Synergies Economic Consulting 2011）提供了对昆士兰州教育孤独症谱系障碍（ASD）学生所需成本的调查结果。当这一结果与该州的相应数据相结合时，一份关于全纳与隔离成本的有趣报告出现了。在报告发布时,昆士兰州公立学校教育每个非残疾学生的平均成本约为 10,000 澳元。然而,值得注意的是,在主流学校教育一名孤独症学生的成本大约是这个数字的 2.5 倍,而在特殊学校教育一名学生的成本大约是正常学生的 4 倍。对于一个在青少年感化中心的学生来说,其教育成本几乎高达这个数字的 5 倍。应该指出的是,在特殊学校或感化中心环境中接受教育的学生,可能与在主流学校接受教育的孤独症学生有不同的教育需求。但在昆士兰州,全纳教育和隔离式教育之间成本差异的重要性不容忽视,并在某种程度上消除了全纳教育是更昂贵的选择的观念。这方面需要进一步的研究。

多年来,世界银行(Hoff and Pandey,2004)和经济合作与发展组织(2010)等全球机构一直在倡导全纳教育,将其视作向更公平教育的转变。这是因为教育不平等"对经济不利"(ACOSS and UNSW 2018, p.14),而且对那些在教育系统中遭遇失败的人来说,高经济成本成为非常明显的证据。在各个国家,无论出于何种原因,脱离学校或在学校没有取得成功的学生,成年后更有可能收入较低,住房条件较差(Topping 2012),心理健康问题或其他健康问题的发生率较高,预期寿命较低(Wilkinson and Pickett 2010),药物滥用事件增加,做出反社会行为,并最终锒铛入狱(Henry et al. 2012; Gamble et al. 2015)。除了围绕着这些议题的伦理问题,它们还给社会带来了高昂的经济和社会成本(OECD 2010, 2015)。我们有理由认为,一个在全纳文化中对所有学生的需求作出反应的教育系统,有可能打破劣势循环(Snow and Powell 2012),并减少目前存在的不平等差距。这将通过提高更多人的知识和技能,实现创造力和生产力的提升,进而实现长期的经济可行性(OECD 2010)——这一结果将惠及每个人。

无论是从教育成本本身的角度考虑,还是从对社会的长期成本来看,全纳教育的经济证据都站得住脚。灵活应对所有学生需求的系统和学校,不仅在运营成本上同样高效,而且以这种方式提供教育有助于改善弱势群体和/少数群体学生的生活结果。如果高教育成本和弱势群体比例不断上升成为一个国家政治话语中两个永恒的话题,全纳教育可能就是答案。

结　论

从本文的讨论和提出的证据可以清楚地看出两件事。首先,除非有所改变,否则澳大利亚将面临日益不平等和种族隔离的风险。其次,全纳教育是一种构想,可以在某种程度上推动国家朝着社会更公正公平的方向前进。虽然全纳教育有其合理性,但仍面临许多挑战。澳大利亚目前的改革议程是,将全纳教育与其他基于新自由主义原则的现行政策相对立,而不是并列。这种试图通过一套狭窄的课程来提高实证上可测量的结果的愿望,忽视了那些时代思潮失败者的价值观和感受,以及这种失败对个人和整个社会的长期影响。一百多年前,杜威(Dewey 1916)描述了发展一个强大社会的最好方法,就是在由许多具有不同背景和不同兴趣、彼此间充分而自由地互动的个人组成的社会群体中教育学生。正是为了这一点,全纳教育的倡导者将继续努力。

(王冰如 译)

参考文献

ABS [Australian Bureau of Statistics] (2020). *Schools Australia 2019*. Canberra: ABS.

ACARA [Australian Curriculum and Reporting Authority] (2020). *Student diversity*. Sydney: ACARA.

ACOSS & UNSW [Australian Council of Social Service & University of New South Wales] (2018). *Inequality in Australia 2018*. Sydney: ACOSS.

ACOSS & UNSW (2020). *Poverty in Australia 2020: Part 1 Overview*. Sydney: ACOSS.

AIHW [Australian Institute of Health and Welfare] (2020). *Children's headline indicators*. Canberra: AIHW.

Ainscow, M. (2010). Achieving excellence and equity: Reflections on the development of practices in one local district over 10 years. *School Effectiveness and School Improvement: An International Journal of Research, Policy and Practice, 21*(1): 75-92.

Ainscow, M. (2020). Promoting inclusion and equity in education: Lessons from international experiences. *Nordic Journal of Studies in Educational Policy: A School for All, 6*(1), 7-16.

Algraigray, H., & Boyle, C. (2017). The SEN label and its effect on special education. *Educational and Child Psychology, 34*(4), 9-19.

Allan, J., Smyth, G., I'Anson, J., & Mott, J. (2009). Understanding disability with children's social capital. *Journal of Research in Special Educational Needs, 9*(2), 115-121.

Anderson, J., & Boyle, C. (2015). Inclusive education in Australia: Rhetoric, reality, and the road ahead. *British Journal of Support for Learning, 30*(1), 4-22.

Anderson, J., & Boyle, C. (2019). Looking in the mirror: Reflecting on 25 years of inclusive education in Australia. *The International Journal of Inclusive Education, 23*(7-8), 796-810.

Anderson, J., & Boyle, C. (2020a). "Good" education in a neoliberal paradigm: Challenges, contradictions, and consternations. In C. Boyle, J. Anderson, A. Page, & S. Mavropoulou (Eds.), *Inclusive education: Global issues and controversies* (pp. 35-57). Leiden: Brill Publishing.

Anderson, J., & Boyle, C. (2020b). Including into what? Reigniting the "good education" debate in an age of diversity. In C. Boyle, J. Anderson, A. Page, & S. Mavropoulou (Eds.), *Inclusive education: Global issues and controversies* (pp. 15-34). Leiden: Brill.

Anderson, J., Boyle, C., Page, A., & Mavropoulou, S. (2020). Inclusive education: An enigma of "wicked proportions". In C. Boyle, J. Anderson, A. Page, & S. Mavropoulou (Eds.),

Inclusive education: Global issues and controversies (pp. 1 – 14). Leiden: Brill.

Apple, M. (2015). Reframing the question of whether education can change society. *Educational Theory, 65*(3), 299 – 315.

Artiles, A. J. (2003). Special education's changing identity: Paradoxes and dilemmas in views of culture and space. *Harvard Educational Review, 73*(2), 164 – 202.

Arishi, A., & Boyle, C. (2017). Inclusive education and the politics of difference: Considering the effectiveness of labelling in special education. *Educational and Child Psychology, 34*(4), 70 – 81.

Armstrong, D. (2017). Wicked problems in special and inclusive education. *Journal of Research in Special Educational Needs, 17*(4), 229 – 236.

Armstrong, D. (2018, April 4). Why suspending or expelling students often does more harm than good. *The Conversation.*

Bills, A., & Howard, N. (2017). Social inclusion education policy in South Australia: What can we learn? *Australian Journal of Education, 61*(1), 54 – 74.

Bonnor, C. (2019). *Separating scholars: How Australia abandons its struggling schools.* Discussion paper. Sydney: Centre for Policy Development.

Bonati, M., Little, C., Evans, D., & Spandagou, I. (2014, November 11). Separate curriculum for students with disability no good for anyone. *The Conversation.* Melbourne: The Conversation Media Group.

Boyle, C. & Anderson, J. (2014, August 18). Disability funding in schools shouldn't be based on state. *The Conversation.*

Boyle, C., & Anderson, J. (2020). Inclusive education and the progressive inclusionists. In U. Sharma & S. Salend (Eds.), *The Oxford research encyclopedia of education.* Oxford: Oxford University Press.

Boyle, C., Anderson, J., & Allen, K. A. (2020a). The importance of teacher attitudes to inclusive education. In C. Boyle, J. Anderson, A. Page, & S. Mavropoulou (Eds.), *Inclusive education: Global issues and controversies* (pp. 127 – 146). Leiden: Brill.

Boyle, C., Anderson, J., Page, A., & Mavropoulou, S. (2020b). The perpetual dilemma of inclusive education. In C. Boyle, J. Anderson, A. Page, & S. Mavropoulou (Eds.), *Inclusive education: Global issues and controversies* (pp. 253 – 257). Leiden: Brill.

Boyle, C., Koutsouris, G., Salla Mateu, A., & Anderson, J. (2020c). The matter of "evidence" in the inclusive education debate. In U. Sharma & S. Salend (Eds.), *The oxford research encyclopedia ofeducation.* Oxford: Oxford University Press.

Boyle, C., Scriven, B., Durning, S., & Downes, C. (2011). Facilitating the learning of all students: The "professional positive" of inclusive practice in Australian primary schools. *Support for Learning, 26*(2), 72 – 78.

Boyle, C., Topping, K., & Jindal-Snape, D. (2013). Teachers' attitudes towards inclusion in high schools. *Teachers and Teaching: Theory and Practice, 19*(5), 527 – 542.

Boyle, C., Topping, K., Jindal-Snape, D., & Norwich, B. (2012). The importance of peer-support for teaching staff when including children with special educational needs. *School Psychology International, 33*(2), 167 – 184. Cairns, R. (2018, June 6). Western civilization? History teaching has moved on, and so should those who champion it. *The Conversation.* Melbourne: The Conversation Media Group. Costello, S., & Boyle, C. (2013). Pre-service secondary teachers' attitudes towards inclusive education. *Australian Journal of Teacher Education, 38*(4), 129 – 143.

De Bruin, K. (2020). Does inclusion work? In L. Graham (Ed.), *Inclusive education for the 21st century: Theory, policy and practice* (pp. 55 – 78). London: Routledge.

Dempsey, I., & Davies, M. (2013). National test performance of young Australian children with additional education needs. *Australian Journal of Education*, 57(1), 5 – 18.

Department of Education and Training (2011). *Government response to the Australian government review of funding for schooling*. Canberra: Australian Government.

Dewey, J. (1916). *Democracy and education: An introduction to the philosophy of education*. New York, NY: Macmillan.

Dinham, S. (2008). Diversity in Australian education. *Teaching and learning and leadership*.

Dixon, R., & Verenikina, I. (2007). Towards inclusive schools: An examination of socio-cultural theory and inclusive practices and policy in New South Wales DET schools. *Learning and socio-cultural theory: Exploring modern Vygotskian perspectives international workshop 2007*, 1(1).

Education Council (2019). *The Alice Springs (Mparntwe) education declaration*. Canberra: Department of Education, Skills and Employment, Australian Government.

European Agency (2016). *European Agency statistics on inclusive education*.

Foley, G. & Muldoon, E. (2014, August 14). Pyning for Indigenous rights in the Australian curriculum. *The Conversation*. Melbourne: The Conversation Media Group.

Freire, P. (2005). *Pedagogy of the oppressed* (30th ed.). New York, NY: The continuum.

Gamble, N., Boyle, C., & Morris, Z. (2015). Ethical practice in telepsychology. *Australian Psychologist*, 50(4), 249 – 312.

Gonski, D., Arcus, T., Boston, K., Gould, V., Johnson, W., O'Brien, L., Perry, L., & Roberts, M. (2018). *Through growth to achievement: Report of the review to achieve educational excellence in Australian schools*. Canberra: Commonwealth of Australia.

Graham, L. (Ed.) (2020). *Inclusive education for the 21st century: Theory, policy and practice*. Sydney: Allen & Unwin.

Hardcastle, K., Bellis, M. A., Ford, K., Hughes, K., Garner, J., & Ramos Rodriguez, G. (2018). Measuring the relationships between adverse childhood experiences and educational and employment success in England and Wales: Findings from a retrospective study. *Public Health*, 165, 106 – 116.

Hardy, I., & Boyle, C. (2011). My school? Critiquing the abstraction and quantification of education. *Asia-Pacific Journal of Teacher Education*, 39(3), 211 – 222.

Henry, K., Knight, L., & Thornberry, K. (2012). School disengagement as a predictor of dropout, delinquency, and problem substance use during adolescence and early adulthood. *Journal of Youth and Adolescence*, 41(2), 156 – 166.

Hoff, K., & Pandey, P. (2004). *Belief systems and durable inequalities: An experimental investigation of Indian caste*. Washington, DC: World Bank.

Hutchings, M. (2017). Accountability measures: The factory farm version of education. *The Psychology of Education Review*, 41(1), 3 – 15.

Hoskin, J., Boyle, C., & Anderson, J. (2015). Inclusive education in pre-schools: Predictors of pre-service teacher attitudes in Australia. *Teachers and Teaching: Theory and Practice*, 21(8), 974 – 989.

HRW [Human Rights Watch] (2018). *I needed help, instead I was punished: Abuse and neglect of prisoners with disabilities in Australia*.

Humphrey, N., & Lewis, S. (2008). "Make me normal": The views and experiences of pupils on the autistic spectrum in mainstream secondary schools. *Autism*, 12(1), 23 – 46.

Jagose, A., L. Wallace, & Rawlings, V. (2019, February 15). Pages and prejudice: How queer texts couldfight homophobia in Australian schools. *The Conversation*. Melbourne: The Conversation Media Group.

Jensen, B. (2013). *The myth of markets in school education*. Melbourne: Grattan Institute.

Kaufman, J. M., Anastasiou, D., Badar, J., & Hallenbeck, B. A. (2020). Becoming your own worst enemy: Converging paths. In C. Boyle, J. Anderson, A. Page, & S. Mavropoulou (Eds.), *Inclusive education: Global issues & controversies* (pp. 73 – 88). Leiden: Brill.

Kvalsund, R., & Bele, I. V. (2010). Students with special educational needs: Social inclusion or marginalization? Factors of risk and resilience in the transition between school and early adult life. *Scandinavian Journal of Educational Research*, 54(1), 15 – 35.

Lauchlan, F., & Boyle, C. (2020). Labelling and special education. In U. Sharma & S. Salend (Eds.), *The Oxford encyclopedia of inclusive and special education*. Oxford: Oxford University Press.

Loreman, T., Deppeler, J., & Harvey, D. (2010). *Inclusive education: A practical guide to supporting diversity in the classroom* (2nd ed.). London: Routledge.

Loreman, T., Deppeler, J., & Harvey, D. (2011). *IE: Supporting diversity in the classroom*. Crows Nest, Australia: Allen and Unwin.

Mac Ruairc, G. (2013). Including who? Deconstructing the discourse. In G. Mac Ruairc, E. Ottenson, & R. Precey (Eds.), *Leadership for inclusive education* (pp. 9 – 18). Rotterdam: Sense Publishers.

Markusson, E. (2004). Special education: Does it help? A study of special education in Norwegian upper secondary schools. *European Journal of Special Needs Education*, 19(1), 33 – 48.

Mayes, E. & Howell, A. (2018). The (hidden) injuries of NAPLAN: Two standardised test events and the making of 'at risk' student subjects. *International Journal of Inclusive Education*, 22 (10), 1108 – 1123.

Mays, D., Jindal-Snape, D., & Boyle, C. (2020). Transitions of children with additional support needs across stages. In C. Boyle, J. Anderson, A. Page, & S. Mavropoulou (Eds.), *Inclusive education: Global issues and controversies* (pp. 163 – 178). Leiden: Brill.

McMillan, J. M., Carson, K. L., Walker, P. M., Noble, A. G., & Bissaker, K. A. (2018). Implementing the Australian curriculum for students with disabilities in specialist settings: Teachers' professional learning experiences and preferences. *Australasian Journal of Special and Inclusive Education*, 42(2), 127 – 142.

Mitchell, D. (2020). *What really works in special and inclusive education: Using evidence-based teaching strategies* (3rd ed.). London: Routledge.

Mulcahy, D. (2008). *The educated person*. Baltimore, MD: Rowman & Littlefeld.

National Indigenous Australians Agency (2020). *Closing the gap report*. Canberra: Department of the Prime Minister and Cabinet, Australian Government.

Norwich, B., & Black, A. (2015). The placement of secondary school students with statements of specialeducational needs in the more diversifed system of English secondary schooling. *British Journal of Special Education*, 42(2), 128 – 151.

Odom, S. L., Hanson, M. J., Lieber, J., Marquart, J., Sandall, S., Wolery, R., et al. (2001). The costs of preschool inclusion. *Topics in Early Childhood Special Education*, 21 (1), 46 – 55.

OECD (2010). *The high cost of low educational performance: The long-run economic impact of improving PISA outcomes*. Paris: OECD.

OECD (2015). *Universal skills: What countries stand to gain*. Paris: OECD.

OECD (2018). *Equity in education: Breaking down barriers to social mobility*. Paris: OECD.

Page, A. , Boyle, C. , McKay, K. , & Mavropoulou, S. (2019). Teacher perceptions of inclusive education in the Cook Islands. *Asia-Pacific Journal of Teacher Education.* , 47(1), 81-94.

Plato (2007). *The republic* (D. Lee, Trans.). London: Penguin Classics.

Productivity Commission, Australian Government (2018). *Rising inequality? A stocktake of the evidence*. Sydney: Productivity Commission, Australian Government.

Richler, D. (2012). Systemic barriers to inclusion. In C. Boyle & K. Topping (Eds.), *What works in inclusion* (pp. 176-187). Berkshire: Open University Press.

Riddle, S. (2017, March 13). Parents shouldn't rely on my school data when choosing a school for their child: *The Conversation*. Melbourne: The Conversation Media Group.

Rowe, E. , & Lubienski, C. (2017). Shopping for schools or shopping for peers: Public schools and catchment area segregation. *Journal of Education Policy,* 32(3): 340-356.

Ruijs, N. (2017). The impact of special needs students on classmate performance. *Economics of Education Review,* 58, 15-31.

Schwab, S. (2017). The impact of contact on students' attitudes towards peers with disabilities. *Research in Developmental Disabilities,* 62(1), 160-165.

Schwab, S. , Sharma, U. , & Loreman, T. (2018). Are we included? Secondary students' perception of inclusion climate in their schools. *Teaching and Teacher Education,* 75(1), 31-39.

Slee, R. (2011). *The irregular school*. London: Routledge.

Slee, R. (2018). *Inclusive education isn't dead, it just smells funny*. London: Routledge.

Smith Family (2016). *Improving the educational outcomes of disadvantaged young Australians*. Smith Family.

Snow, P. , & Powell, M. (2012). *Youth (in)justice: Oral language competence in early life and risk for engagement in antisocial behaviour in adolescence*. Canberra: Australian Institute of Criminology.

Statham, A. (2014, January 14). Secular: An aspiration or a dirty word in Australian education? *The Conversation*. Melbourne: The Conversation Media Group.

Stevens, L. , & Wurf, G. (2020). Perceptions of inclusive education: A mixed methods investigation of parental attitudes in three Australian primary schools. *International Journal of Inclusive Education,* 24(4), 351-365.

Synergies Economic Consulting (2011). *Economic costs of autism spectrum disorder in Australia*.

Szumski, G. , Smogorzewska, J. , & Karwowski, M. (2017). Academic achievement of students without special educational needs in inclusive classrooms: A meta-analysis. *Educational Research Review,* 21, 33-54.

Thomson, P. , Lingard, B. , & Wrigley, T. (2012). Reimagining school change: The necessity and reasons for hope. In T. Wrigley, P. Thomson, & B. Lingard (Eds.), *Changing schools: Alternative ways to make a world of difference* (pp. 1-14). London: Routledge.

Topping, K. (2012). Conceptions of inclusion: Widening ideas. In C. Boyle & K. Topping (Eds.), *What works in inclusion?* (pp. 9-19). Berkshire: Open University Press.

Varcoe, L. , & Boyle, C. (2014). Primary pre-service teachers' attitudes towards inclusive education. *Educational Psychology,* 34(3), 323-337.

Webster, R. , & Blatchford, P. (2019). Making sense of "teaching", "support" and "differentiation": The educational experiences of pupils with education, health and care plans and statements in mainstream secondary schools. *European Journal of Special Needs Education,* 34(1), 98-113.

Wilkinson, R. , & Pickett, K. (2010). *The spirit level: Why equality is better for everyone*. Toronto, Ontario: Penguin.

【作者简介】
克里斯多夫·博伊
埃克塞特大学教育研究生院教育心理学与全纳教育副教授。他是英国心理学会会员，从事教育和心理学已有20余年。他是一位国际公认和备受尊敬的学者，撰写了130多份关于全纳教育和心理学的出版物。

通信地址：Graduate School of Education, University of Exeter, Exeter EX1 4LU, UK
电子信箱：c. boyle2@exter. ac. uk

乔安娜·安德森
澳大利亚新英格兰大学教育学院全纳教育与行为支持讲师。乔安娜在全纳教育与学校领导，以及全纳教育的伦理与道德等领域进行了广泛的研究，并多有专文出版。乔安娜是太平洋地区学者团队中的一员，支持全纳教育政策与实践的制定和实施。此前，乔安娜在澳大利亚和新西兰担任中小学教师和学校领导超过20年。

通信地址：School of Education, University of New England, Armidale, NSW 2350, Australia
电子邮箱：jander62@une. edu. au

> 趋势/案例

全纳教育：南非的发展与挑战

佩特拉·英吉尔布瑞奇

在线出版时间：2020 年 8 月 24 日
©联合国教科文组织国际教育局 2020 年

摘　要　在南非实施全纳教育，必须结合该国自 1994 年以来更广泛的政治、社会和文化的发展境脉，特别是根据宪法价值观和理想，对教育进行系统的、渐进式的变革。因此，向全纳教育迈进的主要理由来自教育和社会方面。本文采用三步线性方法，系统回顾了与南非全纳教育政策实施相关的同行评议研究和研究报告，以确定南非实施全纳教育过程中遇到的挑战和取得的成功。研究结果表明，尽管南非教师原则上支持全纳教育在社会方面的合理性，但缺乏足够的人力、技术和基础设施资源来推进全纳教育的实施，这是导致某些学校社区对南非教育与经济的有效性产生负面看法的一个主要因素。尽管存在这些挑战，但也取得了令人鼓舞的积极进展，包括：国家层面对全纳教育议程的持续支持，全纳教师教育的逐步转型，以及因地制宜的成功的全纳教育方法。因此，重要的是要承认，在南非实施全纳教育，是一个不断演变的过程，需要结合具体情况，并回应学校独特环境中的社会与经济现实。

关键词　全纳教育　南非　人权　社会正义

1994 年的《萨拉曼卡宣言》加快了国际社会迈向全纳教育的步伐。全纳教育从关注残疾学生开始，不断扩大到来自所有背景的学生。全纳教育强调，每个儿童，不论其背景、能力、性格和学习需要，都必须有机会就读主流学校/普通学校，并充分参与所有活动（UNESCO 2018）。联合国儿童基金会、联合国教科文组织和联合国对全纳教育的定义强调，所有学生都享有受教育权，这表明，全纳教育具有很高的价值驱动性（Haug 2017）。鉴于全纳教育广泛的公平议程，以及 1994 年南非民主社会的建立，全纳教育必然在南非教育转型中发挥着重要作用（Engelbrecht 2006）。全纳教育的重点是促进教育公平，扩大教育机会，这符合南非人民的强烈期望，即转型后的教育体系将发挥根本性作用，改变种族隔离时期遗留下来的歧视性社会与经济结构，促进民主社会的建立（Andrews, Walton and Osman 2019; Badat and Sayed 2014; Donohue and Bornman 2014; Engelbrecht, Nel, Smit and Van Deventer

---

原文语言：英文

2016；Spreen and Vally 2006；UNESCO 1994）。因此，自1994年以来，在南非复杂的背景下，特别是从教育和社会的角度看，向全纳教育迈进是合理的。在南非实施全纳教育所面临的挑战和取得的成功中，这些支持全纳教育的理由是密不可分的，并是互相动态影响的。

本文中，笔者借鉴了过去20年自己对全纳教育的反思，以及其他学者关于南非全纳教育政策制定与实施方面的研究。首先，笔者对全纳教育进行了历史概述，包括全纳教育在南非民主社会中的作用，它在教育、社会和经济方面的合理性，以及相应的，人们对全纳教育成功实施的期望。然后，以研究为基础，笔者阐述了全纳教育政策实施中的挑战与机遇，包括教师的作用。在对本研究的分析及未来方向的分析中，笔者认为，要更广泛地认可在本土境脉下全纳教育的成功，尽管在实施过程中存在复杂的挑战。

研究方法

本文主要使用三步线性方法进行系统阐述，背景是当前有关全纳教育的国际辩论，即全纳教育作为全纳学校社区的一种策略，可消除排斥，并促进教育成为一项基本人权（Ryan 2010；Seedat 2018）。首先，我通过在线数据库（e.g., EBSCOhost；Google and ERIC），查找了国际组织（包括联合国相关机构）的报告、同行评审的期刊出版物，以及相关研究报告，综述了当前的相关国际文献。描述性关键词和术语包括："全纳教育""全纳教育的合理性""教育排斥""教育公平""残疾与教育""全纳学校社区"以及"全纳教育的定义"。第二步，在进行全面的文献研究后，进行了一次细致的研究，特别关注1994年后全纳教育政策对南非教育发展的影响。

在第三步中，本文回顾了关于南非全纳教育政策制定的同行评议研究报告，以明确挑战和成功之处。选择这些研究和报告的标准，包括相关的研究领域、适当的研究设计、合理的研究方法，以及相关的研究结果——所有这些都得到了所收集的数据的充分证实（Brantlinger, Jimenez, Klingner, Pugach and Richardson 2005；Engelbrecht and Ekins 2017）。最后，从文化与历史的视角，本文对成功实施的证据进行了梳理，特别提到了历史与文化在该国实施全纳教育的中介力量（Engelbrecht and Savolainen 2018；Engelbrecht, Savolainen, Nel and Malinen 2013；Kozleski, Artiles and Waitoller 2011）。

南非全纳教育发展的历史回顾

显然，全纳教育已经演变为一个人权和社会问题。国际上认为，本质上，全纳教育关乎受教育机会和充分参与教育，尊重所有学生的人权——并挑战全球各地针对被视为"不同的"学生的排斥政策和做法（Engelbrecht and Muthukrishna 2019；Singal and Muthukrishna 2014；UNESCO 2018；Walton 2011）。南非前政府管理下的教育，不仅按种族划分，还根据残疾与否，对学生进行划分，并建立了资源充足的特殊教育系统，专门为白人残疾学生开设了单独的特殊学校（Walton and Rusznyak 2014）。因此，1994年后的教育目标的制定，与上述遗留问题相关。1996年颁布的《南非宪法》（南非共和国1996a）强调，教育是所有公民的基本权利，政府致力于在教育中恢复所有边缘化群体的人权（Badat and Sayed 2014）。重要的教育政策文件，如《南非学校法》（南非共和国1996b），都强调宪法所确立的人权原则（Engelbrecht 2006）。

1996年，政府委托全国教育支持服务委员会和全国特殊教育与培训委员会，共同调查学习困难学生（包括残疾学生）的教育和支持情况（教育部1997）。调查报告的结果和建议为教育转型与变革指明了重要方向，倡导从差异的医疗缺陷模式（"特殊需要"，重点是残疾），转向多样化教育需要的社会模式，从而更好地回应南非背景下的多样化教育需求（Muthukrishna 2001）。报告中的建议促成了2001年发布的政策框架，即《教育白皮书6——特殊需要教育：建立全纳教育与培训系统》（教育部2001）。

为了解决种族隔离时代遗留的教育不平等问题，《教育白皮书6》提出，整个教育系统需逐步转变为全纳教育与培训系统，以便所有学生都能接受教育，无论他们可能需要什么样的个人支持。基于生态系统理论框架，白皮书从宏观、中观和微观系统层面关注学习障碍问题并提出相关建议，目的是发展一个全纳教育系统（Swart and Pettipher 2016）。从社会、教育与经济方面，调查报告（教育部1997）和《教育白皮书6》就全纳教育发展提出了有说服力的观点。在怀尔德曼和诺多姆（2007，p.29）看来，它们"提出了一种元理论话语，体现了后种族隔离政权的反歧视实践和理念"。

因此，与种族隔离相关的教育政策和思想，转向了与人权和尊严原则相关的全纳教育体系，并重视不受歧视地接受优质教育的平等权利（Andrews 2020；Stofle, Green and Soudien 2018）。《教育白皮书6》特别提到全纳教育的经济合理性，并指出，针对残疾学生沿袭下来的体制（1994年只有约20%的残疾学生被安置在特殊教育环境中）既不合理又成本效益低下。为具有不同教育需要——包括学习环境障碍和系统性学习障碍——的学生提供的教育，将其扩大到一个更公平的主流教育体系中，可能更有效益，并可以扩大教育机会，让那些以前被边缘化的学生接受教育（教育部2001）。

为确保全纳教育的逐步实施，在系统层面制定的战略包括：着力培养训练有素的教师，并以此作为主要资源，在主流课堂中，以有意义的方式，满足学生的多样性需要；确保学校拥有可用的物质与材料；以及建立以学校为基础和以地区为基础的支持团队(教育部 2001)。有人建议,为具有不同教育支持需要的学生提供连续的支持,然而,尽管在政策中,已明确表明关于多样化学习需要的社会建构性质的立场,但这种支持更多的是基于缺陷的支持方法(Engelbrecht 2018)。如学生需要非强化的支持,他们将在主流学校获得支持;如学生需要适度的支持,他们将被安置在尚待开发的全方位服务学校;如学生需要高级别的支持,他们将被安置在特殊学校。提供全方位服务的学校被界定为主流学校,未来,主流学校将配备必要的基础设施、学习材料和人力资源,以满足各种不同的学习需要(教育部 2001)。《教育白皮书 6》发布之后,颁布了一些具体的实施指南(如,教育部 2005a,2005b,2008;基础教育部 2010,2011)。

在南非学校中实施全纳教育:研究的视角

背景

SCOPUS 数据库将南非列为全纳教育研究成果最多的十个国家之一,这一事实充分说明研究者(主要来自南非)对实施全纳教育的重视。就本文的目的而言,大多数研究都可置于全纳教育实施的背景下,主要集中在两大主题:(1)根据《教育白皮书 6》的指令,实施全纳教育;(2)全纳学校社区的发展,重点是教师的作用(Andrews 2020;Seedat 2018)。

直到最近,研究中还存在一种明显的趋势:关注在实施《教育白皮书 6》指令中的制约因素的证据,尤其是教师的负面经历,以及他们缺乏在主流课堂中支持多样化学习需要的知识(Andrews 2020;Donohue and Bornman 2014;Elof, Swart and Engelbrecht 2002;Geldenhuys and Wevers 2013;Materechera 2020;Swart and Pettipher 2016)。此外,早期的研究强调了定义全纳教育的困难,研究者使用了大量理想主义的内涵,这些内涵主要借鉴了在全球北方国家进行的开创性研究成果,从而在独特而复杂的南非背景下将全纳教育构建为一个具有挑战性的概念(e.g., Singal and Muthukrishna 2014;Walton 2016)。正如沃尔顿(2016, pp.91,95)指出的,"如果将全纳教育视为问题,我们可能会忽视普遍的、地方特有的教育排斥问题","我们可能忽视,是经济的、社会的、政治权力的结构,首先导致了南非的排斥"。

然而,更多最近的出版物表明,人们越来越意识到,全纳教育的合理性(社会的、教育的和经济的原因)与南非复杂的社会经济传统和文化—历史因素之间相互作用,这些因素反映了持续不平等的压倒性历史遗留(Engelbrecht 2018;2019;Muthukrishna and Engelbrecht 2018;Phasha, Mahlo and Dei 2017;Walton 2016, 2018)。新的研究主题包括:呼吁人们承认文化塑造的价值观与信仰在全纳学校发展中的重要性,以及与殖民化和种族隔离等历史遗留之间的相互作用(Muthukrishna and Engelbrecht 2018;Phasha et al. 2017;Walton 2018)。关于具体的研究理论框架,必须注意的是,研究中对布朗芬布伦纳(生物)生态系统理论框架的强烈依赖也受到了批评,因为该框架并不总是允许学者关注当地背景下的权力、文化、身份和公平等关键问题(e.g., Phasha et al. 2017)。对(生物)生态系统框架的依赖,以及传统上最初对高收入国家制定的定义和实施战略的依赖,逐渐让位于更受关注的更广泛的文化—历史方法以及复杂性理论视角,其目的在于,更好地描述和解释教育中的文化—历史变化过程,并以此方式影响实施战略(Andrews 2020; Engelbrecht et al. 2013; Muthukrishna and Engelbrecht 2018)。

在以下各节中,特别是在 2001 年之后的研究中,笔者指出了实施全纳教育面对的挑战。笔者还分析了最近的报告,这些报告显示,人们越来越重视文化—历史方法,用以确定当地社区具备哪些优势和能力,以创新的方式发展公平的全纳教育。

实施全纳教育的挑战

尽管南非的教育在数量上取得了很好的进展,特别是扩大了所有学生的小学入学机会(基础教育部 2015; Wolhuter 2014),但政策指导方针的有效实施仍值得怀疑,即便南非建立了一个获得教育和充分参与教育的权利框架,并因此提高了总体上接受教育的学生人数。正如斯普林和瓦利(2006, p.353)所指出的,教育权应超越"获得教育的权利",延伸到"教育中的权利",包括在参与课堂学习活动的有效性和支持性机会方面的教育质量。以下挑战在这方面发挥了重要作用。

正如《教育白皮书 6》所述,政策文件和实施指南存在缺陷,包括对战略目标与实践方法的概念和理解不一致,这妨碍了每个学生所受教育的质量和相关性。因此,研究表明,体现公平与社会正义的国家教育改革议程与学校社区的实际之间存在持续的矛盾(Andrews et al. 2019; Engelbrecht et al. 2013; Schäfer and Wilmot 2012; Spreen and Vally 2006)。政策和实施指南中的这些缺陷造成了一些意想不到的结果,包括政策实施的不一致,且往往相互矛盾,在某些情况下,继续依赖 1994 年之前制定的传统的、基于缺失的线性因果实施策略(Geldenhuys and Wevers 2013; Muthukrishna and Engelbrecht 2018; Ngcobo and Muthukrishna 2011; Walton 2018)。

例如,在所建议的支持中,由于对医疗缺陷模式的强烈依赖,已导致对政策文件中所定义的全纳教育的广义理解,既有矛盾又模糊不清。研究表明,许多小学,包括提供全方位服务的学校,仍然更倾向于将有学习困难的学生,安排在单独的"特殊教育"班级,而不是主流班级(Andrews et al. 2019; Donohue and Bornman 2014; Engelbrecht et al. 2016)。学校这样做,仍然是在接受一种狭隘的、简单化的、医疗化的全纳教育观点,这种观点侧重于残疾与否,从而强化了一些学校社区的观念,即全纳教育是特殊教育的别称,全纳教育只是重新安排教育系统,而不是改变教育系统(Engelbrecht 2019; Walton 2016; Walton and McKenzie 2020)。基于上述研究结果,基础教育部在 2015 年指出,在概念和实践方面,各级教育系统所面临的挑战,继续阻碍着全纳教育系统取得真正的进展,这一点并不令人惊讶(基础教育部 2015)。

此外,决策者低估了在中低收入国家实施全纳教育的短期和长期的社会经济现实,政策建议确保人人都享有公平且优质的教育,但在执行层面将很大程度受到预算的限制(基础教育部 2015;Engelbrecht 2018;Ngcobo and Muthukrishna 2011;Spreen and Valley 2006;Swart and Oswald 2008;Wildeman and Nomdo 2007;Wolhuter 2014)。正如安德鲁斯、沃尔顿和奥斯曼(2019)最近所指出的,在《教育白皮书 6》发布近 20 年后的今天,由于资金紧张,开发有效的全纳学校社区所需的资源仍受到影响。尤其是在农村地区,缺乏足够的人力、技术和基础设施资源,去促进更具包容性的课程和学习支持结构。这表明政策文件的理想与学校内部的现实之间存在明显差距,在一些学校内部,产生了对实施全纳教育的教育与经济可行性的负面看法(Andrews et al. 2019;Engelbrecht et al. 2016;Geldenhuys and Wevers 2013;Oswald 2014)。

在南非实施全纳教育的相关文献中,最突出的是强调教师的作用,在全纳学校发展中,他们是具有影响力的角色扮演者和变革推动者(e.g., Geldenhuys and Wevers 2013;Makoelle 2012;Oswald 2014;Savolainen, Engelbrecht, Nel and Malinen 2012;Swart and Oswald 2008)。研究者强调,对教育政策进行调整和重组,以响应国家和国际对全纳教育的迫切需求,有助于教师在更广泛的社会与教育环境下工作,但是教师的个人态度和理解决定了在课堂上实施全纳教育的方式(Engelbrecht, Nel, Nel and Tlale 2015;Oswald 2014;Swart and Oswald 2008;Walton 2011)。

2001 年之后的初步研究,往往更狭隘地关注教师对残疾和全纳教育实施的态度,人们呼吁制定更有效的职前教师教育课程来支持教师,但有时并没有考虑到复杂的文化—历史因素(Andrews 2020;Elof et al. 2002;Swart and Oswald 2008)。为了建立一个多维知识库,以阐明在独特的文化—历史背景下,教师的态度和自我效能感是如何影响他们实施全纳教育的,在芬兰和南非,研究者开展了一项为期五年的混合比较方法项目研究,重点研究教师在全纳教育中的作用。研究结果表明,尽管南非教师原则上支持全纳教育在社会方面的合理性,但他们对自己在实施全纳教育中的自我效能感却深表怀疑,从而对全纳教育在教育方面的合理性产生了怀疑(e.g., Engelbrecht et al. 2013;Engelbrecht et al. 2015;Engelbrecht and Savolainen 2018;Engelbrecht, Savolainen, Nel, Koskela and Okkolin 2017;Makoelle 2012;Nel, Engelbrecht, Nel and Tlale 2014;Savolainen et al. 2012)。在南非个别学校中发现的相互关联的文化—历史挑战包括:更广泛的学校社区对残疾学生的消极态度、围绕多样性问题所产生的困难、无效且专制的学校领导对教师能动性的限制，缺乏校内支持以及缺乏有效的职前全纳教师教育等（Engelbrecht et al. 2015）。

在其他关于在多样化学校环境中实施全纳教育的研究中，研究者也越来越强调特定环境中的研究结果。研究表明，在各自独特的环境中，各学校系统很难界定多样性（Andrews 2020; Moletsana, Hemson and Muthukrishna 2004; Oswald 2014）。例如，安德鲁斯指出（2020），在他研究的四所小学案例中，虽然大多数教师有全纳教学的动机和决心，但受到学校领导强加的教学方法的限制，其基础是更广泛的学校社区内具有挑战性的社会—经济复杂性和对有意义的继续教育机会的需求。马特里切拉（2020）证实了这些观点，她表示，教师仍因于其人权价值观与学校复杂现实之间的两难境地。显然，这些现实情况影响着教师以何种方式去尊重和应对学习需要的多样性，这可能会增加他们的担忧，即他们无法将自己对宪法理想的普遍信念与为每个学生提供优质教育的实践结合起来。

关于全纳教师教育性质的研究结果表明，基于教师对教师培训方式的负面看法，职前教师教育课程无法满足南非对新教师从事全纳教学的更多要求（南非共和国 2015; Walton and Rusznyak 2014, 2017）。在职前教师教育专业的整体课程中，通常会增设关于多样化教育需要和学生支持的独立课程，但这些课程的内容很少与主流课堂教学中教师的广泛教学实践相结合，从而拓宽全纳教育的范围（Engelbrecht and Ekins 2017; Walton and Rusznyak 2017）。此外，对残疾的持续关注，以及缺乏有关全纳参与、多样性和公平等方面的理论与实践指导，也是这些课程效果不佳的原因之一（Engelbrecht and Ekins 2017; Kamanga 2013; Walton and Rusznyak 2017）。

实施全纳教育的积极进展

在国家政策层面，需要指出的是，在最近关于全纳教育的进展报告中，政府重申，为落实联合国《2030 年可持续发展议程》，政府将努力实现《教育白皮书6》的愿景（UNESCO 2018; 联合国 2015）。2015 年的进展报告，不仅指出了全纳教育面临的挑战（如上一节所述），还指出了国家在全纳教育所取得的积极进展（基础教育部 2015）。这些积极进展包括：在主流学校中，被确认为有不同教育需求的学生人数，从 2002 年的 77,000 人，增加到 2015 年的 121,461 人；提供全方位服务的学校数量，从 2002 年的 30 所，增加到 2015 年的 715 所（基础教育部 2015）；职前教师教育课程的开发，可获得外部资金资助。

最近，教师教育更关注全纳教育的改进，更注重主流课堂中文化回应性的全纳教学策略，加强了教学实习，并融入了社会正义框架，使教师能够审视主流价值观、话语、信仰和行动，这些都可能永久性地排斥多样性且对多样性持消极态度。此外，充分的证据表明，尽管面临环境与政策实施方面的挑战，个别学校领导和教师仍继续参与实施策略，并主动响应所在学校社区的全纳教育政策的要求（Andrews 2020；Oswald and Engelbrecht 2013）。

改革教师教育与全纳教育课程的呼吁，不仅强调培养教师在多样化学校环境中的实践能力，而且强调，相关课程要发展教师各种技能，使他们能熟练地处理课堂中的压迫、歧视和多样性状况，从而促进教育机会与教育过程的平等。通过纳入社会正义教育框架，以全纳教育为重点的教师专业发展行动倡议日益得到加强，从而能够反思性地考察那些导致排斥与压迫现象长期存在的主流话语、价值观、信仰和行为（Muthukrishna and Engelbrecht 2018；Reygan and Steyn 2017；Sayed, Motala and Hofman 2017）。

例如，由梅丽莎·斯泰恩开发的批判性与多样性素养（CDL）框架为教师提供机会，使他们能够分析和理解权力、特权与差异之间的交叉性，包括种族、阶级、性别和宗教等方面的差异（Reygan and Steyn 2017）。批判性与多样性素养，也称为"阅读实践"，它为教师提供了一套分析技能，用于反思和解构自己的社会依恋和身份，并"将自己视为社会变革的推动者，以确保学校内有一个安全、关爱、全纳和非歧视性的环境"（Muthukrishna and Engelbrecht 2018, p.8；Walton and McKenzie 2020）。研究者指出，在教师专业发展课程中使用批判性与多样性素养，可以加强校内及教师教育机构内实施全纳教育的教育合理性和社会合理性（Kiguwa 2018；Muthukrishna and Engelbrecht 2018）。

正如恩格科博与穆图克里希纳（2011）、辛格尔与穆图克里希纳（2014）所指出的，在复杂的地方社区（包括学校社区）中，全纳是一种文化—历史产物，它取决于该社区对多样性文化的整体追求。因此，如果不考虑文化—历史背景和特定学校社区内社区成员的生活现实，几乎不可能制定解决方案，来应对实施全纳教育的挑战。最近，人们呼吁南部非洲国家的全纳教育非殖民化（e.g., Mfuthwana and Dreyer 2018；Muthukrishna and Engelbrecht 2018；Phasha et al. 2017；Walton 2018），还强调，通过全纳教育促进本土知识的生产，恢复学生的文化、知识、历史和身份。因此，南非最近的更多研究已经认识到，本土的全纳教育方法很重要，研究越来越侧重于将差异视为是一种优势，形成一种理解，即每个学校立足于自己所在的社区——例如，使用多个案例研究和对研究结果的跨案例分析（e.g., Andrews 2020；Engelbrecht 2019；Phasha et al. 2017）。

因此，令人鼓舞的是，在此背景下，文献中可以找到一些案例，说明个别学校如何克服本地环境的挑战，使管理人员和教师能够积极应对学校的全纳教育的实施（e.g., Andrews 2020；Engelbrecht and Muthukrishna 2019；Muthukrishna and Engelbrecht 2018；Oswald and Engelbrecht 2013）。这些学校的交叉特征包括：在学校管理层面进行有意义的、适应性的领导；教师为实现全纳教育而进行广泛学习，这种学习之所以取得成功，是因为学校的领导活动允许积极和协作地参与变革计划；

了解更广泛的学校社区的背景优势和劣势;在系统各个层面发展合作伙伴关系;以及全纳教育的概念化,这种概念化是可变的,并与其背景相关。

案例研究:成功实施的案例

对一所农村全方位服务学校的案例研究,为我们在独特文化与历史背景下,从社会和教育两个层面实现全纳教育提供了积极证据。2018年,我和我的同事尼蒂·穆图克里希纳(Engelbrecht and Muthukrishna 2019, pp. 89 - 106)对一所位于南非农村的全方位服务小学进行了案例研究。我们将研究置于复杂理论框架内,这为我们提供了探索和解释的新空间,也为我们提供了理解这所学校全纳教育实践、过程和成果的新方法。

2013年,该学校被指定为提供全方位服务的学校。据地区官员称,最初选定该学校从普通/主流学校转变为一所提供全方位服务的学校,是因为学校领导层,包括教师,已经开始将自己视为变革的推动者,尽管他们最初有所保留,但他们愿意以创新的方式,参与落实《教育白皮书6》的建议。这些保留意见包括:教职工最初认为,对他们来说,这是额外的负担;对新政策实施的不确定性,以及对课堂上有学习困难的学生的教育,意味着摆脱传统的、基于缺陷的、线性因果关系的理解,对此教师们最初显然有一些抵触情绪。此外,基于教职工的职前教师教育培训,他们的想法是,这些学生需要专门的专业支持,而教师并不具备支持学生进行有效学习的能力。

作为一所提供全面服务的学校,该校提供适度的支持,并成为周边学校和社区的资源与转介中心。其资源与人员的配备略高于主流学校,在主流教室中可容纳约270名患有中度肢体、智力和听力障碍的学生。学校共有大约1,500名学生,从学前班到7年级,以及41名教职工。学校所处的社区背景面临复杂的社会—经济挑战,这影响了学校教职工确定工作重点和作出决策的方式。

本研究采用定性研究设计,经立意取样,自愿参与,且遵循知情同意程序。数据生成涉及文件分析、深度个人访谈以及与已确定的参与者进行的焦点小组访谈。主要参与者包括校长、校本支持小组成员和学习支持教师,以及少数其他教师。访谈内容以数字方式记录,随后进行誊写,并使用内容分析法进行分析。从数据分析中确定的两个相互关联的主题(在复杂系统中引领变革和变革网络)表明,教职工的专业判断和全纳教育的实践不断受到学校和更广泛的学校社区复杂环境的不断影响。

具体而言,数据表明,领导力通常是学校系统中的适应性与互动性推动力,并且是在情境中进行社会性构建的。从一开始,学校的领导层就接受了《教育白皮书6》中出现的新政策要求所带来的变化。因此,学校教职工主动参与,积极应对多样性,并努力创造一种全纳教育的学校环境。现在,学校有一种欢迎和肯定多样性的精神,并致力于为每个学生提供参与和创造学习活动的机会。

数据还表明,在专业层面,该校促进教职工的持续发展,并且,教职工正在建立自己对全纳教育与排斥问题的情境知识,这些知识受到更广泛的学校社区环境的影响。然而,他们的行动并不总是符合全纳教育的政策原则和国际要求,这表明,全纳教育实践是在独特背景下不断发展的。例如,最初为学习困难学生建立了两个单独的教室,但后来,教职工停用这些教室,原因是,他们经过反思性评估,认为这些教室没有多大益处——不论是从实现全纳教育和优质全民教育目标的角度,还是从他们自身不断发展的专业判断和对差异的态度。

显然,多年来,随着教师们积极主动地参与全纳教育和学生支持活动,教师的态度和专业判断的性质发生了变化。到目前为止,他们似乎已认识到所从事的工作的复杂性。学校能够与社区建立更紧密的联系,并在该地发挥参与式领导作用。例如,学校为该地区其他学校的教师安排和举办工作坊。研究发现,建立这样的网络,对可持续变革与发展至关重要。学校教职工致力于在社区中建立合作伙伴关系,以获得人力和社会资本,从而使他们能够更好地应对挑战,减轻学生及其家庭面临的排斥性压力。

尽管上述新做法令人鼓舞,但必须强调的是,这所学校与南非的大多数学校一样,在教育政策实施方面也面临着挑战,特别是缺乏资金来支持创新举措、大班授课、教室资源不足和教师短缺。此外,尽管学校已付诸努力,以促进教师专业的持续发展,但教师的专业发展仍然不足。因此,问题在于这些举措从长远来看是否可持续,因为在学校教育中,系统性的不平等仍然是学校教育面临的挑战。

总　结

了解全纳教育在南非的实施,必须结合该国自1994年以来更广泛的政治、社会和文化发展的背景,因为对教育进行系统和渐进性变革是政府和公民的重要总目标。因此,如果不从该国的社会、教育和经济等方面考虑全纳教育的合理性,就无法对全纳教育的实施情况进行有意义的讨论。在尊重、促进和实现为每个学生提供公平优质的全纳教育方面,国民政府(与教育系统内的个人合作)所发挥的重要作用,无论怎样强调都不为过。

与早先对实施工作的理想预测不同,决策者和研究者现在都承认,南非的全纳教育是一个不断演变的过程。尤其是在复杂的、本土化的教育环境中,全纳教育并不遵循一条可预测的线性道路,即制定政策、接纳政策和简便易行的实施指南。教师和其他领导者,以及来自地区、省和国家层面的教育工作者和决策者,需要认识到学校教育环境和教育系统是独特的复杂系统。但正如案例研究所示,他们也需要认识到实施全纳教育的发展性。我十分同意辛格尔和穆图克里希纳的说法,即"只有当我们真正开始更深入地了解背景,并努力理解个人和集体的故事时,我们才能为有效的教育改革努力开辟道德和政治空间"(2014, p. 300)。因此,了解和接受南非本土化文化—历史背景下与全纳教育目标相一致的新兴创新变革,对于理解在特定学校社区中,实施全纳教育产生负面影响的多重交叉因素,具有宝贵的价值。

然而,理想的全纳教育政策与现实之间,始终存在差距,特别是一些学校缺乏技术和人力资源,而对于确保可持续的长期实施战略来说,资金仍至关重要。因此,决策者不仅需要更具体地确定实施的目标,还需要在与所有参与者协商后,具体说明实现这些目标所需的资金。学者和决策者既要承认制约全纳教育实施的各种挑战,又要看到在独特背景下,以创新方式推进实施所取得的积极进展,只有这样,在成功地实施全纳教育,以及实现南非对全纳教育议程的持续承诺中,他们才能为相关的思想、政策和实践提供参考信息。

(丰 瑞 译)

参考文献

Andrews, D. (2020). *The affordances and constraints to inclusive teaching in four South African schools: A cultural historical activity theory perspective*. Unpublished doctoral thesis. Johannesburg: University of the Witwatersrand.

Andrews, D., Walton, E., & Osman, R. (2019). Constraints to the implementation of inclusive teaching: A cultural historical activity theory approach. *International Journal of Inclusive Education*.

Badat, S., & Sayed, Y. (2014). Post-1994 South African education: The challenge of social justice. *The Annals of the American Academy of Political and Social Science*, 652(1), 127-148.

Brantlinger, E., Jimenez, R., Klingner, J., Pugach, M., & Richardson, V. (2005). Qualitative studies in special education. *Exceptional Learners*, 71(2), 195-207.

Department of Basic Education (2010). *Guidelines for full-service/inclusive schools*. Pretoria: Department of Basic Education.

Department of Basic Education (2011). *Curriculum differentiation guidelines*. Pretoria: Department of Basic Education.

Department of Basic Education (2015). *Report on the implementation of Education White Paper 6 on inclusive education: An overview for the period: 2013-2015*. Pretoria: Government Printer.

Department of Education (1997). *Quality education for all: Overcoming barriers to learning and development. Report of the National Commission on Special Needs in Education and Training (NCSNET) National Committee on Education Support Services (NCESS)*. Pretoria: Department of Education.

Department of Education (2001). *Education White Paper 6 — Special needs education: Building an inclusive education and training system*. Pretoria: Department of Education.

Department of Education (2005a). *Conceptual and operational guidelines for the implementation of inclusive education: District-based support teams*. Pretoria: Department of Education.

Department of Education (2005b). *Conceptual and operational guidelines for the implementation of inclusive education: Full-service schools*. Pretoria: Department of Education.

Department of Education (2008). *National Strategy on Screening, Identification, Assessment and Support (SIAS)—Operational guidelines*. Pretoria: Department of Education.

Donohue, D., & Bornman, J. (2014). The challenges of realising inclusive education in South Africa. *South African Journal of Education, 34*(2), 1-14.

Eloff, I., Swart, E., & Engelbrecht, P. (2002). Including a learner with physical disabilities: Stressful for teachers? *Koers, 67*(1), 77-100.

Engelbrecht, P. (2006). The implementation of inclusive education in South Africa after ten years of democracy. *European Journal of Psychology of Education, 21*(3), 253-264.

Engelbrecht, P. (2018). Developing inclusive schools in South Africa. *Oxford Research Encyclopedia of Education* (May 2018).

Engelbrecht, P. (2019). Localised versions of inclusive education in southern African countries. In M. Hartmann, M. Hummel, M. Lichtblau, J. Loser, & S. Thoms (Eds.), *Facetten inklusiver Bildung* (pp. 48-55). Bad Heilbrunn: Klinkhardt.

Engelbrecht, P., & Ekins, A. (2017). International perspectives on teacher education for inclusion. In M. T. Hughes & E. Talbott (Eds.), *The Wiley handbook of diversity in special education* (pp. 425-444). Chichester, UK: Wiley.

Engelbrecht, P., & Muthukrishna, N. (2019). Inclusive education as a localised project in complex contexts: A South African case study. *Southern African Review of Education, 25*(1), 107-124.

Engelbrecht, P., Nel, M., Nel, N., & Tlale, D. (2015). Enacting understanding of inclusion in complex contexts: Classroom practices of South African teachers. *South African Journal of Education, 35*(3), 1-9.

Engelbrecht, P., Nel, M., Smit, S., & Van Deventer, M. (2016). The idealism of education policies and the realities in schools: The implementation of inclusive education in South Africa. *International Journal of Inclusive Education, 20*(5), 520-535.

Engelbrecht, P., & Savolainen, H. (2018). A mixed-methods approach to developing an understanding of teachers' attitudes and their enactment of inclusive education. *European Journal of Special Needs Education, 33*(5), 660-676.

Engelbrecht, P., Savolainen, H., Nel, M., Koskela, T., & Okkolin, M.-A. (2017). Making meaning of inclusive education: Classroom practices in Finnish and South African classrooms. *Compare: A Journal of Comparative and International Education, 47*(5), 684-702.

Engelbrecht, P., Savolainen, H., Nel, N., & Malinen, O.-P. (2013). How cultural histories shape South African and Finnish teachers' attitudes towards inclusive education: A comparative analysis. *European Journal of Special Needs Education, 28*(3), 305-318.

Geldenhuys, J. L., & Wevers, N. E. J. (2013). Ecological aspects influencing the implementation of inclusive education in mainstream primary schools in the Eastern Cape, South Africa. *South African Journal of Education, 33*(3), 1-18.

Haug, P. (2017). Understanding inclusive education: Ideals and reality. *Scandinavian Journal of Disability Research, 19*(3), 206-217.

Kamanga, C. (2013). JET's approach to teacher development. In G. Khosa (Ed.), *Systemic school improvement interventions in South Africa: Some practical lessons from development practitioners* (pp. 21-30). Johannesburg: JET Education Services.

Kiguwa, P. (2018). Engaging forced introspection: Teaching social justice in critical diversity literature. In E. Walton & R. Osman (Eds.), *Teacher education for diversity: Conversations from the Global South* (pp. 21–35). Abingdon, UK: Routledge.

Kozleski, E. B., Artiles, A. J., & Waitoller, F. R. (2011). Equity in inclusive education: Historical trajectories and theoretical commitments. In A. J. Artiles, E. B. Kozleski, & F. R. Waitoller (Eds.), *Inclusive education: Examining equity on five continents* (pp. 1–14). Cambridge, MA: Harvard Education Press.

Makoelle, T. (2012). The state of inclusive pedagogy in South Africa: A literature review. *Journal of Sociology and Social Anthropology, 3*(2), 93–102.

Materechera, E. K. (2020). Inclusive education: Why it poses a dilemma to some teachers. *International Journal of Inclusive Education, 24*(7), 771–786.

Mfuthwana, T., & Dreyer, L. M. (2018). Establishing inclusive schools: Teachers' perceptions of inclusive education teams. *South African Journal of Education, 38*(4), 1–10.

Moletsane, R., Hemson, C., & Muthukrishna, A. (2004). Educating South African teachers for the challenge of school integration: Towards a teaching and research agenda. In M. Nkomo, C. MacKinney, & L. Chisholm (Eds.), *Reflections on school integration: Colloquium proceedings* (pp. 61–77). Cape Town: Human Sciences Research Council.

Muthukrishna, N. (2001). Changing roles for schools and communities. In P. Engelbrecht & L. Green (Eds.), *Promoting learner development: Preventing and working with barriers to learning* (pp. 45–58). Pretoria: Van Schaik.

Muthukrishna, N., & Engelbrecht, P. (2018). Decolonising inclusive education in lower income, Southern African educational contexts. *South African Journal of Education, 38*(4), 1–11.

Nel, M., Engelbrecht, P., Nel, N., & Tlale, D. (2014). South African teachers' views of collaboration within an inclusive education system. *International Journal of Inclusive Education, 18*(9), 903–917.

Ngcobo, J., & Muthukrishna, N. (2011). The geographies of inclusion of students with disabilities in an ordinary school. *South African Journal of Education, 31*(3), 357–368.

Oswald, M. (2014). Positioning the individual teacher in school-based learning for inclusion. *Teaching and Teacher Education, 37*, 1–10.

Oswald, M., & Engelbrecht, P. (2013). Leadership in disadvantaged primary schools: Two narratives of contrasting schools. *Educational Management Administration and Leadership, 41*(5), 620–639.

Phasha, N., Mahlo, D., & Dei, G. J. S. (Eds.) (2017). *Inclusive education in African contexts: A critical reader*. Rotterdam: Sense Publishers.

Republic of South Africa (1996a). *Constitution of the Republic of South Africa, 1996*. Pretoria: Government Printer.

Republic of South Africa (1996b). *South African Schools Act 84 of 1996*. Pretoria: Government Printer.

Republic of South Africa (2015). *Revised policy on the minimum requirements for teacher education qualifications. Government Gazette No. 38487*. Pretoria: Government Printer.

Reygan, F., & Steyn, M. (2017). Diversity in basic education in South Africa: Intersectionality and critical diversity literacy (CDL). *Africa Education Review, 14*(2), 68–81.

Ryan, G. (2010). *Guidance notes on planning a systematic review*. Galway: James Hardiman Library, National University of Ireland Galway.

Savolainen, H., Engelbrecht, P., Nel, M., & Malinen, O. P. (2012). Understanding teachers' attitudes and self-efficacy in inclusive education: Implications for pre-service and in-service teacher education. *European Journal of Special Needs Education, 27*(1), 51–68.

Sayed, Y., Motala, S., & Hoffman, N. (2017). Decolonising initial teacher education in South African universities: More than an event. *Journal of Education, 68*, 59–91.

Schäfer, M., & Wilmot, D. (2012). Teacher education in post-apartheid South Africa: Navigating a way through competing state and global imperatives for change. *Prospects, 42*(1), 41–54.

Seedat, N. (2018). *A thematic review of inclusive education research in South Africa* (Unpublished master's dissertation). University of the Witwatersrand, Johannesburg.

Singal, N., & Muthukrishna, N. (2014). Education, childhood and disability in countries of the South — Repositioning the debates. *Childhood, 21*(3), 293–307.

Spreen, C. A., & Vally, S. (2006). Education rights, education policies and inequality in South Africa. *International Journal of Educational Development, 26*(4), 352–362.

Stofile, S. Y., Green, L., & Soudien, C. (2018). Inclusive education in South Africa. In P. Engelbrecht & L. Green (Eds.), *Responding to the challenges of inclusive education in southern Africa* (pp. 75–90). Pretoria: Van Schaik.

Swart, E., & Oswald, M. (2008). How teachers navigate their learning in developing inclusive learning communities. *Education as Change, 12*(2), 91–108.

Swart, E., & Pettipher, R. (2016). A framework for understanding inclusion. In E. Landsberg, D. Krüger, & E. Swart (Eds.), *Addressing barriers to learning: A South African perspective* (3rd ed., pp. 3–28). Pretoria: Van Schaik.

UNESCO (1994). *The Salamanca statement and framework for action on special needs education*. Paris: UNESCO.

UNESCO (2018). *Concept note for the 2020 Global Education Monitoring Report on inclusion*.

United Nations (2015). *Transforming our world: The 2030 Agenda for Sustainable Development*. New York, NY: United Nations.

Walton, E. (2011). Getting inclusion right in South Africa. *Intervention in School and Clinic, 46*(4), 240–245.

Walton, E. (2016). *The language of inclusive education: Exploring speaking, listening, reading and writing*. London: Routledge.

Walton, E. (2018). Decolonising (through) inclusive education? *Educational Research for Social Change, 7*, 31–45.

Walton, E., & McKenzie, J. (2020). The education of children with disabilities in South African online news reports. In J. Johanssen & D. Garrisi (Eds.), *Disability, media and representations: Other bodies*. Abingdon, UK: Routledge.

Walton, E., & Rusznyak, L. (2014). Affordances and limitations of a special school practicum as a means to prepare pre-service teachers for inclusive education. *International Journal of Inclusive Education, 18*(9), 957–974.

Walton, E., & Rusznyak, L. (2017). Choices in the design of inclusive education courses for pre-service teachers: The case of a South African university. *International Journal of Disability, Development and Education*.

Wildeman, R. A., & Nomdo, C. (2007). *Implementation of inclusive education: How far are we? Occasional Paper*. Pretoria: IDASA.

Wolhuter, C. C. (2014). Weaknesses of South African education in the mirror image of international educational development. *South African Journal of Education, 34*(2), 1–25.

【作者简介】
佩特拉·英吉尔布瑞奇
南非西北大学波切夫斯特鲁姆校区教育学院社区教育研究(COMBER)研究员,也是英国坎特伯雷大学教育学荣誉教授。在 2010 年调任坎特伯雷大学之前,她曾担任南非斯坦陵布什大学高级研究主任和西北大学波切夫斯特鲁姆校区教育学院执行院长。她的研究重点是教育公平,特别是多元文化—历史背景下的全纳教育和支持,并在这方面发表了大量论文。她领导或参与了在芬兰、斯洛文尼亚、立陶宛、马拉维、危地马拉、南非、约旦河西岸和加沙等地开展的各种国家间资助研究项目。2014年,她获得了东芬兰大学教育学荣誉博士学位。

通讯地址:Community-Based Educational Research (COMBER), Faculty of Education, North-West University, Private Bag X6001, Potchefstroom 2520, South Africa

电子信箱:petra.engelbrecht50@gmail.com

案例/趋势

假定能力、归属感和全纳的承诺：美国的经验

道格拉斯·比克伦

在线出版时间：2020 年 9 月 22 日
©联合国教科文组织国际教育局 2020

摘　要　本文考察了美国在学校层面的全纳经验，强调了有效的政策、实践和学校改革。具体而言，它揭示了逐个评估一个儿童是否可以接受全纳教育的做法，是如何违背了全面全纳的目标的。尽管存在这种政策限制，但在假定能力、归属感和完全公民身份等原则的指导下，以及在变革运动中成长起来的学生的经验的影响下，全纳教育正向前发展。

关键词　全纳　假定能力　自传　残疾　不平等

具有讽刺意味的是，全纳教育的概念之所以存在，是因为隔离。事实上，我对残疾和全纳的兴趣始于种族隔离的世界。早期的一个研究项目聚焦了某些封闭机构中集中营般的状况，在那里，残疾人忍受着营养不良、疾病肆虐、隔离小间、没有书籍或其他教育资料、衣衫褴褛、拥挤不堪、死亡率高、语言和身体虐待以及滥用镇静剂（Biklen 1973）。例如，在加拿大威洛布鲁克州立学校，在 20 世纪 60 年代末和 70 年代初，100％的寄宿学生感染了肝炎。

没过多久，人们就意识到，根除这些状况的唯一方法就是关闭这些机构（Biklen 2011；Blatt, Biklen and Bogdan 1977）。孩子们被送到这些荒野之地的原因是，公立学校和幼儿中心排斥许多残疾儿童，其父母很少或根本没有可选择的教育项目（儿童保护基金会 1974）。20 世纪 70 年代初，我和同事将我们的研究作为诉讼与组织社区的证据，为被排除在公立学校外的学生赢得了机会（Biklen 1983），随后促进了全面全纳（Biklen 1992, 2005）。

在本文中，我借鉴了这些经验以及其他资源，特别是来自残疾研究的成果，通过文化/社会/政治的视角分析残疾和学校教育（Connor, Gabel, Gallagher and Morton 2008）。在第一部分，我研究了美国联邦教育政策中固有的一个问题。在第二部分，我呈现了三种互补的全纳教育相关叙述：(1)一位学生根据自己从幼儿园到大学的经历，对如何实现有效全纳的反思；(2)考察从事残疾研究的研究者如何再塑

原文语言：英语

对全纳的理解，从单一的技术方面，到更多地从社会文化的角度来构想学校变革；（3）一位学生的第一手叙述，涉及残疾人如何与教育工作者一起在塑造成功的全纳教育中发挥核心作用。最后，在第三部分，我提供了关于成本的证据，简要地记录了全纳教育优于隔离班级和隔离学校的经济效益。

在总结本文时，我注意到美国各地的全纳教育略有进展，但存在持续性的不平衡，以及与学生社会经济和种族地位相关的差异。我还描述了残疾人对政策和实践的影响日益增长，以及由此带来的乐观思考，即全纳将蓬勃发展——甚至有一天，隔离/特殊和全纳的术语将让位于对教育的简单讨论。

全纳的教育合理性

把所有孩子放在一起接受学校教育，要求教育者以一种有利于所有学生的方式，关注学生之间的差异，期望他们比单独接受教育能学得更好（或者至少学得一样好）。这应该是没有争议的，因为研究结果证明了全纳教育的学习优势（Hehir et al. 2016）。基于对25个国家280项研究的调查，赫尔及其同事发现，与隔离教室的学生相比，在全纳教室里，几乎所有有残疾和没有残疾的学生在认知和社交方面都做得更好。在少数没有明显改善的情况下，学生的表现至少没有变差。

个案模式的缺陷及其替代方案的希望

遗憾的是，支持全纳的大量证据并没有迅速或无缝地转化为变革的政策和实践。美国的教育法（以及根据规定，州对联邦政策的实施）仍然关注儿童个体而不是系统（IDEA 2004），并询问他或她是否可以从与非残疾同龄人一起受教育中获益——换言之，这孩子能否接受全纳教育？显然，这是一个错误的问题。质疑个别儿童是否有资格接受全纳教育，是对歧视的肯定：

（1）残疾儿童的特点是：不同于正常儿童，是可怕的人，或被视为一种负担、无所贡献也没有归属的人。

（2）资格标准会招致来自专家和非专业人士对隐私的窥视，以判断一个孩子是否值得接受全纳教育。

（3）它假定教育工作者在学生上学之前就能了解其学习情况。

（4）它设想被排除在普通教育之外，是为了至少一部分人而采取的一种专业认可、政府批准的适当行动。

（5）它忽视不同群体中的个人所经历的歧视和排斥的历史——那些长久的、记录完好的历史，并认为当今有关儿童或青年教育的决定是与历史和文化时刻相分离的。

（6）它允许学生在与非残疾同龄人一起受教育方面，表现得仿佛没有声音、愿望和动机一样。

在改变其法律框架之前,美国不太可能实施普遍的全纳教育。

普及普通教育的承诺,符合《联合国残疾人权利公约》(CPRD)第 24 条:"残疾人可以在与其所在社区其他人平等的基础上,获得全纳、优质和免费的初等教育和中等教育。"(联合国 2006)。尽管撰写时间比《联合国残疾人权利公约》早了几十年,但国际教育界的领袖伯顿·布拉特曾在书中呼吁,20 世纪 70 年代的社会停止将残疾人驱逐到精神病院等国家机构,并确保他们作为完全的公民参与社会活动(Blatt 1969)。他解释了为什么逐个判断谁有资格接受教育,更不用说全纳教育,会破坏教育的承诺:

> 虽然安妮·沙利文与海伦·凯勒的胜利奇迹在于,创造了一个伟大而有才华的人,但使奇迹发生的是她们无条件的伙伴关系。如果安妮·沙利文要求凯勒学习——也即,改变——并以此作为她们关系延续的条件,奇迹很可能永远不会发生。几乎可以肯定,海伦·凯勒最终会成为马萨诸塞州弱智学校记录中的又一个无足轻重的名字(Blatt 1979, pp.15-16)。

从凯勒的例子中,布拉特得出了几个结论。首先,"这是人类可教育性的经验,即人是可以以显著的、不可预测的方式发生改变的"(Blatt 1979, p.16)。关键是,学生如何学习,尤其是他们取得的成果往往是不可预测的。作为教育工作者,我们不可能知道别人会取得什么成就,尤其是在我们与其深入接触之前。重要的是,教育工作者要接纳所有的学生,因为他们明白,我们可能会对一路上观察到的学习感到惊讶;这类似于唐纳伦(Donnellan 1984)"最小危险假设"的概念,即教育者以一种为发展留下最大可能性/机会的方式进行教学。其次,布拉特认为,不应该要求学生证明自己可以改变,以此作为获得教育的先决条件,并被视为"作为一个人的价值"(p.16)。学生应该受到欢迎和赞赏,仅仅因为他们是社区的一员。布拉特的第三条经验(他称之为"表面上的矛盾")是,产生像海伦·凯勒这一奇迹的"人际关系(如师生关系)的可能性,与这种奇迹的前景对这种关系的重要性成反比"(p.16)。布拉特担心,教育已如此专业化和医学化,证明学生进步的重要性主导了师生关系,掩盖甚至抹去了无条件地恪守教育即师生对话的可能性。我们可能会说,布拉特的话不幸预言了今天的审查文化,在这种文化中,考试和学生进步的证据似乎优先于教学艺术。

使全纳发挥作用

美国的全纳教育看起来就像一床碎布拼凑的被子,在一些社区或个别学校中,全纳教育已经成熟,但周围却有大量隔离的特殊教育班级和资源室——这些被称为"抽离式项目"——甚至还有一些特殊学校。进步的教育家、家长和残疾人权利组织强烈主张,完全的、无附加要求的、无条件的、有目的的全纳应该是所有教育的起点(Biklen 1985, 1992; Cutler 1981; Kliewer 1998; Kliewer, Biklen and Petersen 2015),并且许多学校确实是全面全纳的。然而,全国的数据证实,全纳教育分布不均(美国教育部 2014; Biklen 1988; White, Li, Ashby, Ferri, Wang, Bern and Cosier 2019; White, Cosier and Taub 2018)。一个有某种残疾的学生是否和非残疾的同学一起上学,取决于他或她住在哪里,取决于其父母或其他倡导者是否,以及如何努力为全纳而斗争(Biklen 1988)。拥有社会经济阶级地位和种族优势的学生,最有可能获得全纳教育的机会(Articles, Harry, Reschly and Chinn 2002; O'Connor and Fernandez 2006; White et al. 2019)。有色人种学生被排斥的程度,根植于复杂的、种族主义的文化习俗和制度,学生个人无法轻易逃脱其强有力的影响(Artiles, Kozleski, Waitoller and Lukinbeal, 2010)。

尽管美国的政策并不完美,但完全认可全纳教育的学校还是这么做了。这些学校的基本原则是,全纳是无条件且有目的的(Biklen 1992),不需要逐个评估学生资格。在这一原则下,正如《联合国残疾人权利公约》所阐明的,教育工作者有责任建设面向所有人的学校。这一理念催生了一系列旨在促进参与的实践(e.g., Jorgensen, McSheehan, Schuh and Sonnenmeier 2012; Sapon-Shevin 2007):

(1) 学校领导致力于全面全纳:政策上支持全纳,教师的聘用部分是基于他们对全纳议程的支持,工作人员被异质地(即,学科领域教师、课程设计专家、相关服务专家)分配到不同的教室和团队。通才和专才携手合作。

(2) 教师在教室和跨年级(即,不是分流)对学生进行异质分组,具有不同背景、学习风格、经验和学业成绩的学生在密切交往中加强学习。

(3) 教师将自己视为差异互动的榜样,例如,教师对有复杂、多重残疾和沟通障碍的学生说话时,要用切实且尊重的方式,进行正常的眼神交流,而不是用傲慢或过分夸奖的方式(see Biklen 1992, p.156)。

(4) 教育工作者在必要时为残疾学生提供便利,但仅限于必要时,避免额外的支持可能使学生被孤立或中断课堂参与。

(5) 教学采用通用设计,以便所有学生可以通过多种方式一起学习课程。

(6) 教师采用假定能力取向,认为学生是想要学习和参与的人,从而将自己置于教育侦探的角色,去探寻组织教学的方法,使异质的生生互动最大化。

在几乎每一份已出版的全纳教育指南中,都列出了类似的因素,通常还有额外的要素。例如,阿什比(Ashby 2012)提出了培养教师从事全纳教育的"关键原则",包括"致力于社会正义……平等……民主教育;将理念转化为指导原则,将差异置于……规划教学实践的中心,以便在学校生活中,获得学习指导和参与社会活动永远不会是……事后的想法"(Ashby 2012, p.91)。

希望学校(Schools of Promise)代表了美国全纳教育运动的学校改革模式,它符合民主教育关系的愿景,在布拉特看来,这是安妮·沙利文教育海伦·凯勒的精髓(Theoharis and Causton-Theorharis 2010)。他认为,关于学校组织、课程设计和师生互动的决策应该询问:"这是否会让学生有归属感?"归属感原则与克利维尔的想法类似,即通过全纳,残疾学生以及所有其他可能被视为外来人或棚户居民(无论是由于贫困、移民身份、性取向、性别还是种族)的学生,将享有完全的公民身份。

作为一种学校整体改革模式(Causton-Theoharis et al. 2011),希望学校利用学校所有的教学资源,让每个教室具有全纳性。学校根据种族、性别、能力/残疾和社会经济地位在教室中分配学生的多样性,并在教室中无缝地提供语言—身体—职业治疗等相关服务。所有工作人员,包括管理者、普通教育及特殊教育教师、特殊学科教师(艺术、音乐、体育)、助教,在实施之前都要参与整体规划。

希奥哈里斯、考斯顿和特雷西-布朗森(2016)根据他们在一所希望学校的观察,描述了一个学生的转变时刻,该学生认为,自己在教育工作者的心中没有资格成为一个完全的公民,但他显然渴望有所归属:

> 老师走过来对肯尼说:"肯尼,该准备回家了。我们去拿背包吧。"肯尼看着她说:"我认为学校犯了一个错误。我从来没有在这样的教室(即全纳教室)里待过。我明天可以再来吗?"[老师回答]"哦,亲爱的,你每天都能回到这里。这是你的教室。"(Theoharis, Causton and Tracy-Bronson 2016, p.3)

在接下来的几个月里,学校进行了重新设计,拆除了所有隔离的残疾人专用教室,那个学生焕发了生机。他"在行为和学习上都表现得很好,不再需要接受特殊教育了"(p.4)。谈到新学年开始时肯尼的问题,他的老师说:"多年来,我们把肯尼和其他学生留在单独的房间里——这是一个错误。一个大的错误。他是对的,学校犯了一个错误……"但这是一个系统性的错误,而不是关乎一个孩子的错误(p.4)。

在希奥哈里斯、考斯顿和特雷西-布朗森的研究中,研究人员遇到了一些质疑全纳教育的教师和家长。事实上,在我自己倡导全纳教育的经历中,一些普通教育教师和一些非残疾学生的家长认为,非残疾儿童在全纳教室里的进步不会像在"按成绩分班"或"只看能力"的教室里那样好。希奥哈里斯等人研究的两所学校在社会阶层、种族组成和残疾方面都是多样化的,然而与一些家长担心的失败相反,改革两年后,学生的整体表现(残疾和非残疾学生)在数学方面平均提高了20%,在读写方面平均提高了10%,比同一城区其他学校学生的表现水平要好(Theoharis, Causton and Tracy-Bronson 2016, pp.19-20)。全纳教育使学校在学生学业方面表现得更好。

当然,当某个学生(比如肯尼)在一个全纳的环境中表现得特别好时,观察者往往会问,有多少"被贴上标签"的学生能做得这么好。这个问题错误地把表现定位在孩子身上,而不是把它看作是学生和学校环境的共同作用。对于这个常见的问题,我的回答正如克利维尔、彼得森和我在我们的文章《智力障碍的终结》中所写的那样:

> 我们最好的回答是问,有多少被贴上标签的人逃脱了孤立的停滞环境,而被纳入主流教育……在那里,归属感和参与(以及被欣赏)的权利毫无疑问地得到了实现,并获得了基于肯定、实现和赋权的工具和材料?我们必须问,有百分之多少的人,沉浸在一个由怀着强烈承诺的个人组成的社区中?这些个人已经意识到并抛弃了有缺陷的意识形态,他们对惊喜和学习新事物持开放态度,并不寻求立即的改变,但他们表现出坚持不懈和深刻自省,并且意识到了关联性的证据,这样一种新的文化、新的话语、新的思维范式可能会为所有更进一步和日益复杂的承诺提供指导。(Kliewer, Biklen and Petersen 2015, p.22)

这让我们想起了布拉特在 20 世纪 70 年代提出的警告,即错误地认为学生的表现全部或主要是残疾或个人行为的结果,而不是与学生所受到的接受和欣赏的程度——或者相反,拒绝和孤立的程度——密切相关。

全纳的社会合理性

追求哪一种改变?发出更多的声音

我们正在要求更多学校创造条件,改变社会态度,消除歧视。当然,这似乎正在发生,如果不是以所期望的方式或欣然接受的态度。当布拉特写到安妮·沙利文与海伦·凯勒时,他解释说,教育领域有一种选择:拥抱沙利文所代表的教育关系,强调对话和尊重;或者,继续把学生当作一个被控制被塑造的对象。但是,即使教育选择了这样的控制和操纵,布拉特写道:"很可能社会——通过支持(和)解放……各种被排斥群体的运动——将使我们(教育者)作出改变,不论我们是否准备好。"(Blatt 1979, p.16)

正如布拉特所预测的那样,以前被沉默的个体——他们的声音正越来越大,逐步扭转关于人类价值的叙述,残疾人因此被纳入健全公民的视野。在这种新兴的声音中,通过残疾人的言语和行动,我们可以观察到社会的转变:也许缓慢,但却坚持不懈。权利组织的早期证据来自身体残疾团体,如爱达普特有限公司(Adapt Inc.)、世界残疾研究所和残疾人行动组织,以及残疾人权利教育保护基金、儿童保护基金和泰旭(TASH)等盟友,后来扩大到包括人民优先组织、孤独症全国委员会和其他由以前被定义为智障和社会障碍的人领导的组织(Shapiro 1994)。

然而,公众残疾人权利行动虽一直充满活力,但最引人注目的行动可能是为强制实施非歧视法律/法规而采取的静坐示威,以及为从总体制度(Olmstead v. L. C. 1999)中获得自由和建立全纳教室(教育委员会 v. Rowley 1982;Oberti v. 教育委员会 1993)而采取的诉争,没有什么比残疾人的自传体回忆录和论文以及残疾研究奖学金更明显(也许更少被期待)的了。这些回忆录/论文和最近的学术研究都将焦点和框架从对个人的心理研究转移到对学校、广大社会、社会政策和文化的考察。

杰米·伯克的理想学校

聚焦个人与关注学校文化之间的张力,出现在我和杰米·伯克的一次谈话中。我们在一篇名为《假定能力》的文章中(Biklen and Burke 2006)分享了这次对话。在合作撰写这篇文章时,我们已经认识超过13年了。我第一次见到伯克时,他才4岁。他就读于约沃尼奥(Jowonio)学校,这是一所位于纽约州锡拉丘兹的全纳幼儿园。在那里,我看到他的一位老师给他读书,教他如何用手指着整个单词,并向他介绍如何用手指着字母来构建单词。教室里有一名班主任、一名联合教师、一到两名助教和一群异质(性别、社会经济地位、种族)的学生,其中一些有残疾,大多数没有残疾。杰米·伯克被确诊为孤独症。他会说一些单词,但通常是重复的、从口里喷射出的"炮弹",而不是用来交谈的短语或句子。

伯克的老师对他说话的语气与他对其他学生说话的语气相似,假设他会听到并理解自己所说的话,即使确定他是否理解并不总是那么容易。当杰米·伯克和我开始撰写《假定能力》一文时,他即将完成高中学业,进入大学(几年后,他获得了雪城大学的文学学士学位)。他仍然不会说话,尽管他已经学会了用手指或打字来交流,并且可以大声说出他打出来或读出来的单词和句子。当我请他描述一下他理想中的学校应该是什么样子时,他说学校应该是舒适的,充满"精彩的书",是一个同学们不会互相取笑或欺凌的地方。学校欢迎所有学生参加各种俱乐部(即,自愿参加课外活动,例如语言、国际象棋或戏剧)(Biklen and Burke 2006, p. 168)。关于教师,他说教师应该是"渴望教育每个人"的人,但他们意识到"他们的梦想不是我们的。会问我们在以后的生活中成为一个独立的人需要什么才能。会以尊重的方式教授好的技能。与我的交谈会告诉你我是否快乐"(p. 169)。

在他上学的早期,说话对伯克来说是一件令人沮丧的事情;他说不出心中的话。他不能用他的嘴"让那些字母活起来,它们一出生就死了"(p. 169)。他感到他的"大脑在失败中退缩"(p. 169)。然后,雪上加霜的是,一些教师傲慢地对他说话,"我感到很生气,因为老师们用他们孩子气的声音对我说话,像妈妈一样对待我,却没有教育我"(p. 169)。此外,与其他学生对话也很困难:

> 在交谈中,孩子们会问问题,打字也比快速使用灵活的舌头慢得多,后者不需要在下巴周围慢跑就能吐出单词。当我能想出一个口头答案时,他们已经离开去上另一节课了。(p. 169)

伯克发现他整天打字都累坏了,有时会失去注意力:"这就像落水狗身上的跳蚤,总是逃跑到另一个地方"(p. 169)。他解释说,有一位助教或其他人在身边提醒或提示他保持专注,这是有帮助的。此外,教师在组织一些对话中发挥了重要作用,这样他就可以进入对话——这是一个其他学校也在使用的策略(Biklen 1992)。在伯克关于理想学校的论述中,一个始终如一的主题是开放性和承诺在教师传授知识和与其学生建立关系中的重要性。他钦佩的老师"接受所有的变化,认为没有什么会改变课堂……表现出他们对其所教授的知识的热爱",充满激情地教学,并询问他的课堂体验如何,"就好像我们在知识的地板上共舞一样"(Biklen and Burke 2006, p. 169)。

伯克还受益于学校提供的专门支持。这些支持包括:语言治疗/辅助交流专家帮助他发展用打字(之后用语言)来表达自己的能力,用让他滚进一个桶或豆袋椅的方式来刺激感官、给他的身体施加柔软的压力,听力治疗以及职业治疗。随着时间的推移,他的"打字速度从一辆大众甲壳虫变成了一辆兰博基尼",主要是因为他学会了"越过……中线",让手指和手在身体左右移动,而不仅仅是前后移动,这让他"在视觉上更轻松……例如,能很好地……完成长微积分题"(p. 170)。他认为治疗帮助他控制了焦虑,这种焦虑"就像呼吸一样经常出现……小时候,为了帮助我的身体作出应对,我经常踱步,我感到我的神经刺痛,就好像一只豪猪把它的刺射进我的身体一样"(p. 170)。感官疗法"就像一个巨大的创可贴。它把毒刺包裹成一个棉花球,让我感觉更舒服"(p. 170)。即使是不同音高的声音也会影响他的压力水平,就像考试一样,造成一种感官过载的感觉,仿佛"一个落水的人在等待……救援";小字变成了黑白模糊的污迹,灯光让他心烦意乱,纸张的沙沙声、铅笔的刮擦声、咳嗽声和摩擦椅子的声音也让他心烦意乱,他学会了适应这些(p. 172)。感官疗法和其他治疗手段帮助他在学业上找到了出路。

最后,全纳教育的必要条件是,教育工作者想要让它发挥作用,首先要接纳和尊重学生:"老师必须愿意不只是给我一张书桌,然后让我坐在椅子上。我需要有人问我问题,给我时间深思熟虑地回答。老师需要成为一个指挥,引导我通过许多我可能会迷路的地方"(p. 172)。不仅仅是一张书桌,还必须有一种关系、一种期望,期望每个学生都想学,也能学。

社会文化框架

杰米·伯克对理想教育的描述,类似于许多教育家所倡导的精神,他们更广泛地（例如，从种族、民族、阶级视角）研究和书写全纳（Ashton-Warner 1963；Christensen 2019；Collins and Ferri 2016；Ladson-Billings 1993；Sapon-Shevin 2010）。全纳的核心，不仅是认识到每个学生的价值，而且还应看到，当教师将自己与学生的关系视为"与每个学生在一起并在一起学习……让课堂共同体中的每个人都有归属感"时所带来的回报，教师的核心问题是找出如何支持"有意义的参与"（Collins and Ferri 2016, p.4）。给予支持的一个重要步骤是，教师假定学生有能力（Biklen and Burke 2006），因此不要将学习困难归因于学生身上，而是将其解释为学生与课程、教师组织材料的方式（例如，脚手架、通用设计或多元智能方法）和学生分组等情境关系的函数（Ashby 2012；Collins and Ferri 2016）。

虽然许多关于全纳教育的讨论将其视为技术挑战，例如如何实施通用设计或如何使特殊教育和普通教育的教师与助教融入团队，但对"有效全纳"的探讨，似乎总是回到归属感的问题。正如康纳和伯曼（2019）在他们关于"真实的全纳"的文章中所指出的那样，尽管越来越多的残疾学生在普通教育课堂上赢得了身体上的一席之地，但"许多人在课堂上感到被边缘化，认为他们在那里不受欢迎"（p.923）。伯曼描述了她和丈夫对儿子班尼就读的幼儿园孩子被安排在当地一所不接受全纳的学校感到非常失望，后来他们搬到了20英里以外的地方，这样他就可以进入一所全纳学校的全纳班级。当时，班尼被诊断为广泛性发育障碍，不过，与其他残疾类别一样，知道诊断的残疾类别，并不能告诉老师如何为他制定教学计划。他的语言能力有限，被描述为"不会说话"，并且"他的行为使得他人很难……带他出去……乘坐公共汽车和去当地的商店"（Connor and Berman 2019, p.924）。伯曼想知道，

> ……班尼真的能有一段流畅的对话吗？他能够用语言交流，但不是以一种自发的方式。我们从他的手势、他的游戏和他的绘画中看到了他的幽默和敏感。我们渴望通过他的言语来了解他，但我们开始接受这或许是不可能的。（p.929）

在全纳的环境中，教育工作者开始与班尼建立联系。一位语言治疗师使用了"覆膜卡片作为谈话启动器"（p.929）；起初这些都很简单，但慢慢地变得越来越复杂，这促使班尼和他的同学们进行交流。然后，他的课堂教师把这个策略作为一次20分钟的对话活动，通过这个活动，所有的学生都发展了倾听、反馈和轮流发言的技能。随着这一策略和其他全纳班尼的策略的推进，伯曼报告说，她很惊喜地看到学校重视班尼的"对话和社交能力的发展"（p.929）。例如，班尼的老师注意到，他对铁路及地铁的路线图和时刻表有着浓厚兴趣——在他之前的隔离学校，这些都被贴上了偏执的标签。他的新老师让他把路线图和时间表拿来与全班同学分享，于是他们设计了一个活动，在10个学生组成的小组中，每组模仿4列不同的地铁列车穿过学

校的足球场和棒球场,从一站到另一站,包括42号大街和宾夕法尼亚车站。因此,班尼不仅在教室里有一个座位——在那里他可能会被期望保持安静、表现良好,随着他们一起学习城市交通,他发现自己被同龄人欣赏并参与其中(p. 930)。康纳和伯曼总结道:"尽管他反对分类,但他仍然是共同体中的一员,当共同体迁就于他时,他会作出回应"(Connor and Berman p.934)。

当然,建立课堂共同体是几乎所有有效的学校教育模式的关键。例如,克里斯滕森(Christensen 2019)将其描述为将任何学校课堂从混乱状态转变为参与学习状态的重要第一步。在一篇关于在多元(即,按种族和社会阶层划分)的中学班级进行联合教学的文章中,她描述了利用文学作为跳板,让学生们将自己经常感到困难的个人生活经历与学习技能联系起来。她和她的联合教师选择了谢尔曼·阿莱西的剧本《烟雾信号》(Alexie 1998),该剧本关注孩子与父母关系。根据剧中的主题,老师让学生列出他们可能会原谅或不会原谅的人,包括酗酒的父母、虐待的父母和不在家的父母。接下来,老师给学生布置一项作业,让他们写"宽恕"诗,可以从阿莱西的剧本中选择一个角色来写,也可以根据他们自己的生活来写。他们充满激情地写作,就像阿什顿·沃纳在她的经典著作《老师》(Ashton-Warner 1963)中所描述的那样,当时她在新西兰教导毛利人和欧洲人后裔的孩子。弗莱雷在他的经典著作《被压迫者的教育学》(Freire 1970)中描述了这一点,克利维尔在《唐氏综合征儿童的教育》(Kliewer 1998)中描述了这一点——我们从中发现了一所全纳的幼儿园,学生根据森达克的《野兽在哪里》(Sendak 1963)、哈迪克斯的"书写我们的生活"课程(Haddix 2015)以及拉德森-比林斯的文化相关教学(Ladson-Billings 1993)来创作和表演一出戏剧。

克里斯滕森发现,当学生的生活成为课程的一部分时,她的课堂发生了变化。她引用诗人米克尔·姆戈的话来解释学生们新发现的能量和承诺:"写作可以是一条生命线,尤其是当你的存在被否定的时候,尤其是当你被边缘化的时候,尤其是当你的生活和成长过程被扼杀的时候"(Christensen 2019, p.3)。这似乎完美地描述了许多学生的情况,他们觉得自己身处学校文化的边缘(Kasa-Hendrickson and Biklen 2004)——这是因为残疾、贫困、移民身份、性别认同、种族或其他因素所导致的偏见和歧视——但谁想进入这种文化中呢。

D. J. 萨瓦雷斯的未来课程

写作无疑是残疾学生自我认同和发声的生命线,是对抗残疾歧视的工具,也是通往共同体的生命线。我在15年前第一次见到D. J. 萨瓦雷斯。他的父母写信给我,希望我们能见个面,谈谈萨瓦雷斯和其他残疾学生的未来之路。他患有孤独症,和伯克一样,不爱说话,但他学会了用手指来交流。我们在一家咖啡店见面,聊了一个多小时,我说话,他打字。谈话快结束时,他问了我一个看似不寻常的问题,但考虑到他不能说话的情况,我并不完全感到惊讶:"你担心我的未来吗?"

我告诉他我不担心,部分原因是他的父母已经做好准备,并且绝对承诺支持他全面融入学校和社会,也因为他已经在自己的脑海中为自己想象了一个未来。没有人能预测萨瓦雷斯会取得什么成就,但我知道,对许多可能性持开放态度是很重要的。我不知道他会继续在高中获得优异的成绩,他将是第一个被欧柏林大学录取的失语者,或者,有朝一日他将成为美国大学优等生荣誉学会(斐陶斐荣誉学会)学者并在人类学和创作专业获得文学学士学位,他将就自己的残疾和全纳教育有关的议题广泛发表演讲,他将在《塞内加评论》《残疾研究季刊》和其他出版物上发表文章,他还将创作一部荣获"皮博迪奖"的纪录片(Rooy and Savarese 2017)。

在他的一篇题为"醒悟"的文章中,萨瓦雷斯的文字实现了个人和政治主题的平衡,揭示了他体验身为残疾人的特殊性的方式,以及他如何设法融入更广泛的社会(Savarese 2019)。首先,我们来看看他是如何描述自己置身于与孤独症相关的大学校园环境中的:

> 当我走路时,我通常需要一个同伴,但我并不是和那个人一起走。我跟在他们后面——有时跟在他们后面50码……由于大部分时间我处在自己的思绪中……我有可能忽视那个最现代的掠食者:汽车!我能注意到灯光照在汽车挡风玻璃上的方式与天光照在我艾奥瓦州住家天窗上的方式类似,结果被车撞到。前面的人的微弱提醒足以使我不致完全迷失在美丽的图案中。(p.91)

在另一篇文章中,他描述自己"在穿过校园时,挥舞着手臂,发出鸭子般的声音,用胳膊肘迎接每一个灯柱,有时漫步,有时跳吉格舞"(p.91)。走在他前面的人足以提醒他手头的任务——穿过校园,所以即使挥舞手臂、发出噪声、敲击手肘、跳着舞蹈,他还是继续前进。当然,他认为孤独症还有其他方面,包括难以在空间中感受自己的身体,这种现象被称为本体感知意识。他说,背着背包可以帮助他做到这一点,就像"行动不便的人使用手杖"一样(Savarese 2019,p.91)。他在说话方面也有困难——他知道他想说的话,但不能以语言的形式表达出来——并且要应对焦虑(孤独症患者的常见伴侣)和持续动作,就像在挥舞手臂或触碰灯柱的例子里一样(Williams 1989,1992,1996;Grandin 2006;Blackman 2001)。在他的文章中,萨瓦雷斯描述了自己作为孤独症者的症状,更重要的是,学校/同龄人/社会如何学会支持他,以及他在与环境协商和与他人互动方面的策略。

了解他的人都意识到,当他和别人打招呼时,他很容易"过度兴奋,而且……感情变得如此强烈,以至于无法压抑。我放弃理性,我的身体开始反复地挥舞手臂或精神饱满地伸手碰触他们"(Savarese 2010,p.1)。他喜欢向别人打招呼,但打招呼的行为会导致他"暂时放弃自我控制"(p.1)。一旦他的呼吸变深变慢,他就可以通过打字来交流他的想法。他一紧张,就好像对别人说的话充耳不闻一样。因此,他解释说,"忽略我无意识的手势,包括'完成'和'结束'的手势"(p.2)。他说,这样的话语是"自主冲动循环的一部分。记住,这些手势不是自愿的……只是……身体对刺激的反应方式"(p.2)。如果人们确实对自主手势和语言作出反应,他的心跳会更快。他说,最好的支持方式是"耐心地默默等待",给予他有意识地作出回应的空间(p.2)。如果与他交谈的人问他一个问题,并给他一些选择,最好是把它们写下来,那么谈话就容易多了。然后他就可以自己独立地指出来。他发现书面对话比口头对话更容易:"打字和写下你的问题让我真正知道你希望得到回应。这也使谈话保持平稳的节奏,所以我不担心你会感到无聊而离开。"

对一些人来说,学会支持全纳是自然而然的,但对我们中的许多人来说,这是必须学习的。如果我们以开放的心态仔细聆听和阅读,萨瓦雷斯的描述可以作为教育工作者的指南。走在他前面的一个人,帮助他在空间中定位自己身体的一个背包,向他提出包含选择的问题的一位老师,无视他自动发出的话语、耐心地等待他的回话、在他跳舞的时候即兴地挥舞手臂与他共舞的一个同伴,这些都成了一些使全纳得以发挥作用的适度调和。

萨瓦雷斯的个人叙述,以及许多其他活动家的叙述(Fries 1998; Heumann and Joiner 2020; Kuusisto 1998; Mairs 1997; Mukhopadhyay 2015; Rubin 2005; Savarese 2019; Titchkosky 2011; Van Der Klift and Kunc 2019)要求主流文化将残疾学生视为同伴,了解对他们有效的教育方法,认为他们获得全纳教育应是自发的而不是碰运气的事情。他们坚持改变自己的地位,不再沉默,不再总是处于边缘。他们拒绝接受那些认为有权决定他们命运的人的解释。新的第一手叙述,如伯克和萨瓦雷斯所写的,打断了占主导地位的隔离主义者的命令,取而代之的是构想和例证了布拉特所想象的那种"教育即对话"。这种叙述的激增表明,全纳教育确实改变了人们的态度,重新定义了全纳残疾者的常态。

在全纳的社会合理性中发现共同主题

无论是在希望学校模式中,还是在杰米·伯克和萨瓦雷斯的自传式见解中,或是在阿什比(Ashby 2012)、康纳和伯曼(Conner and Berman 2019)或克里斯滕森(Christenson 2019)的分析和反思中,成功的全纳教育的几个特征都反复出现:
- 高效的教师知道学生想学习并完全成为学校生活中的一部分,也知道他们欣赏那些对其如何学习感兴趣的教育者。
- 成功的教师了解学生,相信自己能有所贡献,并期待向学生学习。
- 学生们欣赏那些激励他们的教师,也欣赏那些在纷争中为他们辩护的教师,这种纷争往往是学校教育的特征,并反对能力主义的态度。

- 学生们从榜样中受益,这些榜样与他们分享自己生活中的一些身心体验。
- 学校文化,包括资金基础、行政结构和领导,使全纳成为教育使命的核心。

当然,对于传统上被边缘化的所有学生来说,这些都是成功的学校教育的相关原则,事实上,对于所有的学生来说也是如此。

经济合理性:放弃二元制,通过全纳来节约成本

在获得支持的情况下,没有哪件发生在隔离学校或课堂里的事情,不能发生在全纳学校和课堂里。如果需要特殊的专业知识来设计和实施成功的教育,管理者可以在典型的学校和普通教育课程中进行策划。因此,毫不奇怪,全纳的成本总是大大低于或至少不高于特殊教育的成本(Halvorsen, Neary and Piuma 1996; Odden and Picus 2008; Odom et al. 2001),这主要是因为全纳教育避免了重复的管理、交通和其他成本。在美国,特殊学校教育学生的成本通常是全纳教育的2~3倍。隔离的寄宿学校和机构的成本是隔离的走读学校的2倍。无论如何分析数据,全纳教育的成本都远低于隔离教育。

结论:走向转型

如果全纳的标准是全日制参与普通教育课堂,那么美国似乎一直在缓慢地朝着这一标准迈进。普通教育中残疾学生的全国平均入学率为63%,高于15年前的41%(美国教育部 2003,2018)。然而,有些州确实比其他州在全纳上做得更好。在夏威夷州和新泽西州,残疾学生的普通教育出勤率分别为37%和45%,而在佛蒙特州、内布拉斯加州和科罗拉多州,70%以上的残疾学生将大部分上学时间花在普通教育课程上(美国教育部 2018, pp. 148 - 149)。但可悲的是,当残疾与种族和贫困交织在一起时,隔离的程度就会加剧(Articles et al. 2002; Articles et al. 2011; White et al. 2019)。因此,学生接受全纳教育的可能性,很大程度上取决于学生的社会经济和种族地位以及地理位置。

虽然全国的数据显示,全纳教育的进展是零星的,而且往往是不公平和缓慢的,但向全纳转型的个别案例(Ashby 2012; Connor and Berman 2019; Kliewer 1998)留下了乐观的空间。显然,有质量的全纳教育是可能的,对有残疾和无残疾的学生会产生积极的教育与社会效益,而且其成本与隔离教育相同或更低。也许最重要的是,正如布拉特在他1977年的文章中所预测的那样,残疾事业活动家自己就是在全纳教育中成长起来的,他们为未来指明了方向。

(王冰如 译)

参考文献

Alexie, S. (1998). *Smoke signals*. Los Angeles, CA: Miamax.
Artiles, A. J., Harry, B., Reschly, D. J., & Chinn, P. C. (2002). Over-identifcation of students of color in special education: A critical overview. *Multicultural Perspectives, 4*, 3-10.
Artiles, A. J., Kozleski, E. B., Waitoller, F., & Lukinbeal, C. (2011). Inclusive education and the interlocking of ability and race in the US: Notes for an educational equity research program. In A. J. Artiles, E. B. Kozleski, & F. Waitoller (Eds.), *Inclusive education: Examining equity on fve continents* (pp. 45-68). Cambridge, MA: Harvard Education Press.
Artiles, A. J., Kozleski, E. B., Trent, S. C., Osher, D., & Ortiz, A. (2010). Justifying and explaining disproportionality, 1968-2008: A critique of underlying views of culture. *Exceptional Children, 76*(3), 279-299.
Ashby, C. E. (2012). Disability studies and inclusive teacher preparation: A socially just path for teacher education. *Research and Practice for Persons with Severe Disabilities, 37*(2), 89-99.
Ashton-Warner, S. (1963). *Teacher*. New York, NY: Touchstone/Simon & Schuster.
Biklen, D. (1973). Human report #1: Observations in mental health and mental retardation facilities. In B. Blatt (Ed.), *Souls in extremis* (pp. 50-92). Boston, MA: Allyn and Bacon.
Biklen, D. (1983). *Community organizing*. Englewood Clifs, NJ: Prentice Hall.
Biklen, D. (1985). *Achieving the complete school*. New York, NY: Teachers College Press.
Biklen, D. (1988). The myth of clinical judgment. *Journal of Social Issues, 44*(1), 127-140.
Biklen, D. (1992). *Schooling without labels*. Philadelphia, PA: Temple University Press.
Biklen, D. (2005). *Autism and the myth of the person alone*. New York, NY: New York University Press.
Biklen, D. (2011). Research that matters: Qualitative research in the service of social transformation. *Journal of Ethnographic & Qualitative Research, 6*, 1-13.
Biklen, D., & Burke, J. (2006). Presuming competence. *Equity & Excellence in Education, 39*, 166-175.
Blackman, L. (2001). *Lucy's story. Autism and other adventures*. London: Jessica Kingsley.
Blatt, B., Biklen, D., & Bogdan, R. (Eds.). (1977). *An alternative textbook in special education: People, schools, and other agencies*. Denver, CO: Love Publishing.
Blatt, B. (1969). *Souls in extremis*. Boston, MA: Allyn & Bacon.
Blatt, B. (1979). The once and future schools. *Teacher Education and Special Education, 2*(2), 13-16.
Board of Educ. v. Rowley, 458 US 176(1982).
Causton-Theoharis, J., Theoharis, G., Bull, T., Cosier, M., & Dempf-Aldrich, K. (2011). Schools of promise: A school district—university partnership centered on inclusive school reform. *Remedial and Special Education, 32*(3), 192-205.
Children's Defense Fund (1974). *Children out of school, a report by the Children's Defense Fund of the Washington Research Project, Inc.* Cambridge, MA: Children's Defense Fund.
Christensen, L. (2019). Creating community out of chaos. In L. Christensen, S. Karp, Peterson, B., & Yonamine, M. (Eds.), *The New Teacher* (pp. 1-13). Milwaukee, WI: Rethinking Schools.
Collins, K., & Ferri, B. (2016). Literacy education and disability studies: Reenvisioning struggling students. *Journal of Adolescent and Adult Literacy, 60*(1), 1-6.
Connor, D. J., & Berman, D. (2019). (Be)longing: A family's desire for authentic inclusion.

International Journal of Inclusive Education, 23(9), 923 – 936.

Connor, D. J., Gabel, S. L., Gallagher, D. J., & Morton, M. (2008). Disability studies and inclusive education — implications for theory, research, and practice. *International Journal of Inclusive Education, 12*(5 – 6), 441 – 457.

Cutler, B. C. (1981). *Unraveling the special education maze: An action guide for parents*. Champaign, IL: Research Press.

Donnellan, A. M. (1984). The criterion of the least dangerous assumption. *Behavioral Disorders, 9*(2), 141 – 150.

Freire, P. (1970). *Pedagogy of the oppressed*. New York, NY: Continuum.

Fries, K. (1998). *Body, remember: A memoir*. New York, NY: Penguin Publishing.

Grandin, T. (2006). *Thinking in pictures: And other reports from my life with autism*. New York, NY: Vintage Books.

Haddix, M. (2015). Preparing community-engaged teachers. *Theory into Practice, 54*, 63 – 70.

Halvorsen, A. T., Neary, P., & Piuma, C. (1996). *A cost-benefit comparison of inclusive and integrated classes in one California district*.

Hehir, T., Grindal, T., Freeman, B., Lamoreau, R., Borquaye, Y., & Burke, S. (2016). *A summary of the evidence on inclusive education*. Cambridge, MA: Abt Associates.

Heumann, J., & Joiner, K. (2020). *Being Heumann: An unrepentant memoir of a disability rights activist*. Boston, MA: Beacon Press.

IDEA [Individuals with Disabilities Education Act], 20 USC. § 1,400(2004).

Jorgensen, C. M., McSheehan, M., Schuh, M., & Sonnenmeier, R. (2012). *Essential best practices in inclusive schools*. Durham, NH: National Center on Inclusive Education.

Kasa-Hendrickson, C., & Biklen, D. (Directors). (2004). *Inside the edge*. Syracuse, NY: Institute on Communication and Inclusion, Syracuse University.

Kliewer, C. (1998). *Schooling children with Down syndrome*. New York, NY: Teachers College Press.

Kliewer, C., Biklen, D., & Petersen, A. (2015). At the end of intellectual disability. *Harvard Educational Review, 85*(1), 1 – 28.

Kuusisto, S. (1998). *Planet of the blind*. New York, NY: Bantam Dell.

Ladson-Billings, G. (1993). *The dreamkeepers: Successful teachers of African American children*. San Francisco, CA: Jossey-Bass.

Mairs, N. (1997). *Waist-high in the world: A life among the nondisabled*. Boston, MA: Beacon Press.

Mukhopadhyay, T. R. (2015). *Plankton dreams: What I learned in special ed*. London: Open Humanities Press.

Oberti v. Board of Education of the Borough of Clementon School District. 995 F. 2d 1204(1993).

O'Connor, C., & Fernandez, S. D. (2006). Race, class, and disproportionality: Reevaluating the relationship between poverty and special education placement. *Educational Researcher, 35*(6), 6 – 11.

Odden, A. R., & Picus, L. O. (2008). *School finance: A policy perspective* (4th ed.). New York, NY: McGraw-Hill.

Odom, S. L., Hanson, M. J., Lieber, J., Marquart, J., Sandall, S., Wolery, R., et al. (2001). The costs of preschool inclusion. *Topics in Language Disorders, 21*(1), 46 – 55.

Olmstead v. L. C. 527 US 581(1999).

Rooy, R. & Savarese, D. J. (Directors) (2017). *Deej*. Rooy Media LLC and Independent Television Service (ITVS).

Rubin, S. (2005). A conversation with Leo Kanner. In D. Biklen (Ed.), *Autism and the myth of the personalone* (pp. 82-109). New York, NY: New York University Press.

Sapon-Shevin, M. (2010). *Because we can change the world: A practical guide to building cooperative, inclusive classroom communities*. Thousand Oaks, CA: Corwin.

Sapon-Shevin, M. (2007). *Widening the circle*. Boston, MA: Beacon Press.

Savarese, D. J. (2019). Coming to my senses. *Autism in Adulthood*, 1(2), 90-92.

Savarese, D. J. (2010). Cultural commentary: Communicate with me. *Disability Studies Quarterly* 30(1).

Sendak, M. (1963). Where the wild things are. New York, NY: Harper & Row.

Shapiro, J. (1994). *No pity: People with disabilities forging a new civil rights movement*. New York, NY: Broadway Books.

Theoharis, G., & Causton-Theorharis, J. (2010). Include, belong, learn. *Educational Leadership*, 68(2).

Theoharis, G., Causton, J., & Tracy-Bronson, C. P. (2016). Inclusive reform as a response to high-stakes pressure? Leading toward inclusion in the age of accountability. *Teachers College Record*, 118(14), 1-30.

Titchkosky, T. (2011). *The question of access: Disability, space, meaning*. Toronto, ON: University of Toronto Press.

United Nations (2006). *The convention on the rights of persons with disabilities*. New York, NY: United Nations.

US Department of Education, Office of Special Education and Rehabilitative Services, Office of Special Education Programs (2003). *25th annual report to Congress on the implementation of the Individuals with Disabilities Education Act, 2003*. Washington, DC: US Department of Education.

US Department of Education, Office of Special Education and Rehabilitative Services, Office of Special Education Programs (2014). *36th annual report to Congress on the implementation of the Individuals with Disabilities Education Act, 2014*. Washington, DC: US Department of Education.

US Department of Education, Office of Special Education and Rehabilitative Services, Office of Special Education Programs (2018). *40th annual report to Congress on the implementation of the Individuals with Disabilities Education Act, 2018*. Washington, DC: US Department of Education.

Van Der Klift, E., & Kunc, N. (2019). *Being realistic isn't realistic: Collected essays on disability inclusion and innovation*. Victoria, BC, Canada: Tellwell Talent.

White, J. M., Cosier, M., & Taub, D. (2018). *How states interpret the LRE clause of IDEA: A policy analysis*. Minneapolis, MN: University of Minnesota, The TIES Center.

White, J. M., Li, S., Ashby, C. E., Ferri, B., Wang, Q., Bern, P., et al. (2019). Same as it ever was: The nexus of race, ability, and place in one urban school district. *Educational Studies*, 55(4), 453-472.

Williams, D. (1989). *Nobody nowhere*. Garden City, NY: Doubleday.

Williams, D. (1992). *Somebody somewhere*. Garden City, NY: Doubleday.

Williams, D. (1996). *Autism: An inside-out approach: An innovative look at the mechanics of "autism" and its developmental "cousins"*. London: J. Kingsley Publishers.

【作者简介】
道格拉斯·比克伦
雪城大学教育学院名誉院长。他的研究重点是非制度化、全纳、沟通和孤独症，以及与残疾相关的流行文化。他的文章分别发表在杂志《哈佛教育评论》《国际全纳教育》《美国教育研究协会》和其他出版物上。他的著作包括：《实现完整的学校》(1995)、《没有标签的学校》(1992)、《不受束缚的交流》(1993)、《有争议的词语，有争议的科学》(1997)和《孤独症和孤独者的神话》(2005)。他与乌兹博格共同制作了纪录片《可怜虫和胡言乱语者》(2010)，以及由乌兹博格执导的 CNN 纪录片《孤独亦是世界》(该片曾获 2004 年奥斯卡提名)。他是电影《正常生活》(1988)的执行制片人，这是一部关于学校全纳教育的电影，通过公共广播公司在美国全国播出。

通信地址：Syracuse University, 230 Huntington Hall, Syracuse, NY 13244, USA

电子邮箱：dpbiklen@syr.edu

趋势/案例

意大利的全纳教育：历史进程、发展成果与挑战

达里奥·伊安斯　海德伦·德莫　西尔维亚·德朗娜

在线出版时间：2020年10月8日
©联合国教科文组织国际教育局 2020年

摘　要　意大利的学校系统有着悠久的全纳教育传统，它始于20世纪70年代，有着将残疾学生融入正规学校的第一手经验。此后，立法保障残疾学生和其他有特殊教育需要的学生享有个别化教育和个性化发展的权利。本文介绍了意大利全纳教育的主要发展、取得的积极成果和持续的挑战，特别是那些可能对国际读者感兴趣的挑战。本文由三个相关主题构成：残疾个体的医疗模式对学校实践的持续影响、为全纳提供的支持机会和额外资源、监测和评估机制及其在提高全纳质量方面的作用。

关键词　全纳教育　意大利　残疾　教师能力

本文探讨了意大利学校系统中全纳教育的主要发展和挑战，并利用现有的研究资料提出了全纳教育的积极创新、重大挑战和潜在发展。具体来说，我们根据立法、研究和实践中出现的主要趋势，强调了国家利益以及潜在的国际利益的相关议题。在本文的每一节中，我们考虑了创新且系统的全纳政策和实践，与传统（和更狭义）意义上的全纳理解之间的持续相互作用，这种理解是基于权利的残疾医疗模式和教育供给中的特殊教育视角。

意大利全纳学校系统之优势的相关研究资料与证据

意大利学校系统的基本规范建立在其宪法基础上，宪法强调，在消除所有可能限制个人发展或参与社会活动机会的所有障碍方面，国家发挥着重要作用(Art. 3)。意大利的学校系统曾被视为对每个人都是免费和义务的(Art. 34)。直到20世纪70年代，残疾学生被排除在这一"全民学校"之外，但随着巴萨利亚去制度化运动(Basaglia 1968)的发展，学校开始欢迎残疾学生。立法上，这一发展得到了《学校融合法》的支持(Law118/1971；Law517/1977)。

原文语言：英语

"融合学校"的政策对残疾人的影响较大。2007年和2008年进行的一项调查比较了1,877名残疾人中不同年龄段的人，结果显示，他们的在校学习时间逐渐变长（Canevaro, D'Alonzo and Ianes 2009）。例如，在1970—1974年出生的群体中，只有38.9%上了高中，而在1985—1989年出生的群体中，有70.8%上了高中。此外，该研究强调了在校学习时间和成年生活质量之间的关联。具体来说，研究者请受访者（残疾人或其家庭成员为残疾人）评估（1—10级量表）他们的工作满意度、对未来的信心以及他们对社会生活的正常感知。调查结果显示，较长的在校学习时间与更高的生活质量的三个变量之间存在显著关联（Canevaro, D'Alonzo and Ianes 2009; Ianes, Demo, and Zambotti 2014）。

长期的"融合学校"体验也给教师的态度带来了益处。2000年，对560名教师进行的首批相关研究显示，在大多数研究变量中，他们对智障学生的融合持积极态度（Balboni and Pedrabissi 2000）。最近，一项对7,700名新聘教师的调查显示，他们中的大多数认为，残疾学生的参与丰富了课堂氛围，也为他们的专业发展提供了机会（TreeLLLe Association, Caritas, 阿涅利基金会 2011）。

最后，从教学方法角度，意大利学校中残疾学生的存在，似乎为所有学生带来了一些积极的发展。在我们的一项研究中（Ianes, Demo, and Zambotti 2014），我们邀请了3,000多名来自所有年级的教师描述他们的日常工作，其中包括有残疾学生的班级。研究结果表明，残疾学生的存在似乎与教学方法的多样化有关。研究者请教师们完成一份在线问卷，问卷聚焦他们所教的某个班级，且班级有一名残疾学生。教师们完成了多项选择题，描述了课堂教学和学习组织方式，并说明该残疾学生（1）是和他/她的同学上所有的课，（2）还是只上部分课，或（3）总在班级之外，例如在一个特定的支持教室。

受访者说，那些有残疾学生参与的课堂，与那些没有残疾学生参与的课堂相比，教师采用的教学方法是不同的。在充分全纳的课堂中，教师更频繁地使用更多样的教学方法。即使最广泛使用的方法是以教师为中心的，就像在其他班级中那样，教师在全纳班级的日常教学中更频繁地使用以学生为中心的方法，如合作学习或主动学习的实验室环境。这一结果表明，一个残疾学生的存在支持多样化的教与学环境的使用。虽然这种多样性对于创造一个让残疾学生参与的环境往往至关重要，但学习情境的多元化也可被视为所有人日常学习和教学的质量标准（Hall, Meyer and Rose 2012）。

有趣的是，同一调查的其他结果也表明，无论残疾的严重程度如何，招收残疾学生与其他学生总在一起上课的班级的学习效果和社会化效果更好（Ianes, Demo and Zambotti 2014）。事实上，根据教师对学习和社会化结果的评价，无论是对残疾学生还是其他同学，充分全纳的班级的成绩明显高于那些残疾学生部分甚至全部上课时间被排斥在外的班级。尽管这些结果是基于教师的自我评价，而不是基于观察到的表现，教学方法的多样性似乎与所有人的积极学习结果相关。

其他研究项目表明，残疾学生在全纳学习环境中的存在，促进了特殊教育领域，甚至在治疗情境中所开发的工具、方法与方式的使用。例如，阿格里洛、扎帕拉和艾洛（2020年）最近的研究项目，重新设计了意大利全纳系统中面向孤独症儿童的丹佛模式。该研究强调，重要的是，支持并培训教师有效实施丹佛模式，并将该培训纳入教师的日常工作中（如，采用咨询的方式，而不是经典的课堂方式）。这种研究有助于创建一种全纳的学校文化，在这种文化中，残疾学生有机会与所有同学分享他们的学习，同时得到所需的具体支持。此外，使用多种特殊教育方法和工具，似乎可以激发所有学生的学习兴趣。例如，一项有关辅助和替代性沟通（AAC）干预效果的项目证实，使用具有替代性沟通符号的书会产生有趣的语言学习效果，不仅对有复杂交流需要的儿童，对其他儿童也如此（Vago 2014）。

消除残疾个体医疗模式的广泛影响

20世纪70年代实施的"融合学校"政策，无疑对意大利的学校系统的某些方面产生了积极影响。然而，相关授权和供给的设计方式，植根于残疾个体医疗模式，乃至即使在最近的立法中，这种模式仍然存在，延缓了这一领域的创新。

从残疾分类到特殊教育需要大分类：公平和/或标签？

70年代最早颁布的学校融合法，为全纳学校系统提供了两个重要的先决条件：一是将残疾学生纳入主流教育中，二是让所有学生享有同一屋檐下就读同一所学校的权利。一旦每个人的教育权得到了保证，焦点就转向所有学生的在校生活质量，包括学习和参与方面。最终，这导致了立法，目的是保护那些更易被排斥或面临成绩不佳风险的学生。首先是为所有持残疾证的学生制定了《个别化教育计划》（IEP）。从2010年起，其他法规相继出台，并以个别化教育的方式支持其他类别的学生：首先是有特定学习障碍的学生（Law170/2010），然后是有其他特殊教育需要的学生，包括处于社会文化劣势的学生（2012年12月27日的部长令；2013年3月6日第8号教育部告）。

在全国教育学界，扩大除残疾学生之外的特别"受保护学生群体"这一话题被热议。扩大特殊教育需要类别，似乎有双重含义。一方面，如果这个选择似乎是在公平的基础上满足所有学生的需要（Ianes 2005），那在另一方面，不一样的课堂便成为专门为特殊教育需要学生"预设的"课堂，这便有给学生贴标签的风险，这是围绕标签效应和特殊教育相关讨论的一般性话题（Algraigray and Boyle 2017）。讨论以2018年5月（Note 1143, 17.05.2018）教育部大学与研究部门的声明结束，促进了人们关于摈弃分类、转向所有人的差异化学习的思考。然而，与此同时，没有废除任何特殊教育需要类别，因此也没有具体的结构性改变。

有关教师对扩大特殊教育需要类别的看法，最近的研究表明，教师的看法不一或是批评的。例如，来自 3,087 所意大利学校（37%的小学，28%的初中，35%的高中）的调查结果，证实了这些不同的看法，问卷由学校的全纳协调员在线填写——协调员主要由教师担任。积极的观点似乎占上风：57.9%的受访者完全同意，特殊教育需要立法正在促进更全纳的学校发展；53.9%的人完全不同意。总之，立法产生的负面影响大于积极影响。然而，与此同时，超过 40%的受访者认为，特殊教育需要的相关立法强化了标签效应，无论如何，近 20%的受访者倾向于认为，负面影响大于积极影响（Bellacicco et al. 2019）。

一项深入的定性研究项目，对意大利以下四个地区的 41 名全纳协调员、辅导教师和校长进行了半结构化访谈：利古里亚、伦巴迪亚、皮蒙特和西西利亚（Dovigo and Pedone 2019 年）。本研究的批判性视角强调，从两方面扩大特殊教育需要类别是有风险的。首先，如果教与学被视为标准过程，并为那些有特定困难、有特殊教育需要的学生作出调整，那么多样性不会导致系统的改变，而仅仅是对特定学生群体进行特殊干预并提供资源支持。其次，干预措施是基于对困难和需求的认识，但这种基于缺陷的观点将干预措施弱化为"帮助"。这一想法意味着对特殊教育需要学生的消极看法，将他们简化为教学调整的接受者，而不是具有主动性和想象力的个体（Dovigo and Pedone 2019）。研究结果似乎证实了这一新话题。然而，由于缺少方法方面的信息，导致评估它们的可靠性变得困难。

个别化教育供给的权利机制

如前所述，学校立法认可以下三种主要的特殊教育需要类别，可享有个别化教育的权利：残疾、特殊学习障碍和其他特殊教育需要。被确定属于这三种类别的学生和随后的资源分配采用不同的路径。遗憾的是，它们似乎与一种普遍且难以根除的负面文化影响有关：即个体医学模式及其对个人功能的缺陷观点，这种功能缺陷再次被分类，并可能对一些学生造成社会标签效应和污名化。

国家法律对残疾学生的权利及教育供给机制有明文规定。根据第 104/1992 号法律，对残疾的鉴定主要是基于医疗诊断。残疾学生参加的部分课程，由支持教师、专业教师提供并支持，他们和任课教师一起工作。支持教师的工作时间，取决于残疾诊断的严重程度。课程分配的整个过程注重医学导向。事实上，是医疗诊断书决定着个人是否有权接受个别化教育计划，并有权获得额外人力资源。医学诊断书和资源分配之间的紧密关联，可能是残疾学生群体（在过去 30 年里）持续增长的原因之一，目前各年级的学生比例在 3%—4%之间（ISTAT 2020 年）。

直到最近，政府才颁布法令 66/2017 和 96/2019，推出了创新举措，为残疾学生提供了更具关联的干预模式（Shakespeare 2013），采用了国际通用的功能、残疾和健康分类法(ICF),作为评估和干预的参考模型(WHO 2007)。这可能削弱个体医疗模式的影响。事实上,功能、残疾和健康分类法详细描述了每种残疾的复杂性和独特性,并引入残疾的关系愿景,这是个人特征与环境交互作用的结果。它可能带来一些干预项目,关注学生所在学校和校外生活的所有方面(即关系、环境、态度等),以便在一个系统的个别化教育计划中开发干预项目。

同样,对于有特定学习障碍的学生,个体医疗模式是基于心理诊断的权利程序的基础。诊断程序是在国家层面定义的,但在各地区的应用方式各有不同。在某些情况下,由私人心理学家进行的评估得到了认可,而在另一些情况下则没有得到认可。这就是统计数据显示属于此类学生的百分比有很大差异的原因之一,从西北部的 4.5% 到南部及沿海群岛的 1.4%(MIUR 2018)。此外,这一百分比从小学(1.95%)到初中教育(5.4%)也有显著增长。如前所述,对特定学习障碍的评估,让学生享有不同学习方法的权利,但没有额外的人力资源分配给同样属于此类学生学习的课程。

关于最后的类别即"其他特殊教育需要",它被认为是一种"剩余类别",用于其他可诊断的障碍(注意力缺陷障碍、多动症、语言障碍等),但也用于不同形式的社会弱势群体。对于弱势群体,不需要正式的诊断。法律规定,教学团队有责任确定,学生是否有需要在个人学习计划中接受差异化教学。同样,这种情况下也不分配额外的人力资源。非医疗类别的引入本可以导致创新的实践,在鉴定特殊教育需要中,让教师发挥教学视角的关键作用。然而,教师对这个问题的意见是有争议的,如前一节提供的研究资料所表明的。

基于梅杰(2003)定义的特殊教育措施的资助模式,意大利采用个别化供给模式,将教育供给分配给有资格的学生,资源的数量取决于学生所属的类别或其需求的严重程度,基本上是根据诊断结果。这个模型的主要风险是众所周知的。首先,它将问题锁定在儿童(类别)身上,有可能导致特殊教育需要学生被隔离的风险。例如,在意大利,研究显示,在主流班级中的残疾学生有时会遭遇微排斥的现象(D'Alessio 2011; Ianes, Demo and Zambotti 2014; Nes, Demo and Ianes 2018)。此外,残疾分类可能导致少数群体或在社会文化、语言或经济上处于劣势的学生所占比例过高,这是其他国家广泛存在的现象(e.g., Walby, Armstrong and Strid 2012)。对意大利来说,那些无意大利公民身份和残疾学生的相关数据证实了这一担忧(MIUR 2019)。因此,需要对这一主题进行更多的研究,特别是意大利法律所认可的所有需求类别中男生所占比例过高的问题。

此外,这种供给分配方式产生了裁定需求的激励措施(Pijl 2014)。意大利的数据似乎证实了这一趋势,越来越多的学生被诊断为有残疾或学习障碍(TreeLLLe Association, Caritas,阿涅利基金会 2011)。最后,还有一个经济问题,因为越来越多的残疾学生或特殊教育需要学生需要额外的资金。事实上,国家层面的年度教育支出还在不断上升,用于支持教师的支出甚至翻倍(EASNIE 2019b)。

最后,为支持不同类别学生的需求,意大利最近加强了立法,以确保获得更多的资源,并实施必要措施,确保某些学生的教育成功。尽管意大利教育系统的行动越来越多地采取基于权利的方式,并试图采取生物—心理—社会和关系的视角,但医疗诊断与供给分配之间的紧密联系,提出了许多问题和挑战,其中一些值得在研究中进一步关注。

全纳的支持机制和额外资源

与权利和教育供给过程所产生的矛盾一样,全纳资源的构想方式越来越模糊不清,这一点也需要考虑。其中包括一些系统的、全学校发展措施以及非常个别化的教育供给,类似专业的支持教师。

教师能力和角色:为每一个特殊孩子配备一个特殊教育教师吗?

在意大利各级学校系统中,两种主要类型的教师之间有明显区别:班级/学科教师和支持教师。如上所述,支持教师被分配到"持证"残疾学生的班级。根据法律,这两类教师有不同的任务,但就对班上所有学生负责来说,他们是同等的。然而,由于根植于教学传统中的社会和文化机制,班级或学科教师享有的地位往往高于支持教师(TreeLLLe Association, Caritas,阿涅利基金会 2011)。但支持教师的数量仍在继续增长:截至 2017—2018 年,约有 15.6 万名支持教师,占所有教师总数的 17.9%(MIUR 2019)。

除了关键的立法方面,如前面讨论的个体残疾医疗模式的影响,在国家层面有必要考虑两个主要问题:(1)教师的能力及相关的培训,(2)协作以及角色与能力的融合。第一个问题特别广泛,已成为国际挑战。事实上,关于残疾学生的教学,许多研究者仍在争论通用教学能力与具体能力或"专业"能力之间的关系。在特殊且分开的环境下所采用的方法和策略,能否适应主流班级,对此,人们进行了许多反思(e.g., Cottini and Morganti 2015; Ravet 2015; Norwich and Lewis 2007)。特别是,那些属于循证教育领域的、对孤独症障碍等特定残疾有效的方法(Mitchell 2014),很少提供与全纳环境相关的证据。此外,将"特殊教学法"无选择地应用于全纳环境中,可能重新产生污名化和排斥机制(Rix 2015; Ravet 2011)。

尽管在主流学校中纳入残疾学生的历史由来已久,但在意大利,主要是一场围绕教师能力问题的专题辩论。由于 20 世纪 70 年代人们对特殊学校办学质量的强烈批评,独立分开的特殊教育系统很快被拆除。这导致人们以更广泛的方式,为主流学校培训支持教师,而不专门针对某些类型的残疾(例如,感官残疾或智力残疾)。这些教师最初被视为是对组织教学的一种支持,以使残疾学生的融合成为可能(de

Anna 2015)。选择对支持教师的非专业入职培训,一直遭到学者和残疾人支持者的批评,他们对能否保证残疾学生获得足够的支持提出了怀疑,特别是在过去十年(Anastasiou, Kauffman and DiNuovo 2015)。

而且,支持教师和课堂教师的角色不同,还导致一些合作方面的问题。与其他国家不同的是,目前意大利的支持教师所接受的入职培训,与班级或学科教师可能接受的培训相同,再加上为期一年的"融合"课堂教学的专业培训。理论上,这种选择让班级/学科教师和支持教师享有平等的地位。然而,实践中,支持教师这一职业所获得的社会认可是有限的,相比而言,它们甚至被支持教师本身理解为次于班级教师的角色。这反过来又导致了支持教师继续留在该岗位的问题,因为随着机会的出现,支持教师会迅速选择班级教师的角色(TreeLLLe Association, Caritas,阿涅利基金会 2011)。

此外,对支持教师的专业认可的不足,是由于所提供的资源与学生的残疾诊断直接相关。这种支持可能被错误地认为是提供给个人而不是班级的资源。因此,课堂教师经常将残疾学生的所有需求转移给支持教师,就像在其他国家所看到的一样(Devecchi et al. 2012)。为避免支持教师变为残疾学生的个人指导老师的角色,最近十年开展了一项支持多重专业角色的运动:一些支持教师转变成具有多重角色的兼职课堂教师,或成为外部支持专家(Ianes 2015, 2016)。这种角色的发展,可以促进学科教师与支持教师在教学计划上的协作,但这在学校实践中似乎是有限的,即使有法律的强力支持(Canevaro et al. 2011)。

鉴于这些挑战,立法在实施中的局限性很明显。矛盾的存在很明显。一方面,我们强调所有教师对所有学生的同等责任,即使在共享的教师培训的程度上。然而,另一方面,支持教师却被分配到特定的班级,是因为该班有一个残疾学生,这给教师之间的积极协作带来了挑战。

为全纳提供专业供给

欧洲特殊需要与全纳教育机构(EASNIE 2019a)区分了为残疾学生提供的校内和校外服务。校内服务涉及课程改编、评估条件和学习材料,以及额外的设备支持和/或人员支持。校外服务是指校外其他专业人员提供的培训或支持,例如评估方案或教育规划。在意大利的学校系统中,包括义务教育和非义务教育,既提供校内服务也提供校外服务,以支持残疾学生、有特殊学习障碍的学生,或有其他特殊教育需要的学生。分配的资源主要是人力资源。

在班级层面,支持教师代表了为残疾学生所在班级提供的一种主要支持形式。在某些特别复杂的残疾情况下,除了支持教师外,还聘用了其他专业人员,即所称的"教育工作者"或"自主与沟通促进者"。通常他们由地方当局提供资助,意大利学校中约有 6 万名这样的专业人员。这些专业人员与教师一起,参与课程规划,如课程、学习材料和学生评价的改编。他们都是"运行工作小组"的成员,此外还有残疾学生的家长和卫生系统的专业人员。这个小组的主要任务是制定个别化教育计划。在更广泛的学校层面,一人或多人负责协调对有特殊教育需要的学生的支持,并促进相互协作(例如,全纳协调员或特殊教育需要顾问)。这些协调员还领导着学校的"全纳工作小组",负责制定各种行动方案,推进所有学校所有班级的全纳文化和实践。

学校是网络的一部分,它们与校外的其他咨询机构互动,以期为家庭、教师和学校提供教育与心理方面的建议和指导(例如,第 8/2013 号法令及最近的第 66/2017 号法令所规定的"区域支持中心"或"区域全纳中心")。遗憾的是,全国各地所提供的这些服务并不一致,因为这些服务取决于区域和地方的财政资助。近年来,这些类型的服务在一些地区有所扩大,例如,针对孤独症障碍的咨询机构,使用点对点的方法,尤其是为教师提供培训和咨询项目(Munaro and Cervellin 2016)。最后,立法可促进学校之间、外部专业人员之间建立协作网络,在地方一级建立多专业团队,以支持学校和教师制订全纳规划。

卫生系统内的网络不那么分散。UVM 是当地卫生部门的一家多学科评估单位,负责执行评估方案。后来,一些残疾学生定期由健康专业人员监测,参与具体的康复项目(如言语治疗、身体治疗等)。不同于其他国家具有更长时间的特殊学校传统,意大利只有少数服务特定残疾的机构(特别是针对盲人和聋人的机构)仍在运作,它们构成了主流教育的资源中心。

综上所述,不同利益相关者之间的协作机会很多,依法提供的支持资源也很多,可以为残疾学生提供充分的、多层次的服务。此外,理论上,为促进全纳实践而建立的不同工作小组,不只是代表了班级有特殊教育需要的个别学生。许多小组,如学校全纳工作小组,被认为是以一种更系统的方式发展全纳的团体。他们不应仅仅关注如何适应个别学生的需要,而应该关注学校的整体发展。

然而,关于所提供的支持的类型、专业性以及所需要的专业支持形式等仍有一些争论(例如,为教师提供的在职培训与咨询、对家长的支持等)。一个突出的问题涉及不同公共部门和行政人员之间的协调和协作:其中包括教育部、地方当局、公共卫生部门、非营利组织和其他私营实体。此外,这些相互交织的关系存在巨大的地区差异:由于 9.01% 的资金是在区域层面分配,10.27% 在地方层面分配,不论是校内还是校外,人力资源分配、课程和服务供给都不一样(EASNIE 2019b)。此外,有些服务来自私营机构或隶属于公共团体发起的行动计划,只提供给部分地区。

监测、评估和研究

正如其他作者所讨论的(e.g., Ferri 2017),意大利的立法表明了对学校全纳的严肃承诺,并提出了雄心勃勃的创新方案,特别是关于残疾学生的方案。尽管在法律层面上确立了相关原则,但其实施仍受到批评,尤其是为残疾学生提供的服务的质量和系统性干预方法的有效应用。现有的研究资料表明,实施的质量是高度分散和不稳定的。

从 2000 年开始,根据国际国内教育评估发展的趋势,意大利引入了教育质量监测和评估机制。除了关于学生学习成果的传统评估机制外(如国际层面的 PISA 项目),还实施了进一步的监测机制,从而扩大了主要研究机构和公共评估机构的工作范围,包括国家教育创新研究所(INDIRE)和国家教育评估研究所(European Commission/EACEA/Eurydice 2017)。最近的立法引入了新的监测机制(第 66/2017 号法令,第 107/2015 号法令,8/2013 号法令),它不仅要求学校提供为残疾学生或有特殊教育需要的学生编制的教学计划,还要求学校建立支持学校全纳和自我评估的工作目标。关于监测机制,立法还要求提供关于普通教育系统教学计划和自我评估的其他文件。在这些文件中,有专门的章节涉及全纳质量监测和改进的内容,但只考虑了有关结构和程序方面的指标。

除了加强关于结构、组织和教育过程的监测机制外,最近的两项法令(66/2017 和 96/2019)要求建立和实施质量保障机制,以检测该系统对所有学生学业结果的有效性。国家教育评估研究所正着力开发残疾学生的学习指标和社会参与指标。然而,由于个别化教育定义了大量的个别化学习目标,这项任务具有挑战性。

另一个独立但相关的问题,涉及研究证据的产生以及研究、政策和随之而来的实践创新之间的关系。学校全纳成果的相关研究资料和该模式有效性的相关证据很有限(Cottini and Morganti 2015;Begeny and Martens 2007),这可能为怀疑论者留下充足的空间(Ianes and Augello 2019)。尽管教师(Ianes, Demo and Zambotti 2014; Reversi et al. 2007)和家长(Zano-bini et al. 2018)均表达了一定的满意度,但现有的结果仍然有限,引起了人们的关注,例如社会参与(Nepi et al. 2013,2015)。为了评估该体系的质量,需要对学生的学习成果和社会全纳开展进一步的研究,包括有残疾、无残疾和有其他特殊教育需要的学生。

事实上,在国家监测和评估机制中,实证研究的趋势是关注结构和过程方面,更多的描述性研究提供有关当前实践的信息或调查教师、学生和家长对残疾和全纳的看法。其他方法则很少见,特别是关于有残疾和无残疾学生或其他特殊教育需要的学生的学习与社会成果的研究,以及关于当前实践和干预措施的有效性的研究(Cottini and Morganti2015)。遗憾的是,这一全国性的缺陷与全纳教育研究中的一些国际趋势相一致(e.g., Amor et al. 2019)。在欧洲和国际层面,围绕循证政策的争议在蔓延。在实施有效性和收集证据方面的研究,应支持当前的政策评估,并为未来的政策提供信息参考,从而影响决策和实施。

加强研究、政策和实践之间的关联——采用自上而下和自下而上的方法——也是一个机会,可以让更多不同的利益相关者更积极地参与进来,以促进教育系统中学校、地方、地区及国家开展多层次的对话。在意大利学校系统中,第107/2015号法令首次尝试了这一目标的实现,该法的制定是基于不同利益相关者参加的全国性协商。然而,目前来自上述研究和公共教育机构的数据、来自大学的研究和国家统计办公室的数据(这是全国学校系统功能相关统计数据的主要来源),以及通过监测和质量保障机制收集的数据,不一定对政策和创新产生影响。

在此情况下,似乎有必要预判并实施进一步的评估机制,以便在研究、政策和实践之间建立一个循环链。首先,这将验证当前实施模式的有效性,并让人们了解好的实践经验,同时干预系统的关键方面。其次,这种方法更有可能整合来自国际国内研究的知识和证据,更不用说,在决策过程和未来实施策略中,可发展该领域专业人员的各种能力。

结　语

意大利的学校立法,已经为一个真正具有全纳性的学校系统奠定了基础。研究资料清晰地显示,全纳政策对残疾人的生活质量、教师的态度以及对所有学生的各种教学方法产生了积极影响。然而,在本文中,我们还强调了在意大利境脉下实施学校全纳值得关注的三个主要问题,这些问题具有重要的国际意义。具体来说,个体医疗模式对政策和实践有着重大影响(Shakespeare 2013),相互矛盾的教育供给系统可能导致微排斥和标签效应,特别是在支持教师方面(Schleicher 2014;EASNIE 2011),而且,很难产生可靠的研究证据和学校全纳的质量监测,这对未来的实践有重大影响(Rocha Menocal 2020)。

意大利的经验显示出围绕残疾问题的一系列矛盾。一方面,该模式似乎转向了人权方法,关注了所有人的差异和生物—心理—社会视角的残疾模式(ICF),考虑了残疾学生教育的全球价值,也考虑了个体和社会因素。另一方面,鉴定残疾的主要参考仍然是医学上的。此外,特殊教育需要类别的扩大也主要是基于医疗诊断,为了让额外资源分配变得合理,有可能放大污名化和排斥的现象。这些问题体现在教师对最近立法(Bellacicco et al. 2019)的不同意见上,也体现在对残疾学生的全纳与排斥并存中(e.g., Nes, Demo and Ianes 2018; Zanobini et al. 2018; Nepi et a. l2013,2015)。例如,有些现象,如残疾学生从主流课堂中被推和拉的现象,需进一步研究,以了解它们的影响(Ianes, Demo and Zambotti 2014; Nes, Demo and Ianes2018)。

另一个相关主题涉及教师角色和能力,特别是支持教师的专业性。研究表明,一半的支持教师感觉或认为,自己不是"正式的"教师(TreeLLLe Association, Caritas,阿涅利基金会 2011)。主要有两种观点,有些教师希望加强专业的独立性,使支持教师的工作越来越专业化,有的则倾向于促进教师角色的同一性,同时大幅提高所有教师的全纳教育能力。然而,这两种选择都可能有风险:一方面是对专业角色的持续强化机制以及随之而来的微排斥现象,另一方面是对教师培训期望不断增加的趋势。在这些未解决的问题中,支持系统的分裂——包括学校内部和外部——对协作和协调提出了挑战。这表明,需要研究如何以另一种方式组织教育供给,从鉴定机制到供给分配再到支持机会。

最后,质量保障的议题也很重要。从整体上,在质量保证方面的投入,可支持意大利更公平地发展全纳。全纳过程和全纳结果之间的联系应该加强((Rocha Menocal 2020),以建立研究证据、监测和评估机制之间的关联,在全纳结果方面,特别要关注到学生在学业成就和社会参与方面的结果。

(周红艳 译)

参考文献

Agrillo, F., Zappalà, E., & Aiello, P. (2020). Il Group-based Early Start Denver Model nel contesto educa-tivo italiano: Uno studio di caso [The Group-based Early Start Denver Model in the Italian educational context: A case study]. In Sezione SIPeS (Eds.), *Ricerca, scenari, emergenze sull'inclusione. Tomo 2. Atti del Convegno Internazionale SIRD. Roma 26 – 27 settembre 2019* (pp.19 – 26). Lecce: Lecce Pensa. Multimedia Editore.

Algraigray, H., & Boyle, C. (2017). The SEN label and its efect on special education. *The Educational and Child Psychologist, 34*(4), 70 – 79.

Amor, A.M., Hagiwara, M., Shogren, K.A., Thompson, J.R., Verdugo, M.A., Burke, K.M., et al. (2019). International perspectives and trends in research on inclusive education: A systematic review. *International Journal of Inclusive Education, 23*(12), 1277 – 1295.

Anastasiou, D., Kaufman, J.M., & Di Nuovo, S. (2015). Inclusive education in Italy: Description and refections on full inclusion. *European Journal of Special Needs Education, 30*(4), 429 – 443.

Balboni, G., & Pedrabissi, L. (2000). Attitudes of Italian teachers and parents toward school inclusion of students with mental retardation. *Education and Training in Mental Retardation and Developmental Disabilities, 35*(2), 148 – 159.

Basaglia, F. (1968). *L'istituzione negata* [The institution denied]. Milano: Baldini Castoldi Dalai.

Begeny, J.C., & Martens, B.K. (2007). Inclusionary education in Italy: A literature review and call for more empirical research. *Remedial & Special Education, 28*(2), 80 — 94.

Bellacicco, R., Cappello, S., Demo, H., & Ianes, D. (2019). *L'inclusione scolastica fra push-e pull-out, transizioni e BES: Una indagine nazionale* [School inclusion between push- and pull-out, transitions andSEN: a national survey]. Milano: FrancoAngeli.

Canevaro, A., D'Alonzo, L., Ianes, D., & Caldin, R. (2011). *L'integrazione scolastica nella percezione degli insegnanti* [School integration in the perception of teachers]. Trento: Erickson.

Canevaro, A., D'Alonzo, L., & Ianes, D. (Eds.) (2009). *L'integrazione scolastica di alunni con disabilità dal 1977 al 2007. Risultati di una ricerca attraverso lo sguardo delle persone con disabilità e delle loro famiglie* [The school integration of pupils with disabilities from 1977 to 2007. Results of a research through the perspective of people with disabilities and their families.]. Bolzano: Bozen-Bolzano University Press.

Cottini, L., & Morganti, A. (2015). *Evidence-based education e pedagogia speciale. Principi e modelli per l'inclusione* [Evidence-based education and special pedagogy. Principles and models for inclusion]. Roma: Carocci.

D'Alessio, S. (2011). *Inclusive education in Italy* [Inclusive Education in Italy: A critical analysis of the policy of integrazione scolastica]. Rotterdam: Sense Publishers.

de Anna, L. (2015). I percorsi della formazione [The paths of education]. In A. Mura, L. de Anna, & G. Patrizia (Eds.), *L'insegnante specializzato* (pp. 44–60). Milano: FrancoAngeli.

Devecchi, C., Dettori, F., Doveston, M., Sedgwick, P., & Jament, J. (2012). Inclusive classrooms in Italy and England: The role of support teachers and teaching assistants. *European Journal of Special Needs Education*, 27(2), 171–184.

Dovigo, F., & Pedone, F. (2019). *I bisogni educativi speciali* [Special educational needs]. Roma: Carocci.

EASNIE [European Agency for Special Needs and Inclusive Education] (2011). *Teacher education for inclusion across Europe: Challenges and opportunities*. Odense: EASNIE.

EASNIE (2019a). *Changing role of specialist provision in supporting inclusive education: Mapping spe-cialist provision approaches in European countries* (S. Ebersold, M. Kyriazopoulou, A. Kefallinou, & E. Rebollo Piriz, Eds.). Odense: EASNIE.

EASNIE (2019b). *Legislation updates 2019* (E. Óskarsdóttir, Ed.). Odense: EASNIE.

European Commission/EACEA/Eurydice (2017). *Support mechanisms for evidence-based policy-making in education: Eurydice report*. Luxembourg: Publications Offce of the European Union.

Ferri, D. (2017). Inclusive education in Italy: A legal appraisal 10 years after the signature of the UN convention on the rights of persons with disabilities. *Ricerche di Pedagogia e Didattica Journal of Theories and Research in Education*, 12(2), 1–21.

Hall, T. E., Meyer, A., & Rose, D. H. (Eds.) (2012). *Universal design for learning in the classroom: Practical applications*. New York, NY: Guilford Press.

Ianes, D. (2016). *Evolvere il sostegno si può (e si deve)* [Support can (and must) evolve]. Trento: Erickson. Ianes, D. (2015). *L'evoluzione dell'insegnante di sostegno* [The evolution of the support teacher]. Trento: Erickson.

Ianes, D. (2005). *Bisogni educativi speciali e inclusione: valutare le reali necessità e attivare tutte le risorse* [Special educational needs and inclusion: How to assess real needs and activate all resources]. Trento: Erickson.

Ianes, D., & Augello, G. (2019). *Gli inclusio-scettici. Gli argomenti di chi non crede in una scuola inclusiva e le proposte di chi si sbatte tutti i giorni per realizzarla* [The inclusio-skeptics. The arguments of those who do not believe in an inclusive school and the proposals of those who struggle every day to make it happen]. Trento: Erickson.

Ianes, D., Demo, H., & Zambotti, F. (2014). Integration in Italian schools: teachers' perceptions regard-ing day-to-day practice and its efectiveness. *International Journal of Inclusive Education*, 18(6), 626–653.

ISTAT [Italian National Institute of Statistics] (2020). *L'inclusione scolastica degli alunni con disabilità. Anno scolastico 2018–2019* [The school inclusion of pupils with disabilities. School year 2018 – 2019].

Kinsella, W. (2018). Organising inclusive schools. *International Journal of Inclusive Education*.

Meijer, C. J. W. (2003). *Special education across Europe in* 2003. Middelfart: EADSNE.

Mitchell, D. (2014). *What really works in special and inclusive education: Using evidencebased teaching strategies* (2nd ed.). London: Routledge.

MIUR (2018). *Gli alunni con disturbi specifci dell'apprendimento* [Pupils with specifc learning disabilities].

MIUR (2019). *I principali dati relativi agli alunni condisabilità. Anno scolastico* 2017/2018 [The main data relating to pupils with disabilities. School year 2017/2018].

Munaro, C., & Cervellin, I. (Eds.) (2016). *Peer teaching e inclusione. Da insegnante a insegnante: Sup- porto di rete per la condivisione di competenze educative* [Peer teaching and inclusion. Teacher to teacher: Network support for sharing educational skills]. Trento: Erickson.

Nepi, L. D., Facondini, R., Nucci, F., & Peru, A. (2013). Evidence from full-inclusion model: The social position and sense of belonging of students with special educational needs and their peers in Italian primary school. *European Journal of Special Needs Education*, 28, 319 – 332.

Nepi, L. D., Fioravanti, J., Nannini, P., & Peru, A. (2015). Social acceptance and the choosing of favourite classmates: A comparison between students with special educational needs and typically devel-oping students in a context of full inclusion. *British Journal of Special Education*, 42(3), 319 – 337.

Nes, K., Demo, H., & Ianes, D. (2018). Inclusion at risk? Push- and pull-out phenomena in inclusive school systems: The Italian and Norwegian experiences. *International Journal of Inclusive Educa-tion*, 22(2), 111 – 129.

Norwich, B., & Lewis, A. (2007). Howspecialized is teaching children with disabilities and difculties? *Journal of Curriculum Studies*, 39(2), 12 – 150.

Pijl, S. J. (2014). Funding. In L. Florian (Ed.), *The SAGE handbook of special education* (pp. 251 – 261). London: Sage.

Ravet, J. (2015). *Supporting change in autism services: Bridging the gap between theory and practice*. Abingdon, Oxon: Routledge.

Ravet, J. (2011). Inclusive/exclusive? Contradictory perspectives on autism and inclusion: The case for an integrative position. *International Journal of Inclusive Education*, 15(6), 667 – 682.

Reversi, S., Langher, V., Crisafulli, V., & Ferri, R. (2007). The quality of disabled students'school integra tion: A research experience in the Italian state school system. *School Psychology International*, 28(4), 403 – 418.

Rix, J. (2015). *Must inclusion be special? Rethinking educational support within a community of provision*. London: Routledge.

Rocha Menocal, A. (2020). *Why does inclusion matter? Assessing the links between inclusive processes and inclusive outcomes*. Paris: OECD.

Schleicher, A. (2014). *Equity, excellence and inclusiveness in education: Policy lessons from around the world, international summit on the teaching profession*. Paris: OECD.

Shakespeare, T. (2013). *Disability rights and wrongs revisited*. London: Routledge.

TreeLLLe Association, Caritas, & Agnelli Foundation (2013). *Gli alunni con disabilità nella scuola itali- ana: Bilancio e proposte* [Pupils with disabilities in Italian schools: Financial report and proposals]. Trento: Erickson.

Vago, V. (2014). *Studio prospettico sugli efetti della lettura degli IN-Book sulla produzione lessicale di bambini in età prescolare* [Prospective study on the efects of reading IN-Books on the lexical production of preschool children]. Unpublished thesis. University of Milan.

Walby, S., Armstrong, J., & Strid, S. (2012). Intersectionality: Multiple inequalities in social theory. *Sociology, 46*(2), 224–240.

WHO [World Health Organization] (2007). *International classifcation of functioning, disability and health: Children & youth version (ICF-CY)*. Geneva: WHO.

Zanobini, M., Viterbori, P., Garello, V., & Camba, R. (2018). Parental satisfaction with disabled children's school inclusion in Italy. *European Journal of Special Needs Education, 33*(5), 597–614.

【作者简介】
达里奥·伊安斯
意大利博岑-博尔扎诺自由大学特殊教育与全纳教育教授,也是埃里克森特伦托出版社(意大利)的联合创始人。他的专业领域主要包括残疾学生的鉴定和支持机制、全纳教育的有效教学策略以及全纳学校的领导。

通信地址:Faculty of Education, Free University of Bozen-Bolzano, Viale Ratisbona, 16, 39042 Bressanone, BZ, Italy

电子信箱:Dario.ianes@unibz.it

海德伦·德莫
意大利博岑-博尔扎诺自由大学教育学院全纳教育副教授、学校全纳能力中心的主任。她的研究工作主要关注两个问题:学校及幼儿园的全纳教学和全纳学校的发展。

通信地址:Competence Centre of School Inclusion, Free University of Bozen-Bolzano, Viale Ratisbona, 16, 39042 Bressanone, BZ, Italy

西尔维亚·德朗娜
意大利博岑-博尔扎诺自由大学教育学院的博士后研究人员。她的研究和出版物主要集中于全纳教育的有效实施和全纳学校系统质量评估。

通信地址:Faculty of Education, Free University of Bozen-Bolzano, Viale Ratisbona, 16, 39042 Bressanone, BZ, Italy

案例/趋势

肯尼亚的街头连接与教育：
正规教育经历作为全纳教育实践的理据

苏莱恩·科克伦　莉莲·奥科·阿韦姆波
克尔文·穆格旺加　艾琳·阿蒂诺·阿洛赫

在线出版时间：2020年8月20日
©联合国教科文组织国际教育局 2020年

摘　要　本文提供了有关街头连接与全纳教育的文献，呈现了来自肯尼亚的两项原创研究成果。这两项研究旨在了解街头连接年轻人的教育经历。第一项研究侧重从街头过渡到教育或培训并探讨这一过渡的挑战。第二项研究关注那些在街头生活了较长时间且在数据生成时仍在街头的年轻人。两项研究产生了重要的见解，包括：（1）教育是最初流落街头的动因，（2）恐惧、尴尬和羞耻在阻止年轻人进入（或重返）正规教育中的作用，以及（3）接纳和支持服务在帮助年轻人克服归属感缺失、顺利从街头转向学校生活方面起到关键作用。本文提供了实证证据，在全球为街头连接年轻人规划全纳教育供给时，应当考虑这些证据。

关键词　街头连接　全纳　归属感　肯尼亚　协作

国际政策议程，如可持续发展目标（SDGs），都优先强调普及优质教育，学校被视为儿童的"归属地"。而教育被誉为改善结果和改变生活、摆脱贫困的良方（Kaneva and Corcoran 2020；Boyden 2015）。然而，尽管通过国际政策和立法，例如《联合国儿童权利公约》（CRC 2017），教育已成为全球适用的准绳，但将这些理想转化为实践却远非轻而易举。当正规学校教育成为问题所在，年轻人无法"适应"学校环境各方所施加的期望；当他们认定，街头生活所带来的机会和好处远超过完成学业所带来的回报时，会发生什么情况？这些年轻人所经历的多重匮乏与街头连接生活——这些应该反映在政策中，既定义他们为街头连接者，但又不将他们与其他年轻人孤立开来（Thomas de Benitez 2011）——对于他们进入（重返）学校意味着什么？

广义的全纳教育定义是为所有学习者提供公平的优质教育。本文将聚焦全纳教育的社会和教育的合理性，讨论两项在肯尼亚开展的关于街头连接年轻人

原文语言：英语

(Street-Connected Young People，SCYP)的研究结果(在本文中,"年轻人"指的是18岁以下的儿童和/或18—28岁的青年)。基于这些年轻人的街头经历以及这些经历如何影响他们后来走向教育,我们探讨了促使他们最初流落街头和/或阻止他们选择(重返)学校所面临的挑战。此外,我们还分析了那些被鼓励离开街头、选择接受正规教育的年轻人所面临的挑战。通过关注这些年轻人的经历,我们试图揭示归属感或不归属感如何塑造他们的教育轨迹,并质疑学校(和社会)中导致辍学问题的诱因。最后,从全纳教育更广泛的话语角度,我们分析街头连接年轻人的经历。

定位街头连接

街头连接年轻人不是一个同质化的群体,因此试图将他们归入一个统一的类别存在很大的问题。一方面,支持这些年轻人的民间社会组织(CSOs)往往关注他们处于极其脆弱的处境——至少是出于筹款的目的——将他们描述为无法自给自足,需要外界关怀和关注的群体。另一方面,街头连接年轻人也被视为麻烦制造者或政治获利的工具,需要从街头移除(Wanzala and Adhiambo 2019)。这种救助和/或移除的二元对立,未能考虑到街头连接年轻人与被理解为街道的互动空间在社会上、空间上,甚至时间上的复杂关系和经历(Aptekar and Stoecklin 2014；Beazley and Miller 2015；Lucchini 1999；Van Blerk 2005)。

在试图解释街头连接年轻人的实际生活状况时,重要的是要理解他们的经历是个体的,这些经历描述了一系列潜在的机会与挑战(Kaneva and Corcoran,即将出版;街头投入 2014—2018)。街头连接年轻人可能整天或部分时间在这个空间内生活和工作,从事街头活动,也可能经常或偶尔在放学后或是在周末和假期从事街头活动。他们可能与父母一起从事街头连接活动(为了支持他们的父母),与家人保持正常联系,或者完全没有任何与父母的互动。街头连接年轻人可能在他们的家乡,或在与他们出生地完全不同的城市中心或国家与街头连接。他们可能面临剥削、虐待和污名化的风险,但他们也可能具有创业精神,从事复杂和创新的谋生方式。

在所有情境中,街头连接都可能被概念化为身份形成的过程(Borg et al. 2012)。年轻人成为街头连接者的经历,涉及一种不确定的协商和再协商过程。在这一过程中,他们探索属于(或不属于)某处的感觉,这种感觉既与他们所处的物理空间有关,也与居住在该空间内外的社区有关(Beazley 2000；Corcoran 2016)。年轻人在如何建立关系以及如何管理在街头付出的技能和精力方面都行使了自主权。他们如何居住在这个空间,以及他们如何将其转变为由他们有权定义的领地,这取决于他们对自己生活的控制程度(Lucchini 1999)。

如果街头连接是身份形成的过程,那么年轻人成为街头连接的原因和他们在街头的经历就会涉及多种过程,包括忽视、虐待、遗弃、经济机会、获得更好的营养、友谊和亲属关系、属于亚文化群体以及被贴上标签(Ayuku et al. 2004；Davies 2008；Wakia 2010)。这些因素既影响他们与更广泛社会的街头互动，也影响那些选择过渡、在身体上离开街头之后的互动。例如，正如弗格森(2017)所解释的，如果一些街头连接的青年人承认，自己几乎没有或完全没有受过教育，或者他们不会写自己的名字，那么他们构建的坚强和韧性的形象可能会受到质疑。

《联合国儿童权利公约》坚定地确立了受教育的权利。而关于街头儿童情况的一般性意见(UNGC 21)为政府提供了明确的国际准则，以便为街头连接的年轻人量身定制政策和支持计划(联合国 2017)。尽管这份一般性意见是促使政府在政策中特别考虑街头连接年轻人的有效倡议工具，但关于这些权利如何在地方层面落实，如何促进民间社会组织与地方政府合作，共同推进适合当地情况的干预措施，目前的研究仍相对有限(Lucchini and Stoecklin 2020)。虽然民间社会组织通过各种方式使街头连接年轻人能够获得教育(EENET 2017)，但正式的教育系统，通常被视为"再融合之旅"的目的地，真的能提供一个全纳的空间，让这些年轻人进行学习吗？

本文讨论的研究发现来源于两项关注肯尼亚街头连接年轻人(SCYP)的研究。虽然这些研究没有探讨实现受教育权的机制，但它们探讨了年轻人在教育方面的经历。第一项研究(Corcoran 2016)是由经济和社会研究委员会(ESRC)资助的博士研究项目(授权代码 ES/J500094/1)，探讨了年轻人从街头过渡到各种教育和培训项目的经历。该研究试图理解这些年轻人面临的挑战，以及他们在离开街头几周、几个月，有时几年后可能退出教育的间接原因。第二项研究由英国国家学术院资助(授权代码：SRG 170976)，旨在理解那些长时间流落街头的年轻人的教育经历及其对教育的看法(Corcoran et al. 2020a)。

研究设计

第一项研究：探索过渡经历

在第一项研究中，苏莱恩与三个民间社会组织支持下的 53 名年轻人进行了半结构化访谈、自动摄影活动和焦点小组讨论，这些活动在两个未在论文中具名的省级城镇内进行，以确保参与者的匿名性。这些年轻人参加了各种教育和培训项目，但他们最初都是在离开街头后转入小学或中学的。肯尼亚目前正在推行一种新的能力本位课程，但所有参与者都经历了之前用英语授课的 8—4—4 制教育系统：小学 8 年，中学和中学后教育各 4 年。

该研究以生命史访谈(Goodson 2013)作为方法论起点，通过半结构化访谈鼓励参与者回顾他们流落街头之前、在街头的生活以及离开街头后的生活。后续问题，以及后来通过绘画、自动摄影和图像引导访谈(Corcoran 2015a)等方式进行的数据生成活动和焦点小组活动，探讨了返回学校的具体经历。民间社会组织的工作人员参与了访谈,他们对基斯瓦希里语、基库尤语或盛语(年轻人使用的基斯瓦希里语和其他肯尼亚语言的混合克里奥尔语;参见 Githiora 2002)进行口译,并在访谈期间或之后出现敏感问题时为年轻人提供支持(Corcoran 2016)。研究过程中认真考虑了参与者对研究的期望,并确保他们理解了项目与所涉及的参与内容。访谈被录音并稍后转录。

第二项研究:街头连接年轻人的教育经历及其对教育的看法

第一项研究明确了年轻人在离开街头进入教育系统后面临的问题,但它并未深入探讨那些长期生活在街头的年轻人的经历。在第二项研究中,凯文、艾琳和莉莲对生活和工作在蒙巴萨街头的 21 名年轻人进行了资料采集工作。这是与蒙巴萨的格拉德之家合作开展的研究项目,格拉德之家是一个支持这些年轻人的组织。苏莱恩为格拉德之家的社会工作者和教学团队举办了一个关于定性研究方法的工作坊。凯文和艾琳选择了可以融入日常工作计划的方法,并在社会工作和教育项目中试用了步行访谈(O'Neill and Roberts 2020)、绘图和图像引导访谈,以生成用于监测和评估的定性数据。类似的研究需要从一个被认可的肯尼亚研究机构获得伦理批准,并从国家科学技术与创新委员会(NACOSTI)获得许可证。在获得许可证后,我们邀请了 16 名长期生活在街头的年轻人,或是出生于街头并且父母也是街头连接者的年轻人参与研究。在格拉德之家,莉莲为 6 名年轻男性提供咨询支持,并与他们进行了焦点小组活动(Corcoran et al. 2020a)。

从已接受咨询服务的年轻人或那些参与社会工作项目的群体中招募研究参与者,引发了一些伦理考虑,尤其是客户与服务提供者关系的问题。我们非常注意不让年轻人因为我们的支持角色而感到有参与的压力,并确保他们可自主地提供和撤回知情同意。项目进行中有一位参与者选择退出。参与者们选择不进行录音,因此在数据收集活动期间以及之后,我们采取了手写笔记的方式。也因此,尽管第一项研究提供了参与者回答的直接引述,在第二项研究中,我们更多地关注研究日记中记录的观察内容。

探索街头连接年轻人对教育的看法和经历

在这两项研究中,数据分析采用了自下而上的归纳方法(Braun and Clarke 2006),阐述了年轻人如何在街头社区、学校和更广泛社会中定位和重新定位自己。在第一项研究中,这一分析过程从研究人员和口译者每天访谈结束后的会议开始,讨论新出现的主题并渗透于后续访谈中。之后,反复审查音频录音和文字记录,以进一步编码数据(Corcoran 2016)。在第二个项目的初步分析会议期间,研究团队讨论了研究日志中的笔记,以识别新出现的主题。通过手机即时通讯软件(如

WhatsApp)和电子邮件,这些讨论异步持续进行了四个月的数据生成,确定了新参与者回答中存在的主题并识别新主题。

参与者分成两个小组:那些出生于街头连接家庭且一直生活在那里的人,参加了蒙巴萨的第二项研究,而那些因各种原因辍学后流落街头的人,参加了两项研究。关于归属感的讨论,是两个小组的核心主题。关于教育,这涉及接纳和支持服务如何帮助年轻人适应新情况,但也涉及与街头连接相关的羞耻和尴尬的影响。这些主题转化为三类关键主题:从街头转到(返回)学校的障碍,学校是最初流落街头的原因,以及年轻人在转到(重返)学校时面临的挑战。

从街头到学校:过渡的障碍

不能上学常被引用为街头连接的一个原因(e.g., Wakia 2010),通常是因为父母负担不起所需的资源,或因为年轻人需要工作来为家庭提供经济支持。然而,在蒙巴萨,儿童生活在街头的同时确实也会上学。这里的参与者从小就开始上学,但最终离开学校,因为他们很难跟上家庭作业的要求,或承担不起继续上学的经济压力。有的孩子因为父母的压力,需要花更多时间在街上乞讨而辍学,但主要是他们自己作出的决定。通过乞讨赚取的钱是即时的回报,而完成教育所承诺的好处则不那么具体——尤其当外展服务计划为街头人群提供每日三餐和衣物时。既然有那么多慈善人士、教会和企业,把自己定位为"好心人",那么,通过乞讨和其他街头活动赚取的钱则可以用于其他需要。

在蒙巴萨的社会工作中,我们了解到,有幼儿的母亲可以通过参与各种喂养项目,来赚取足够的钱,以满足基本生活需要。但随着孩子的长大,她们的收入会减少,这促使她们再生孩子以引起更多的同情。因此,随着孩子越来越独立,她们发现越来越难以赚取足够的钱。三位参与者透露,他们的职业理想曾是成为一名教师、火车司机和政治家。然而,当他们开始意识到完成教育的潜在好处时,他们遇到了回到校园的其他障碍。在肯尼亚,学习者必须返回他们离开学校时的学习年级,例如,14岁的学生如果没有读完小学二年级,就必须与七八岁的学生(其中可能有他们的弟妹)一起上课。承认自己受教育有限或没有受过教育是很难的。但对于两项研究中的参与者来说,因为年龄较大而明显不同于同班同学,并且知道他们至少要到20岁时才能完成小学八年级的学业,这加剧了他们的尴尬感。

此外,自尊问题也影响了参与者上学的信心。他们强调了融入更广泛社会的困难,特别是当被贴上"考克拉"(街头儿童的负面称呼)标签时。他们经历的污名化影响了他们的信心,即认为自己将成为老师和同龄人嘲笑的目标。他们还担心学业表现不佳,或仅仅是坐下来、集中注意力,并保持一段时间专注于老师的课程。他们也害怕老师施加的纪律处分。最后,蒙巴萨的参与者感到,归属于一个提供支持和友谊的街头社群太重要了,这样他们不至于处于危险境地。例如,他们不喜欢因与社会工作者交谈而被同伴视为弱者。因此,上学(重返学校)并非一个容易作出的决定。

当学校成为流落街头的原因

来自两项研究的少数参与者(n=9)提到,与教师之间的矛盾,是他们辍学后流落街头的原因之一。一位参与者谈到他与一位教师的关系时,谈到了多次与教师的争吵,导致他休学并最后决定辍学。尽管得到支持可重新入学,他也决心不再上学,而选择了职业培训。他需要收入,需要自立。在他看来,未来的职业有助于他立足社会,变得自立并能帮助他人。用他的话说,"成为一名机械师是好的,因为你知道你有那种能力……你知道自己做得很好,能够帮助家人,能成为他人学习的榜样,如果有问题你可以解决它"。在导师眼中,他是模范学徒,有着伟大的抱负,是一个聪明且足智多谋的年轻人——可能是两项研究中所有参与者中最具有企业家精神的——但他有着负面的学校经历。

第二位年轻人通过他的画作揭示了他的学校经历(Corcoran et al. 2020a)。在第一幅画中,一位老师站在黑板前,面对坐成排的学生——这表示老师掌控一切,并认为自己最了解学生的需要。在第二幅画中,小画家画了自己身穿校服,跪在地上举着两块大石头,两位老师在旁边观看。这是因为他没有理解和完成数学作业而被惩罚,随后他辍学了。在第三幅画中,画中的他站在页面的边缘,背着背包,望着一所学校建筑。他的解释(从基斯瓦希里语翻译并在访谈中记录下来)是:"刚开始上学时我满怀理想,希望自己成为这个世界上非常重要的人。我努力学习,以成为我想要的样子——开火车——但我不知道发生了什么。"

这位有才华的年轻人定期参加格拉德之家的街头教育项目,并在项目的支持下发展他的艺术才能。但他担心,如果回到学校,他将无法达到老师的期望。其他参与者提到,辍学是因为没钱买照明所需的油,或很难完成家庭作业,更不用说,在做完家务或完成工作以养家糊口后,几乎没有时间了。有人觉得学校无聊,不如街头的机会和自主性有趣。因此,留在学校,要么不能满足这些年轻人的需求,要么让他们强烈地感到,自己在课堂无归属感。

转向(重返)教育的挑战

在第一项研究中,当参与者谈到他们在新学校的最初几天、几周或几个月的情况时,他们强调了如下困难:适应学校学习的时长、保持注意力和遵守学校常规(8人);学习写作(2人);达到学习期望(5人);作为非母语者仅使用英语交流(9人);以及相应地调整他们的行为和学习风格(11人)。适应新学校的过程中出现了一些波动,因为他们需要重新找到自己在这种新环境中的位置。在第一项研究期间,所有就读于小学或中学的参与者(6人)认为,自己是学校里唯一的街头连接年轻人。为了在新学校中被接纳,他们隐瞒了自己背景的某些方面。一位参与者编造了一个故事,说自己在母亲生病期间和阿姨一起生活,以此解释自己学年中途入学的情况。另一位则接受同学们的误解,认为他的养母是他的生母:"我在新学校有朋友,但他们不理解我。他们认为我是好母亲的孩子……我来自很远的地方,我是不同的……他们不理解我。"

有些参与者无法重塑自己的形象,尤其是在第一天乘坐带有民间社会组织"街头儿童"标志的车辆到达学校之后。一位校长在向学生们介绍一位年轻人时告诉他们:"看这男孩,他曾是个'街头儿童',将给你们所有人带来挑战。"尽管他强调了这位同学的学习能力强,但他的介绍反映出一种对街头连接的负面态度,这阻碍了学生立即被接纳。他的考试成绩最终为他赢得了地位、尊重和友谊,增强了他对自己能力和街头经历的自信。他承认,在街头的时间"让他变得更强大"。

同伴支持对适应新环境的过程至关重要。一个男孩拍摄了他第一天上学独自坐在树边,因为他"没有朋友"。另一位男孩感觉自己之前学到的所有东西似乎都"从脑海中消失了",他只有在交到朋友后才能取得进步。有的参与者(17人)住在民间社会组织管理的过渡关爱中心,或住在由捐助者资助的私立寄宿学校(11人),他们能够参与有类似经历的年轻人组成的支持网络。然而,加入这样的支持团体意味着被认定为团体的一部分:"如果你向别人讲述你的生活经历,他们可能无法理解你。在[学校],每个人都知道[这个组织],因此他们了解你的生活经历。"

被"理解"意味着得到支持和接纳,但在一所私立寄宿学校,一位女孩的同龄人并没有提供这样的支持环境。他们拒绝与那些通过民间社会组织捐助者资助就读的学习能力强的年轻人一起学习或共享书籍:"有时候,我希望他们能更好地理解我们。"另外10名获资助的学生没有直接提到被更广大的学生群体所接受,但他们描述的"朋友"全都来自这个小团体。与此相反,就读于关爱中心附近的公立小学的孩子们,并未提及在中心外部建立友谊的困难,虽然他们对老师有些不满。

教师对于从街头转到课堂的年轻人的态度,同样影响了转变的经历,尤其是新学校提供的欢迎和支持(或其缺失)。一位男孩提到,在小学的时候,连厕所在哪里都没有人告诉他。而另一位男孩则谈到,自己在另一所学校的第一天,就像其他同学一样,因为没交作业而被罚,没有对他给予特别对待。在一次初步的半结构化访谈中,他谈到了这次罚站,然后在一次自动摄影练习中,他用一张自己在树下罚站的照片,强调了这一事件的严重性(Corcoran 2015a)。

教师的接纳与支持,体现在他们所提供的情感与学习帮助,以及学生所感受到的教学技能上。在一所寄宿学校,一位女生提到,教师们"总是按时上课",在学年结束前完成了教学大纲,并且对由民间社会组织资助的学生持积极态度,尽管这些学生没有被同龄人接纳。她这样表述:"有时候,老师会召集我们谈话……我们聚集一起接受辅导。当你需要帮助时,只需告诉校长,他会满足你的需求。老师们给予了更好的支持。"对她来说,在场、高效教学,以及定期会面以提供更多关注等,拓展了对学习支持的概念。

当然,这些例子并不代表所有参与者在新学校的体验。第一项研究中,仍然居住在关爱中心的8名参与者只提到了他们在校(重返学校)的快乐。然而,本研究的大部分参与者描述了他们从教师、朋友和学校同伴那里接受到的支持和接纳程度各不相同。

街头连接与教育:一种复杂的关系

这两项肯尼亚的研究结果凸显了几个关键点:(1)教育是最初流落街头的动因,(2)恐惧、尴尬和羞耻在阻止年轻人进入(或重返)正规教育,以及(3)接纳和支持服务在帮助年轻人克服归属感缺失、顺利从街头转向学校生活方面起到关键作用。

街头连接年轻人对正规学校教育的负面体验,以及这一体验如何影响他们决定辍学并最终流落街头的情况,可以从那些与教师发生争执,或因不理解课程而受罚的年轻人身上看出。其他参与者描述的情况有:感到无聊、跟不上指定的作业(特别是家庭作业)、在家使用其他语言所以很难用英语进行学习,以及难以满足老师在纪律和表现方面的期望。然而,虽然许多从事街头连接年轻人工作的组织关注受教育机会,但关于这些年轻人的学校经历的研究却相对有限。一项在肯尼亚西部进行的研究(Taylor et al. 2019)通过街头连接和残疾的交叉视角,探讨了教育供给情况,重点关注那些被评估为有沟通障碍的街头连接年轻人。泰勒及其同事将这些障碍描述为由忽视、创伤、虐待、遗弃所引起的表达性语言障碍。他们还将上述障碍与参与者主要使用母语或肯尼亚俚语(盛语)导致的语言障碍联系起来,这在我们第一项研究的3名参与者中也是一个问题。由于这些通常是隐藏的障碍,沟通障碍可能不被识别或不被承认,泰勒及其同事的研究参与者难以应对"敌对"的学校环境,并经常受到学生和教师的欺凌。

对于那些自认为曾经是街头连接者的年轻人,无论他们是否认为自己有残疾或语言障碍,类似的环境都存在。本文两项研究的参与者描述的公众对街头连接的负面和污名化态度,在学校中也很明显。例如:校长对一位街头儿童优秀的学业感到惊讶,而同学们最初也不相信;寄宿学校的参与者在大家都知道他们的过去时难以适应;有些年轻人在加入新学校时改写自己的背景经历。街头连接被等同于无能或是麻烦制造者。科克伦(2015b)、德拉达与欧吉娜(2018)也描述了这种对街头连接年轻人的负面态度,有可能会导致他们感到不自信和羞愧。这些感觉会影响他们决定(再次)辍学,以及阻碍他们以后返回学校。在蒙巴萨,那些不在学校就读的参与者担心,如果他们上学(回到学校)会学习表现不佳,并且担心同龄人对街头生活的负面态度。此外,长时间不上学后与年龄小的同学一起上课的念头,让他们感到更尴尬。

街头连接年轻人可能会对街头形成社会与情感上的依恋,通过分享的互信关系以及共建的亚文化,他们可以找到归属感、社会资本和支持,这往往与公众对他们的态度截然对立(Beazley 2003;Davies 2008)。因此,离开街头的突变,可能会产生希望和自信等积极感受,但也会带来"孤独、内疚和不忠诚"等一些在尝试脱离时难以克服的感觉(Karabanow 2008, p.782)。随着时间的推移,他们经历的多重匮乏,连同他们与街头的连接,影响了他们与街头的关系以及他们的幸福感(Corcoran and Wakia 2013;Thomas de Benitez 2011)。继而,这影响了他们为自己构建的身份以及在其他情境中的归属感(或不归属感)——或者说是被排斥的认同(Karabanow 2008)。

有的研究聚焦于英国"受照顾"儿童在各学校间转学(Brewin and Statham 2011),有的研究聚焦于亚美尼亚残疾儿童在教育系统不同层次间的转换(希望之桥 2015)。这些研究显示,学生适应新学校的经历,会影响他们的幸福感。鉴于类似肯尼亚这样的国家的研究相对有限,本文的两项研究均强调,过渡期间针对个体需求采取整合的方法很重要。这种方法应该建立在父母、教师与学生之间的积极关系支持下。泰勒等人(2019)指出,"体验与熟悉"能够改变人们的负面和缺陷观念,这一点明显体现在那位作为街头儿童被介绍给全校师生的年轻人的反应中。尽管他的学习能力影响了他受欢迎的程度,但随着时间的推移,他克服了这一负面刻板印象,建立了友谊。

在努力过渡并适应学校的过程中,特别是在那些对街头生活持有负面观念的社会中,参与者强调,重要的是,要有一个悦纳的学习环境,有来自教师的接纳与支持,以及友情和同伴间的支持等。因此,我们的思考必须超越仅仅给孩子入学的机会,考虑长期的策略,提供有效的支持系统(Djone and Suryani 2019)。这样的思考框架,需要建立街头连接年轻人与社会工作团队之间的信任关系,通过有效的再融入计划建立自信和福祉。这些计划强化了家庭、学校与社区的联系(Corcoran and Wakia 2013;Kaime-Atterhög et al. 2007;Volpi 2002),并倡导提供进一步的支持系统。在南非,范拉蒙克和桑达特汗(2018)研究了帮助年轻人过渡到学校的导师计划,评估了由社会工作团队以及已完成过渡的同伴提供的导师支持。尽管这些项目取得了成功,但它们依赖于财政投入以及对教育政策和实践议程的改变。

发展全纳的教学方法需要时间(Lewis et al. 2019),尤其是学校之间的协作。这是构建有效学校及学校系统,应对更广泛不平等,并实现全纳、高质量的教育的关键步骤(Ainscow et al. 2012)。鉴于从事街头连接年轻人相关工作的民间社会组织在提供学习机会方面的丰富经验(EENET 2017),这样的协作还应该包括来自这些组织的跨部门利益相关者代表,与教师一起开发有效的支持系统。协作方法可以支持不同学习者群体(例如街头连接年轻人、难民或有隐形残疾的儿童),关注学生群体内的多样性,挑战负面的观念,并提升教师对学生及其需求的了解,以促进学习和减少学习者获得归属感的障碍。在地方层面,全纳教学法的发展,可以从教育工作者之间的协作开始。这些教育工作者参与街头相关的教育项目,建立有效的伙伴关系,分享好的实践经验,并为有效的过渡提供支持。例如,与学校教师合作改编补习课程和课后俱乐部活动(Moore 2017;Thomas de Benitez 2013)。这些伙伴关系可以扩大到由学校与民间社会组织建立的网络。在与地方教育官员的合作中,可采用自下而上、"超越学校"的方法(Ainscow 2020)来应对那些影响街头连接年轻人进入学校并继续学习的社会和经济因素。

至于街头连接年轻人在进入新学校时,是否应向教师公开其身份,无法给出一个明确的答案。寄宿学校的参与者获得了与其经历相似的同伴的支持,但那些就读于家附近学校的学生,尤其是在乡村地区,如果他们未能获得更广泛的学校社区的接纳,就不能转而依靠这些网络。"家庭孤立"(Sherry 2004)被用来描述作为家庭中唯一一个在街头生活过的人的感觉(Corcoran 2015b)。在经历街头自主生活后尝试适应家庭的传统行为期望时,这种感觉可能会加剧(Beazley 2000)。这种孤立感也延伸到了作为学校中唯一的街头连接年轻人的感觉。

除了与街头连接年轻人相关的多重匮乏之外(Thomas de Benitez 2011),他们还可能面临与性别、残疾、HIV、被迫流离失所等多个需求相关的交叉问题(Corcoran et al. 2020b;Ward and Seager 2010)。因此,在教育中采取孤立的全纳方法存在危险,即只有一类需求被优先考虑或获得资助,或者因为年轻人在学习上的缺陷而将他们分流到另类教育方案中(Miles and Singal 2010)。南非的一项研究探讨了街头连接年轻人面临的"发展迟缓"以及额外的社会和情绪挑战。研究发现,一些参与者无法应对主流学校的要求(Van Jaarsveld et al. 2011)。然而,这种观点可能导致所有街头连接年轻人被排除在外,特别是当他们群体的多样性不被认可且选择性教育政策明确提及他们时(Corcoran 2015b)。正如帕泽(2011)所示,即使资源有限,也可以在主流学校中成功地全纳不同能力的学习者(Stubbs 2008)。

因此,对教师而言,理解街头连接的含义非常重要。但同时需要(重新)接受以下理念的培训:不存在所谓的一般儿童——进入教室时,每位学习者都带着自己特定的背景和各种需求,对此,他们可能愿意,也可能不愿意分享。考虑到参与者强调自己作为街头连接年轻人的身份既有正面也有负面的影响,承认(但不必明确指出)学生群体中个体可能经历的事情,可能是迈向变革的重要第一步。发展全纳教学实践,需要从每位学生的实际出发,搭建学习支架,并考虑他们的个别学习需求。例如,在学生需要特别关注时,提供双轨全纳路径(Bouille 2013),也能减少负面学校经历的可能性,防止年轻人辍学并走向街头。虽然寄宿学校似乎没有一个明确的计划来解决针对民间社会组织支持的这些学生的偏见。但教师为那些被赞助的学生设立了一个定期会议和支持系统,与学术课程一起进行。在学校,有效的全纳性实践开始于倾听学习者的过程(Ainscow and Messiou 2018),识别并挑战教师对班级中年轻人持有的限制性假设。寄宿学校的下一步将是与更广泛的学生群体合作,帮助他们"理解"接受赞助的年轻人。

对一些年轻人来说,街头是一个充满创伤和暴力的空间,但也有街头连接年轻人是从家庭的创伤经历中逃离出来的(Thomas de Benitez 2007),这使得街头成为一个相对更安全的空间。因此,民间社会组织的作用既重要又困难。这些组织为年轻人提供支持和机会,帮助他们离开街头。但在成年人屡次让街头连接年轻人失望的情况下,就很难建立街头连接年轻人与工作人员之间的信任关系(Ferguson 2017)。寄宿学校的定期会议扩展了这种方法,教师接手了社会工作团队开始的工作:建立信任,在成年人和之前对成年人感到失望的年轻人之间建立适当的关系。这种会议制度可以扩展,来支持和惠及所有学习者,并且通过承认和响应个体差异,可以改变消极态度,并有可能防止年轻人因为负面经历而辍学。

为了给年轻人确定和提供合适的支持,他们自己必须参与这一过程中(Johnson 2017)。他们是有能力影响自己情况变化的主体——尤其是当他们有能力且受到鼓励去这么做的时候。卢基尼(1993)描述了街头连接年轻人发展的两种主要能力。工具性能力指的是,在街头生活期间年轻人发展的、在诸如创造收入等活动中所展现的可观察的技能、知识和能力。另一方面,象征性能力则是不可见的,它指的是他们为确保在街头生存而发展的建立友谊和解决问题的能力。因此,街头连接年轻人的经历和能力,以及他们为了在街头生存所发展的自主性和能力建设水平,对于有关他们教育和更广泛服务项目的决策至关重要。干预措施应该是文化响应的、以年轻人为中心的,尽可能由年轻人领导(Ferguson 2017)。例如,摩尔(2017)在一篇关于菲律宾民主学校教育街头连接年轻人的文章中指出,当年轻人被纳入并参与到学校的决策过程中时,参与度和巩固率会提高。

年龄偏大的街头连接年轻人感觉自己无法回到主流小学,或者在较大年龄时首次开始上学,他们在返回课堂时,可能需要额外的支持。在肯尼亚,公立学校是18岁以下学生唯一可获得的免费教育。18岁后提供免费的职业培训,但年龄较小的学生,如果希望获得选择性教育供给则必须自费。要确保离开街头的年轻人获得符合可持续发展目标一致的基础教育最低水平,以便他们可立足竞争日益激烈的劳动力市场,可能需要短期内提供达到正规教育水平的其他路径(基本的读写算能力和/或小学/中学毕业证书)。本文提到的四个民间社会组织中,有三个在街头活动中心提供补习课程,课程安排适合年轻人在街头或在住宅中心的工作时间。这些项目旨在支持年轻人从街头过渡并重返学校(Yohannes et al. 2017)。不过,这些快速学习课程也能有效帮助年轻人接受一两年的学校教育(Moore 2017)。一些由民间社会组织支持的年轻人确实选择在较大年龄时回到学校,并最终获得肯尼亚中学教育证书。但其他人则更喜欢选择不同的教育路径,可能还在民间社会组织中心继续接受基础教育,并作为私人考生报名参加国家考试。

结　论

这两项研究表明,没有一种工作方式能适合每一个人。例如,将街头连接儿童送往同一所小学,并使他们能自己上学,有其积极和消极的方面。然而,可以对由各组织或教育中心提供的支持项目提出一些建议。从事街头连接年轻人工作的民间社会组织发现,那些被警察和市政当局(强制)从街头带走的人,更有可能返回街头,而不是留在住宅中心或家中(Corcoran and Wakia 2013;Kaime-Atterhög and Ahlberg 2008)。每个街头连接年轻人是因为多个促发因素而流落街头(Wakia 2010),并以他们各自独特的方式体验街头生活。因此,离开街头是一个持续的过程,从年轻人能够为自己设想一个超越街头的生活轨迹开始(Lucchini 1999);当他们感到被倾听、尊重和理解时,这个过程才算成功(Kaime-Atterhög and Ahlberg 2008)。因此,这些年轻人必须主动决定是否离开街头,如果他们选择这样做,并在这一过程中发挥一定的能动性,自主决定回到家庭或进入其他看护中心,直至以后进入学校。在年轻人准备重返正式课堂的过渡期间,必须为他们提供支持,包括在非正式教育环境(如格拉德之家教育项目)中度过的时间。

因此,在某种意义上,街头连接年轻人并没有离开街头(Corcoran 2016)。他们也许身体上脱离了街头,但他们离开街头的经历和继续接受教育的经历表明,街头连接并不受空间或时间的限制。相反,它是一个在街头背景下成为自我并理解自我的过程。同样,离开街头是另一个成长过程,在此过程中,街头连接的身份继续被构建和重构。当个体过渡到新的社区时,他们根据自己的过渡经历和在那个社区与他人的互动来形成归属感。因此,当他们感到被支持和接纳时,他们能够更好地适应学校。这将对年轻人的学习表现或设想他们自己在家庭和社会中的角色产生长期影响。

(施芳婷　译)

参考文献

Ainscow, M. (2020). Promoting inclusion and equity in education: Lessons from international experiences. *Nordic Journal of Studies in Educational Policy*, 6(1), 7-16.

Ainscow, M., Dyson, A., Goldrick, S., & West, M. (2012). Making schools effective for all:

Rethinking the task. *School Leadership & Management, 32*(3),197-213.

Ainscow, M., &Messiou, K. (2018). Engaging with the views of students to promote inclusion in education. *Journal of Educational Change, 19*,1-17.

Aptekar, L., &Stoecklin, D. (2014). *Street children and homeless youth: Across-cultural perspective*. Chem: Springer.

Ayuku, D., Kaplan, C., Baars, H., & De Vries, M. (2004). Networks and personal social networks of the on-the-street, of-the-street, shelter and school children in Eldoret, Kenya. *International Social Work, 47*(3),293-311.

Beazley, H. (2000). Street boys in Yogyakarta: Social and spatial exclusion in the public spaces of the city. In S. Watson & G. Bridges (Eds.), *Companion to the city* (pp. 472-488). London: Blackwell.

Beazley, H. (2003). Voices from the margins: Street children's subcultures in Indonesia. *Children's Geogra-phies, 1*(2),181-200.

Beazley, H., & Miller, M. (2015). The art of not being governed: Street children and youth in Siem Reap, Cambodia. *Politics, Citizenship and Rights, 7*(1),263-289.

Borg, L., Thompstone, G., Thomas de Benitez, S., & Bell, B. (2012). *Child protection systems: Challenges and opportunities for addressing specific issues faced by children*. Discussion paper prepared for the global conference on *Protecting children better: Theory and practice of child protection systems*. New Delhi, India, November 13-16.

Bouille, S. (2013). Developing an itinerant teacher system that supports a twin-track approach to inclusive education, Cambodia. *Enabling Education Review, 2*, 12-13.

Boyden, J. (2015). Childhood and the policy makers: A comparative perspective on the globalisation of childhood. In A. James & A. Prout (Eds.), *Constructing and Reconstructing Childhood Contemporary issues in the sociological study of childhood* (pp. 167-201). Abingdon: Routledge.

Braun, V., & Clarke, V. (2006). Using the maticanalysis in psychology. *Qualitative Research in Psychology, 3*(2),77-101.

Brewin, M., & Statham, J. (2011). Supporting the transition from primary school to secondary school for children who are looked after. *Educational Psychology in Practice: Theory, Research and Practice in Educational Psychology, 27*(4),365-381.

Bridge of Hope (2015) *Education transition for children with disabilities in Armenia*. Research report. EENET and Open Society Foundations.

Corcoran, S. (2015a). Visualising transitions: The use of auto-photography with formerly street-connected boys in Kenya. In S. Miles & A. Howes (Eds.), *Photography in educational research: Critical reflections from diverse contexts* (pp. 168-181). London: Routledge.

Corcoran, S. (2015b). Disabling streets or disabling education? Challenging a deficit model of street-connectedness. *Disability and the Global South, 2*(2),613-619.

Corcoran, S. (2016). *Leaving the street? Exploring transition experiences of street-connected children and youth in Kenya*. Doctoral dissertation. Manchester: University of Manchester.

Corcoran, S., Awimbo Mugwanga, K., Aluoch, I., & Mnengwa Achola, L. (2020a). *(Re-) engaging street-connected youth with education in Mombasa, Kenya*. Manchester: Glad's House and Manchester Metropolitan University.

Corcoran, S., Atukunda, C., Ferguson, F., Moliere, F., Pahl, K., Tallio, V., et al. (2020b). *Belonging and learning: Using co-produced arts methodologies to explore youth participation in contexts of conflict in Kenya*. Uganda and the Democratic Republic of Congo (DRC): Manchester Metropolitan University.

Corcoran, S., & Wakia, J. (2013). *Evaluating outcomes: Retrak's use of the Child Status Index to measure well being of street-connected children*. Manchester: Retrak.

CRC [United Nations Committee on the Rights of the Child] (2017). *General comment no. 21 (2017) on children in street situations*.

Davies, M. (2008). A childish culture? Shared understandings, agency and intervention: An anthropological study of street children in northwest Kenya. *Childhood, 15*(3), 309-330.

Dladha, J., & Ogina, T. (2018). Teachers' perceptions of learners who are street children: A South African case study. *South African Journal of Education, 38*(1), S1-S8.

Djone, R., & Suryani, A. (2019). Child workers and inclusive education in Indonesia. *The International Education Journal: Comparative Perspectives, 18*(1), 48-65.

EENET [Enabling Education Network] (2017). *Enabling education review 6: Street-connected young people and inclusive education*. Hyde: Enabling Education Network.

Ferguson, V. (2017). Enabling education for long-term street-connected young people in Kenya. *Enabling Education Review, 6*, 45-47.

Githiora, C. (2002). Sheng: Peer language, Swahili dialect or emerging Creole? *Journal of African Cul-tural Studies, 15*(2), 159-181.

Goodson, I. (2013). *Developing narrative theory*. Abingdon: Routledge.

Kaneva, D., & Corcoran, S. (2020). Homeless and/or street connected childhoods: Contemporary challenges with an international convention frameworks. In M. Perez, M. Tesar, N. Yell and, N. Fairch-ild, & L. Peters (Eds.), *The SAGE handbook of global childhoods*. London: SAGE.

Kaime-Atterhög, W., & Ahlberg, B. (2008). Are street children beyond rehabilitation? Understanding the life situation of street boys through ethnographic methods in Nakuru, Kenya. *Children and Youth Services Review, 30*, 1345-1354.

Kaime-Atterhög, W., Lindmark, W., Persson, L.-A., & Maina Ahlberg, B. (2007). Burning "CentreBolt": Experiences of sexually transmitted infections and healthcare seeking behaviour described by street boys in urban Kenya. *Children and Youth Services Review, 29*, 600-617.

Karabanow, J. (2008). Getting off the street: Exploring the processes of young people's street exits. *American Behavioral Scientist, 51*(6), 772-788.

Johnson, V. (2017). Moving beyond voice in children and young people's participation. *Action Research, 15*(1), 104-124.

Lewis, I., Corcoran, S., Juma, S., Kaplan, I., Little, D., & Pinnock, H. (2019). Time to stop polishing the brass on the Titanic: Moving beyond 'quick-and-dirty' teacher education for inclusion, towards sustainable theories of change. *International Journal of Inclusive Education, 23*(7-8), 722-739.

Lucchini, R. (1993). *Street children: A complex reality*. Working paper 224. Fribourg: Institute for Economic and Social Sciences, University of Fribourg.

Lucchini, R. (1999). *L'enfant de la rue: Carrière, identité et sortie de la rue*. Fribourg: Université de Fribourg.

Lucchini, R., & Stoecklin, D. (2020). *Children in street situations*. New York: Springer.

Miles, S., & Singal, N. (2010). The Education for All and inclusive education debate: Conflict, contradiction or opportunity? *International Journal of Inclusive Education, 14*(1), 1-15.

Moore, R. (2017). Democratic education in the Philippines: What happens when students and teachers run the school together? *Enabling Education Review, 6*, 7-9.

O'Neill, M., & Roberts, B. (2020). *Walking methods: Research on the move*. London: Routledge.

Pather, S. (2011). Evidence on inclusion and support for learners with disabilities in mainstream schools in South Africa: Off the policy radar? *International Journal of Inclusive Education, 15* (10), 1103–1117.

Sherry, M. (2004). Overlaps and contradictions between queer theory and disability studies. *Disability & Society, 19*(7), 769–783.

Street Invest (2014–2018). *Growing up on the streets*. Briefing papers1–14.

Stubbs, S. (2008). *Inclusive education: Where there are few resources*. Oslo: Atlas Alliance.

Taylor, C., Sotiropoulou Drosopoulou, C., Rochus, D., & Marshall, J. (2019). Street-connected children with communication disabilities and their caregivers in Western Kenya: Experiences, beliefs and needs. *Disability and Rehabilitation*.

Thomas DeBenitez, S. (2007). *State of the world's street children: Violence*. London: Consortium for Street Children.

Thomas De Benitez, S. (2011). *State of the world's street children: Research*. London: Consortium for Street Children.

Thomas DeBenitez, S. (2013). *A participatory assessment of street to school programmes: Global report*. London: AVIVA.

Van Blerk, L. (2005). Negotiating spatial identities: Mobile perspectives on street life in Uganda. *Chil-dren's Geographies, 3*(1), 5–21.

VanJaarsveld, A., Vermaak, M., &vanRooyen, C. (2011). The developmental status of street children in Potchefst room, South Africa. *South African Journal of Occupation Therapy, 41* (1), 1–5.

Van Raemdonck, L., & Seedat-Khan, M. (2018). A case study on a generalist service delivery model for street children in Durban, South Africa: Insights from the capability approach. *Child & Family SocialWork, 23*, 297–306.

Volpi, E. (2002) *Street children: Promising practices and approaches*. Working Paper 26388. Washington, DC: World Bank Institute.

Wakia, J. (2010). *Why are children on the streets?* Manchester: Retrak.

Wanzala, J., & Adhiambo, M. (2019). *Street children: The problem that refuses to go away despite funding*.

Ward, C., &Seager, J. (2010). South African street children: A survey and recommendations for services. *Development Southern Africa, 27*(1), 85–101.

Yohannes, B., Sintayehu, B., Alebachew, Y., &Kay, L. (2017). Catch-up education: The door to future possibilities in Ethiopia. *Enabling Education Review, 6*, 20–21.

【作者简介】

苏莱恩·科克伦

曼彻斯特都市大学教育与社会科学研究所的研究员，也是促进教育网络的项目官员，还是《促进教育评论》的联合主编之一。她依靠自己在英国和国际机构教授科学和知识论的经验，以及她与国际非政府组织合作在低收入国家实施项目的经验，采用了跨部门和跨学科的研究方法。苏莱恩的研究兴趣涉及"蓝天全纳"（最广义的全纳教育）、难民、街头连接、教育公平、青年就业和社会正义。她的研究主要集中在东非和中非。

通讯地址：Education and Social Research Institute, Manchester Metropolitan University, Brooks Building, 53 Bonsall St, Hulme, Manchester M15 6GX, UK

电子信箱：su.corcoran@mmu.ac.uk

莉莲·奥科·阿韦姆波

2016年获得咨询研究方面的博士学位，其研究是肯尼亚专业咨询师协会和曼彻斯特大学联合提供的项目的一部分。她已从事咨询工作 20 年,并为格莱德之家支持的街头连接儿童提供服务 5 年。莉莲对非指导性游戏疗法很感兴趣,尤其关注在肯尼亚背景下针对儿童和青少年的咨询实践的发展。

  通讯地址:Independent Researcher, Mombasa, Kenya

  电子信箱:lawimbo2013@gmail.com

克尔文・穆格旺加

  在格莱德之家担任社会工作者超过 5 年,为肯尼亚蒙巴萨的街头连接儿童和青年提供支持服务。他拥有社区发展与社会工作文凭,专注于儿童保护和安全保障。克尔文拥有民族志研究经验,为街头投资机构开发监测和评估,并与曼彻斯特都市大学第二次合作,使用多种定性数据生成方法,研究年轻人的教育观点和经历。

  通讯地址:Glad's House Kenya, PO Box 93957 80100, Mombasa, Kenya

  电子信箱:kevoad@gmail.com

艾琳・阿蒂诺・阿洛赫

  格莱德之家的街头工作者。她拥有社区发展与咨询文凭,并且拥有超过两年街头连接儿童工作的经验。艾琳在格莱德之家的街头教育项目中工作,为肯尼亚蒙巴萨的各种街头地点提供非正式教育。作为与街头投资机构和曼彻斯特都市大学合作的一部分,她一直在丰富自己的研究经验,并在考虑开发一个符合年轻人期望的教育项目。

  通讯地址:Glad's House Kenya, PO Box 93957 80100, Mombasa, Kenya

  电子信箱:irin3ealuoch3@gmail.com

案例/趋势

葡萄牙全纳教育的发展：证据与挑战

伊内丝·阿尔维斯　葆拉·坎波斯·平特
特蕾莎·詹尼拉·平拖

在线出版时间：2020年10月19日
©联合国教科文组织国际教育局 2020

摘　要　本文从青少年入学机会、参与程度和学业成就等三个主要维度，对葡萄牙全纳教育发展的相关证据和挑战进行评估。作者分析了葡萄牙目前的教育政策概况，且对其主流学校中残疾学生的现有统计数据进行分析。文章还讨论了政策与实践层面取得的重大成就，即课程与教学调整，以及几乎100%的残疾学生就读主流学校。此外，还对全纳教育面临的挑战进行深入思考，如成绩监测（学生和系统两个层面）的问题，以及对系统和教师教育投入的问题。

关键词　全纳教育　教育政策　葡萄牙

本文中，我们对葡萄牙全纳教育发展的证据和挑战进行评估。全纳教育已从单一的概念，即重点关注将残疾学生或将有特殊需要的学生纳入主流普通学校（UNESCO 1994），发展成多层次概念，即发展优质公平的教育体系，消除所有学生在"入学机会、参与程度和学业成就"中的阻碍（Ainscow 2005，p.119）。目前，联合国将全纳教育定义为"无歧视地获得不断发展的高质量教育的机会"（UN 2016，p.3），这需要"一个系统性的改革过程……为全年龄段学生提供最切合其需求和偏好、平等且具参与性的学习体验与环境"（UN 2016，p.4）。

文中，我们考虑了全纳教育的三个支柱：入学机会、参与程度和学业成就（UNESCO 2017，p.13）。首先是入学机会，这是对安斯科（2005）提出的"在场"概念的发展，是全纳教育在特定背景下"主流化"水平的第一个指标。入学机会包括具身的权利，同时还承认在知觉、智力、经济和态度等方面潜在的教育障碍。例如，将葡萄牙语作为母语学习的学生可以在主流课堂上学习，但如果他们最近刚来到这个国家，对葡萄牙语不太熟悉，他们可能由于语言障碍而难以接受教育。参与程度是第二个关键概念：它不仅与学生的出勤率有关，还与学生对参与的主观感知有关

原文语言：英语

(Maxwell et al. 2012；Granlund 2013)。全纳教育的第三个支柱是学业成就，它必须超越传统的学业成就观念(如读写算的成绩)。从这个意义上说，它不仅应该测量"学习者在国内外标准测试中的表现和成就"(EASNIE 2017，p.19)，还应该包括"对世界更深层次的理解"，以及完成学业后知识的持续发展，例如"批判性思维，协作技能，创造力，独立解决问题的能力"(EASNIE 2017，p.19)。因此，课程、什么类型的知识有价值，都与学业成就息息相关。

正如林加德(Lingard 2007；Lingard and Mills 2007)提出的，课程并不是孤立起作用的：它是"学校教育中信息系统"的一部分，同时也是教学与评估的一部分。在某种程度上，信息系统的统一可能比其他系统更容易。然而，如果信息系统向实践者发送相互矛盾的信息，就很难发展更全纳的教育系统。例如，如果鼓励学校具有全纳性，但规定的课程不允许教师调整课程内容、教学方法或评估方法，以适应不同学生的特点和需要，由此产生的矛盾可能阻碍真正的全纳。

葡萄牙一直在推动全纳教育的发展，特别是自2018年上一次教育改革以来，"每个学生，不论个人与社会状况如何，学校都能对其潜力、期望和需要作出回应，并一定程度发展出充分参与、有归属感和人人平等的教育，这有助于增强社会全纳与融合"(教育部2018)。令人欣慰的是，葡萄牙的当前政策致力于建立一个全纳教育体系，这一努力的价值似乎得到了多数利益相关方的认可。然而，在实际实施方面存在挑战，特别是因为资源的缺乏，要在更大的学生群体中分享稀缺资源，可能会使最弱势群体(例如有复杂需要的残疾学生)处于不利地位，因而存在诸多隐忧。这给葡萄牙当前的全纳教育政策及其实施带来了不小的挑战。本文旨在研究这个矛盾。首先，我们讨论了现行教育政策框架的关键。然后，利用现有的统计数据和媒体报道，概述葡萄牙全纳教育发展的主要成果和存在的争议。最后，重新审视全纳教育的三个支柱，讨论葡萄牙在实施全纳教育方面取得的成就与面临的挑战。

葡萄牙全纳教育的法律背景

在全纳教育领域，葡萄牙逐步发展的法律框架得到了国际社会的认可(All Means All 2018)。十多年前第3/2008号法令颁布后，特殊学校开始关闭。许多特殊学校被改造成"全纳教育资源中心"，其任务是，支持那些被安置在普通主流学校中就读的原来的学生。最近，葡萄牙批准了《联合国残疾人权利公约》，随后的2018年《全纳教育法》(第54/2018号法令)进一步推动了这一进程，建立了新的全纳教育制度(see Alves 2019)。

《全纳教育法》(第54/2018号法令)提出了一种教学模式，其基本理念是：只要学生得到足够的支持，所有学生都有学习潜能。因此，该法令采用的方法是通用学习设计和分层课程选择。立法明确，分层课程包含三类：通用课程，针对所有学生，以

"促进学习参与度和提升学习质量"(第 54/2018 号法令,第八条);选择课程,旨在满足通用课程未涉及的学习需要;附加课程,"需要专门资源支持学习和全纳,以应对持续频繁的沟通、互动、认知或学习困难"(第 54/2018 号法令,第十条)。

更重要的是,新法令摒弃了对干预进行分类的观点,而支持另一观点——所有学生在义务教育结束时,即使遵循不同的学习途径,也能习得各种素养和技能。因此,这一观点认为,灵活的课程模式、系统监测并进行有效干预、教师与家长或其他监护者之间的持续对话等,是"尊重学生潜能与兴趣,发展每个学生基本素养所必需的教育支持"(第 54/2018 号法令,导论)。这种方法类似于美国使用的"回应式干预"方法,该方法试图"避开分类"((Liasidou 2015, p.70),但正如费里和阿什比所言,这不一定会产生更全纳的课堂。相反,在现实中,它经常转化为"第一层作为通用课堂,第二层作为小组教学,第三层作为一对一教学"的实践模式(Ferri and Ashby 2017, p.26)。

新制度还提出了一个更全面的观点,强调全纳教育不只是特殊教育教师和专业人员的责任,而必须动员跨学科团队,甚至整个学校团队。然而,为了让学校对所有学生负责,法律规定,学校要使用个别化教育计划(IEP)。尽管协调个别化教育的责任落在主流教师身上,但使用个别化教育计划存在相当大的局限,这个计划往往成为官僚机构的工具,而不是教育工具(Millward et al. 2002; Alves 2017)。在支持残疾学生的教育改革中,新法令设立了学习支持中心,取代原来的特殊机构。这些中心被定义为"集合人力和物力资源的动态多元空间"(第 54/2018 号法令,导言),中心与残疾学生和教师合作,支持全纳教育,促进学习发生。一些参考学校(Reference school)——即集中专业资源教授低视力/盲人或听力障碍/聋人学生的学校——仍在继续运作。

总之,该法令对"全纳"的定义较模糊,在总则中表述为"在同样的教育环境中,所有儿童和学生充分且有效地参与学习的权利"(第 54/2018 号法令,Art. 3c)。如果我们考虑全纳的三个支柱,这个定义其实忽略了学习成功或成就的概念。此外,阿纳斯塔西奥(2020)等指出,这一定义传达了一种"相同的精神",这种精神可能确实会影响所有残疾学生,特别是有学习障碍的学生,获得他们有权获得的优质教育。目前的政策为"社会、文化、情感的建构和解释"过程留下广阔的空间,这是任何政策制定过程的一部分(Maguire et al. 2015, p.486),目前的政策也是这样。虽然全纳必须是所有优质教育体系的一个原则,但若缺乏明确的过程,可能会提供灵活性,就像普里斯特利和同事们认为的,需要改变"教学的社会实践",但是这些改变需要"教师的能动性"(Priestley et al. 2012, p.211)。然而,"在自由主义、市场化、体系化背景中形成了竞争性的学校文化",在以竞争性的学校文化为标志的全球背景下(Walton 2018),实施全纳教育的过程的不准确,实际上可能会影响一些学校的教育成功,这些学校难以保证所有学生的成功。

2019年9月,在实施一年后,对第54/2018号法令进行了首次修订。修订后的法令赋予了家长和监护者更大的权力,他们现在被认为是"多学科团队的可变成员"(第116/2019法令,Art.4a),有权参与技术—教学报告的制定和评估,此外,还有此前法令所提供的个别化教育计划。另一方面,学校必须(通过跨学科团队)制定指标来评估所实施的措施的效果(第116/2019法令,Art.5)。此外,政府负责在"90天内"制定评估其全纳教育政策的统计指标(第116/2019法令,Art.33.7)。到目前为止,这种评估体系的政策尚未被采纳。此外,为支持全纳和学习(第116/2019法令,Art.27),政府必须确保必要的措施,以便公立学校的教育工作人员能够获得免费的专门培训。这些例子都展现了政策制定的复杂过程,马圭尔等人(2015,p.485)将其描述为"政策执行者真正体验到的混乱、有时是模糊的过程"。

葡萄牙的全纳教育:数字说明了什么?

第3/2008号法律强调了葡萄牙对全纳教育的承诺,2018年《全纳教育法》又再次加强了这一承诺。该法律颁布已有十多年,监测这些承诺的履行十分重要。本节利用现有的定量数据,评估葡萄牙如何将全纳教育的三个支柱(入学机会、参与程度和学业成就)从原则转化为实践。

在场还是入学?

如前所述,入学机会不只限于身体上进入校园,但在场是最容易监测的指标之一,尽管它只能提供有限的信息来说明入学机会、参与程度、学业成就中存在的障碍。从2009/2010年度起提供的关于"有特殊教育需要"(这是教育与科学统计局使用的术语)的学生的数据表明,在不到十年的时间里,葡萄牙儿童融入主流学校的工作取得了相当大的进展。根据教育与科学统计局的数据,自第54/2018号法令生效以来,义务教育相关数据正在根据新的法律进行审查,因此没有公布。欧洲全纳教育的跨国数据(EASNIE 2017)显示,在2016/2017学年,葡萄牙99.89%的基础教育阶段(国际教育标准分类一级和二级)的学生就读于主流学校,高于欧洲平均水平(98.49%)。中等教育(国际教育标准分类三级)也是同样的情况,葡萄牙100%的学生接受主流教育,高于欧盟97.66%的平均水平。

自2010/2011学年起,特殊教育学校的学生人数减少超过三分之一(-37%)(见表1),而主流学校的残疾学生人数则增加近一倍(+92%)。因此,目前葡萄牙几乎所有的残疾学生都就读于主流学校(2017/2018年度为98.9%),其中大多数在公立主流学校就读(87.3%)。私立主流学校的残疾学生人数近年来急剧增加(2010/2011年度至2017/2018年度增加了413%)。

表1　各类学校各学年有特殊教育需要的学生的统计情况（2010/2011 及 2017/2018）

	2010/2011		2017/2018		2010/2011—2017/2018 变化情况
	数量	%	数量	%	%
主流学校	45,395	96.7	87,039	98.9	+92
主流公立学校	43,248	95.3	76,028	87.3	+76
主流私立学校	2,147	4.7	11,011	12.7	+413
特殊教育学校	1,555	3.3	984	1.1	−37
总计	46,950	100	88,023	100	+87

资料来源：教育与科学统计局(2011,2018)

表2　各学段各学年主流学校有特殊教育需要的学生统计（2010/2011 及 2017/2018 学年）

	2010/2011		2017/2018		2010/2011—2017/2018 变化情况
	数量	%	数量	%	%
学前教育	2,526	5.6	3,559	4.1	+41
基础教育	39,872	87.8	68,465	78.7	+72
中学教育	2,997	6.6	15,015	17.3	+401
总计	45,395	100	87,039	100	+92

资料来源：教育与科学统计局(2011,2018)

自2010/2011年度以来，各学段均反映出残疾学生人数的增长（见表2）。2012年，根据第176/2012号法令，由于葡萄牙将义务教育延长至12年，中学入学率增长最快(+401%)。

对性别分布的分析表明，在主流公立和私立学校中被确定为残疾的女孩比例仅有38%，而残疾男孩的比例为62%。在特殊教育学校，这种差距甚至更大：男生占72%，女生占28%，相差44个百分点(DGEEC 2018)。平拖(2017)认为，这可能部分是由于社会建构的性别期望不同，对男女生成绩和期望行为产生了影响。他认为，这些期望导致女生的残疾诊断不足，可能影响她们获得适当的教育支持。

此外，数据表明，超过一半(57%)的学生有复杂的需求（即那些学习特殊课程、多重残疾、有视力或听力障碍或孤独症的学生），这些学生仅有不到40%的时间与他们的同学相处(DGEEC 2018)。其中，有31%的学生在课堂上与其他同学相处的时间甚至更少(<20%)。

对于部分学生来说，他们需要额外的学习支持。根据第3/2008号法令，尽管还有少数特殊教育学校继续提供隔离式的学习，但大多数特殊教育学校已转变为全纳教育资源中心(CRIs)，为主流环境中的学生提供支持。2017年，葡萄牙有93家全纳教育资源中心(DGE 2017)。主流学校的专业支援可由特殊教育教师、全纳教育资源中心的专业人员，以及由学校直接聘用的专业人员（当附近没有全纳教育资源中心时）提供。来自全纳教育资源中心的相关专家或学校聘请的专家可提供一系列的治疗支持，包括心理支持、言语、职业和康复/物理治疗。在许多学校，这种支持大部分是单独提供的，或者提供给主流课堂以外的少数学生（Alves 2015）。尽管2010/2011学年至2017/2018学年残疾学生人数急剧增加（+92%），但主流学校支持这些学生的专业人员（全纳教育资源中心和学校专家）仅增加了8%（DGEEC 2011，2018）。

2017/2018学年的数据（DGEEC 2018）显示，主流学校（公立和私立）为残疾学生提供的支持，最常见的是个性化教育支持（95.4%）和评估方法的变化（89.2%）。主流学校近半数的残疾学生有轻微的课程调整（46.4%），14.4%的残疾学生有较大的课程调整（SIC）。这与特殊教育学校形成了鲜明的对比，2017/2018学年（DGEEC 2018）的数据显示，特殊教育学校的学生课程调整的比例要高得多——高达85%（数量=839）。

2017/2018学年，来自主流学校的2,156名学生接受了专门为深度与多重残疾、失明和/或耳聋学生提供的支持。自2010/2011学年以来，这一数量增长了31%（DGEEC 2011，2018）。接受孤独症谱系障碍专业支持的学生人数增加更多，增加了73%，数量从1,221（2010/2011）增加到2,117（2017/2018）。此外，还有32所参考学校为盲人和视障学生提供特别支持（例如，盲文识字、定向移动、辅助设备、日常生活和社交技能培训）（DGE 2018a），17所参考学校为聋人提供双语教育（DGE 2018b）。此外，学生亦可通过25个特殊教育资源中心（CRTIC）之一（DGE 2020）获得辅助技术。2018年，分配给这些资源的预算为400,000欧元（Pinto and Pinto 2019）。

虽然到目前为止所提供的数据可以帮助我们了解主流学校中残疾学生的异常水平，以及为残疾学生提供的不同类型的支持，但从中并不能评估学生接受教育的整体水平或遇到的障碍。目前没有关于葡萄牙基础教育和中等教育学校残疾学生入学比例的数据。这种类型的数据（例如设施的可及性、网站访问和其他指标）是为高等教育机构收集的（DGEEC 2020），而不是为义务教育收集的。

关于葡萄牙全纳教育成果的信息也存在很大差异。例如，没有关于残疾学生和非残疾学生学业成就的分类数据，无论是传统的教育"成功"的衡量标准（例如，成功率、毕业率、素养指标），还是其他衡量教育成就的标准（例如，获得技能和可操作的知识、满意度），从而阻碍了对葡萄牙全纳教育体系成就的纵向或跨国比较。然而，最近来自经济合作与发展组织教学国际调查（TALIS，OECD 2018）的数据显示，有些问题可能会影响葡萄牙全纳教育的成功。在葡萄牙接受调查的教师中，只有略多于三分之一（39%）的人愿意与有不同教育需要的学生一起在全纳环境中工作（OECD 2018），27%的人声称，他们愿意接受关于残疾儿童和青少年的额外培训，比经济合作与发展组织平均水平（22%）高出5个百分点。此外，差不多一半接受调查的学校校长认为,教授有特殊教育需要的学生的能力不足(占比 48%,大大高于经济合作与发展组织的平均水平 32%)。

总之,这些数字表明,在实现全纳教育的道路上,葡萄牙取得了重要进展,几乎所有残疾学生目前都在主流学校就读,大部分是公立学校。在所有学段中,特别是中学教育阶段,残疾学生人数大幅增加。不过,这些数字也凸显出诸多阻碍和挑战。十年来,尽管专业资源有所增加,但与残疾学生人数的增幅相比,改进的手段是微不足道的。即使他们被正式纳入主流教育,需要更多支持的学生大部分时间仍与班级的其他同学分开。此外,安排残疾学生的决定是否考虑了学生的最大利益,也不得而知。这一分析还表明,目前提供的关于全纳教育成就的数据存在局限性,无论是从不同群体学生学业成就的传统指标,还是从更细微的成就指标(如技能和可运用的知识)来看,这阻碍了对葡萄牙全纳教育系统成就进行国内外对比。

教育系统的"成就"与"需要":关于全纳教育的公众舆论

本节将简要讨论媒体视角中有关葡萄牙国家政策变化和全纳教育的观点。由于缺乏可用的研究数据,很难描述教师、家长和学生对全纳教育发展的观点。媒体最近使用的数据大多是由教师工会(FENPROF)收集和发布的。

就总体印象来说,对于新政策的原则和价值观,全国各地有成就感和高度的一致性。来自议会听证会的会议记录(14.03.2019)反映了这一点,教育大臣"赞赏在政策原则上取得的共识"(2019, p.2),反对派成员也表示"我们都同意该原则"(Assembleia da República 2019, p.3)。媒体报道说:

> 过去 20 年来,葡萄牙的教育政策把几乎所有残疾儿童和青年纳入主流学校。葡萄牙拥有完善法律、优秀专家和专业人员,他们团结一致,迎难而上,所以在特殊教育方面,我们取得了前所未有的成就。在 2017/2018 学年,有特殊教育需要的学生占公立学校人数的 7%。学校为适应这些学生而作出改变,没有别的期待。还为有特殊残疾的学生创建了专门的集群学校,包括有听力与视力障碍、孤独症以及严重与多重残疾的学生。如今,大多数残疾儿童和青年进入了公立学校,我们的情况是独一无二的(Soares 2018, p.2)。

以上报道不仅表明,主流学校的入学人数有所增加,而且教育系统也发生了变化,以促进残疾学生的参与。然而,目前的政策框架不仅包含了残疾学生,还涵盖了更广泛的目标人群。这种观点在媒体上得到了反映,媒体还报道称,这项政策已经将范围扩大到了所有学生——而不只是那些有永久性需求的学生——而且这一变化受到了家长、教师和专家的表扬(Silva 2017)。2019 年,根据教师工会调查问卷收集的数据,另一家全国性日报《每日新闻报》报道,许多教师同意新政策的做法从面向"仅有特殊教育需要的学生"改为"所有学生"(Reis 2019)。

另一方面，对于不使用"特殊教育需要"这一概念，公众似乎存在一些分歧。有人认为，这可能会让有特殊教育需要的学生被遗忘或"落在后面"，特别是有"重要特殊教育需要"的学生(Correia 2017)。例如，有教师工会(FNE)提议回归特殊教育需要的概念，理由是需要识别差异，以回应有"不同问题"的学生(Reis 2019)。其他人认为，这是积极的举措。例如，一名议员(Bebiana Cunha)表示，"学校首先应该是一个全纳的地方，每个学生都可以找到自己的位置和声音，去发展他们的才能、天赋或潜能……即使特殊需要的概念最终转变为全纳教育，并承认普及教育的权利、公平、全纳和灵活的课程，但面对由全国各地工作人员和家庭提出的困难，还有很多工作要做"(Animais, Natureza 2019)。

改革的时机和过程是关键，因为该政策是在学年结束时公布的，预计在下一年年初实施。据《每日新闻报》报道，社会全纳事务大臣安娜·索法·安图内斯说，"如果我们不给学校施加压力，他们永远不会做好准备。此前的法律(DL3/2008)被批准时，学校也没有做好准备，但他们照做了。当时的改革比今天更激进。有些学校做得很好，有些学校勉强为之"(Reis 2019，p. 2)。各学校在施行政策方面的差异，也提出了学校之间的公平问题(Reis 2019)。然而，政策实施方面的差异，在文献中有详细的记载：政策总是以特定的方式在某个环境中实施，这取决于"具体的情境(例如，当地学校的历史和招生情况)，专业文化(例如，价值观、教师承诺和经验，以及学校的政策管理)，资源环境(例如，员工、预算、建筑、技术、基础设施)，外部环境(例如，社区支持的程度和质量；来自更广泛的政策背景的压力和期望，例如排名位置，法律和责任)"(Ball et al. 2012, p.21)。

媒体报道还揭示了利益相关者之间的分歧，以及执行新政策的潜在挑战(Silva 2017)，特别是在缺乏资源和缺乏明确性的情况下。《葡萄牙公报》报道了三类利益相关者的观点。教师工会的成员安娜·西蒙斯说："问题是政策愿景将如何在实践中实现。要实现真正的全纳，我们需要资源，但如果我们只希望利用学校已有的资源，这就无法实现。"全国特殊教育教师组织的代表大卫·罗德里格斯同样指出，如果没有资源，这项政策的实施将是不确定的。最后，来自残疾儿童与青少年家长组织的路易莎·贝尔特朗表示："这个提案是有道理的，但我们需要现实一点。大多数学校还没有采纳这项政策。我们认为，葡萄牙没有一所学校是全纳的。因此，对于一个没达到基本要求且继续排斥这些孩子的系统来说，执行一项要求更高的政策是有问题的。"

人力资源缺乏似乎是一个关键问题，有家长称自己的孩子没有得到支持。例如，一位孤独症孩子的母亲说，"这些学生的需求没有消失，但他们被冷落一旁"(Viana 2019a)。学校需要额外资源时，必须向教育部提出申请，上述问题可能与这个申请流程有关；即使资源已经到位，学校对特殊学生的回应也可能延迟。来自苏格兰的研究表明,孩子们的愿望(例如,坐在朋友旁边)与教师的观点(需要额外的支持)之间存在矛盾;研究强调,在评估系统的成就和需求时,需要倾听学生的声音(Allan 2008)。

与资源相关的还有班级规模的决策问题。为了证明缩减班级规模的合理性,政策要求,有特别需要的学生至少花费60%的时间在主流课堂上。媒体认为,这种压力会忽视"主流"学生的个人需求,特别是,据报道,在12,550名学生中,只有28%有"严重限制"(经常需要课外专业支持)的学生在主流课堂上花费60%以上的时间(Viana 2018)。虽然较小的班级规模可能对所有学生和教师都有好处,但有特殊需要的学生在整个学校占比不到0.8%,而且,如果他们大部分时间都在主流课堂之外,就没有理由减少主流班级的学生人数。

至于报道中提出的"缺乏明确性"的问题,新立法之后出台了一份"实施手册",但这两者都因含糊不清而受到批评。例如,教师工会指出,"立法提出的干预措施有多种解释,干预措施的不同解释也影响了干预的形式"(Reis 2019)。媒体报道了实施中的不确定性,如哪些学生必须获得专门的支持和空间,是否需要语言治疗师,以及考试如何调整,例如增加考试时间,需要有一份教学与技术报告(Viana 2019a)。之前提到的议会听证会(14.03.2019)中,议员戴安娜·费蕾拉强调特殊教育教师的重要性,她说"他们不应是顾问,而应协调多学科的团队"(Assembleia da República 2019)。

根据教师工会发布的问卷调查结果(11万名教师中有1,192人作答,801个学校领导团队中有92人作答),"对于新政策的实施,校长们高兴,但老师们不高兴"(Viana 2019b)。有人说,"自新政策发布以来,教育部每3个月召开一次校长会,以便在第一年澄清概念"(Viana 2019b),也许学校领导团队持更积极的态度,是因为他们和教育部进行了更密切的沟通。努力保持沟通渠道的畅通,似乎在这一政策变化中至关重要。例如,在新政策生效5个月后,学校组织了一次200多人参加的议会公开听证会。研究人员玛丽莎·卡瓦略(2019)在媒体报道中说,基于对800名教师的研究,主要的挑战是,缺乏人力物力资源,缺乏教师培训,以及没有为此建立合适的组织架构。相反,卡瓦略(2019)指出,当问到学校领导在全纳教育中的作用时,学校领导团队认为,他们的主要作用应该是以协作、参与、积极的方式为学校找到并开发解决方案,而不是在政策中寻找答案,或等待中央政府的指导方针。

讨论和结论

在本文中,我们考察了葡萄牙全纳教育发展的证据和挑战。我们首先简要概述了当前全纳教育的概念,然后分析了课程、教学与评价在制定全纳政策和实践中的作用。接着,我们讨论了葡萄牙境脉下确保全纳且公平优质的全民教育的努力。在本节讨论部分,我们将探讨目前的政策框架和之前提出的例证,以评估葡萄牙在全纳教育方面的努力。为此,我们考虑了全纳的三个支柱:入学机会、参与程度和学业成就。

平心而论,葡萄牙的教育系统在不断改善,以便所有学生都能接受12年的义务教育,辍学率从1992年的50%稳步下降到2019年的10%(国家统计局2020)。此外,接纳残疾学生的主流学校占比接近100%。然而,仅仅"将残疾学生安排在主流班级,而不对学校组织、课程教学及学习策略进行结构性改革"(UN 2016, p.4),并不能使学生融入教育。目前的政策,不仅通过第54/2018法令,还通过义务教育结束时的学生档案((Ministério da Educação 2017),以及第55/2018号法令,试图使课程与评价适合所有学生,而不是方便大多数学生。就这方面,诺威奇(2010, p.132)区分了课程的不同方面:

(1) 学校课程的总原则和总目标(原则);
(2) 有价值的学习领域(不论是否按科目设计)及其目标(课程领域);
(3) 更具体的学习课程及目标(具体课程);
(4) 教学法或教学实践(教学)。

使用诺威奇的分类(2010, p.132),并支持通用学习设计的原则(CAST 2018),都证实,新政策在尽力尝试全纳的"总原则和总目标""有价值的学习领域""教学法或教学实践"。改革还在"更具体的学习方案及目标"的层面,将全纳的总目标、学习领域与课程灵活性原则结合起来(Norwich 2010, p.132),试图通过必要的系统性改革进程,"体现教育内容、教学方法、途径、结构和战略变化,以消除各种障碍"(UN 2016, p.4)。

尽管新政策尽力使课程与教学的"信息系统"(Lingard and Mills 2007)保持一致,但在评价层面上仍存在一些冲突。作为这项改革的一部分,"全纳水平"已成为学校评估的一部分,学校和教育部都应该制定指标,监测全纳水平和现行政策的执行情况。然而,全纳教育体系的发展,需要对"成功"的含义进行批判性反思。如果成功被概念化为非全纳的方式——也就是说,如果我们继续仅仅通过在有限的科目中,达到某一级别的学生人数来评价成功——学校的优先事项可能就不是创建全纳学校。诸如全纳指数(Booth and Ainscow 2011)、《确保教育全纳与公平指南》(UNESCO 2017)等文件为开发监测系统提供了有用的工具,从行动研究的角度考虑了利益相关方(包括教师和学生)的声音。

此外,目前的政策框架建议摒弃"特殊教育需要"的范畴、摈弃干预前对学生需求进行分类。"鉴别"或给学生分类的问题,是一个已经被充分研究的领域(Biklen et al. 1997; Ho 2004; Corbett 1994; Lauchlan and Boyle 2007),该领域存在各种争议。这也是困境之一(Minow 1990)。全纳教育(Norwich 2008,2009)在某种情况下会遇到"对两边都不利的选择"(Norwich 2010, p.117)。消除"有特殊教育需要"这一概念的使用,可能不会对实践产生预期的影响。而创建一个新的分类即"特殊健康需要",似乎与消除为干预而进行分类的政策不一致。另一方面,取消为干预而分类,理应是迈向更具全纳性制度的重要一步。在这种制度下,应对措施的关键应是需要额外支持,而不是像之前立法中说的取决于"永久健康状况"的医学诊断。

然而,实现这一愿景需要对教师进行大量投入,支持他们主动参与政策的实施和教学转型过程(Alves 2020)。劳斯(2008)提出,实践者应该获得开发全纳教学法的知识的支持(Black-Hawkins and Florian 2012),正如现行立法中提出的一样。此外,实践者必须"相信他们有能力改变孩子们的生活"(Rouse 2008, p.14),发展全纳教育"不仅仅是专家的任务,让他们教好那些需要特殊教育的学生"(Rouse 2008, p.14)。相反,它要求主流教师与其他人(包括学生、同事、其他专业人士、家长)合作,以消除全纳的障碍,并使用例证来改进实践(Messiou 2019)。这些方面只有通过重组学校的时间和空间,采取协作的方式,并通过职前教师教育和持续的专业发展才能实现,还应该研究全纳教育遇到的障碍,倾听学生的声音。

虽然新的法规预见到了这些问题,但到目前为止,这些目标一直难以实现。这使我们重新关注政策制定的问题,以及"政策实践是如何具体化和情境化的"。政策不仅会受到每所学校的校风和历史的影响,而且受制于政策关键执行者的定位和个性(Braun et al. 2010, p.558)。在葡萄牙,相当多的以前的特殊教育教师似乎对他们的新角色有些抵触,而且教师普遍对这些新要求感到不满,主要是因为教师缺乏资源和培训。正如议员戴安娜·费蕾拉表示的那样,一些人还认为,支持有额外需求的学生的范式转变,是在减少教育投资,也令特殊教育教师贬值。然而,因为标杆学校的存在,学校之间在政策实施和发展适应环境全纳的教育的过程中差异是很明确的,也是众所周知的,甚至得到了教育部的认同。尽管关注的焦点不同,但类似观点之前也有报道(Darling-Hammond 2017, p.305)。

为应对当前新冠疫情紧急情况,人们被迫转向远程教育。这使我们认识到学校的多重角色,学校是福利机构,是弱势学生的重要机构(例如,免费校餐)。远程教育还开辟了与学习者交流的新渠道(例如,由教育部开发的在家学习的电视节目♯estudoemcasa)。然而,这种情况也揭示了一些可及性的挑战:某些学生由于缺乏技术设备或某些活动不适合残疾学生,而被"落在后面"或被排除在外。也许更重要的是,它表明关系是教学的核心,突出了在教师与学生,特别是与有严重和复杂需求的学生之间,建立和维持在线关系的挑战。总的来说,目前的情况揭示了消除教育障碍和减少教育不平等所面临的挑战。这也有力地说明了全纳教育的脆弱性,以及保证所有儿童享有公平的受教育权的努力不容忽视。最后,发展全纳教育制度,就是实现所有少年儿童受教育的基本人权,只有持续促进所有学生的入学机会、参与程度和学业成就,才能实现这一权利。

(涂紫璇 译)

参考文献

Ainscow, M. (2005). Developing inclusive education systems: What are the levers for change? *Journal of Educational Change*, 6, 109-124.

All Means All (2018). *Portugal's new school inclusion law: A small country taking big steps in the spirit of "All Means All"*.

Allan, J. (2008). Inclusion for all? In T. G. K. Bryce & W. M. Humes (Eds.), *Scottish education: Beyond devolution* (pp. 701-710). Edinburgh: Edinburgh University Press.

Alves, I. (2015). *Responding to diversity, constructing diference: A comparative case-study of individual planning in schools in England and Portugal*. PhD thesis. University of Manchester.

Alves, I. F. (2017). The transnational phenomenon of individual planning in response to pupil diversity: A paradox in educational reform. In E. Hultqvist, G. Ladson-Billings, S. Lindblad, & T. S. Popkewitz (Eds.), *Critical analyses of educational reform in an era of transnational governance. Cham: Springer*.

Alves, I. (2019). International inspiration and national aspirations: Inclusive education in Portugal. *International Journal of Inclusive Education*, 23(7-8), 862-875.

Alves, I. (2020). Enacting education policy reform in Portugal—The process of change and the role of teacher education for inclusion. *European Journal of Teacher Education*, 43(1), 64-82.

Anastasiou, D., Felder, M., Correia, L. M., Shemanov, A., Zweers, I., & Ahrbeck, B. (2020). The impact of article 24 of the CRPD on special and inclusive education in Germany, Portugal, the Russian Federation and the Netherlands. In J. Kaufman (Ed.), *On educational inclusion: Meanings, history, issues and international perspectives*. London: Routledge.

Assembleia da República (2019). Relatório da Audição 14.03.2019. In T. Tibúrcio (Ed.), *Relatório da Audição — Grupo de trabalho de Educação Especial* [Republic Assembly, Report of Public audition — Working group on special education]. Lisbon: Assembleia da República.

Ball, S., Maguire, M., & Braun, A. (2012). *How schools do policy: Policy enactments in secondary schools*. New York, NY: Routledge.

Biklen, D., Bogdan, R., & Blatt, B. (1997). Label jars, not people. *Children with Special Needs: ACT's Guide to TV Programming for Children*, 1(3), 3-10.

Black-Hawkins, K., & Florian, L. (2012). Classroom teachers' craft knowledge of their inclusive practice. *Teachers and Teaching*, 18(5), 567-584.

Booth, T., & Ainscow, M. (2011). *Index for inclusion: Developing learning and participation in schools*. Bristol: Centre for Studies on Inclusive Education.

Braun, A., Maguire, M., & Ball, S. J. (2010). Policy enactments in the UK secondary school: Examining policy, practice and school positioning. *Journal of Education Policy*, 25(4), 547-560.

Carvalho, M. (2019, May 13). Educação inclusiva. De que falamos afnal? [Inclusive education. What are we talking about?]. *O Público*.

CAST [Center for Applied Special Technology] (2018). *Universal design for learning guidelines version 2.2*. Wakefeld, MA: CAST.

Corbett, J. (1994). A proud label: Exploring the relationship between disability politics and gay pride. *Disability & Society*, 9(3), 343–357.

Correia, L. de M. (2017, August 18). Um olhar para a inclusão nas escolas: A outra face da moeda [Looking at inclusion in schools: The other side of the coin]. *O Público*.

CRPD [UN Committee on the Rights of Persons with Disabilities] (2016). *Article 24: Right to inclusive education*. New York, NY: UN.

Darling-Hammond, L. (2017). Teacher education around the world: What can we learn from international practice? *European Journal of Teacher Education*, 40(3), 291–309.

DGE [Direção Geral de Educação] (2017). *Centros de recursos para a inclusão*. Lisboa: DGE.

DGE (2018a). *Escolas de referência no nomínio da visão*. Lisboa: DGE.

DGE (2018b). *Escolas de referência no domínio do ensino bilingue*. Lisboa: DGE.

DGE (2020). *Rede centros de recursos TIC para a educação especial*. Lisboa: DGE.

DGEEC [Direção Geral das Estatísticas da Educação e Ciência] (2011). Necessidades especiais de educação, 2010/2011 [Special education needs, 2010/2011]. Lisboa: DGEEC.

DGEEC (2018). *Necessidades especiais de educação, 2017/2018* [Special education needs, 2017/2018]. Lisboa: DGEEC.

DGEEC (2020). *Inquérito às necessidades especiais de educação nos estabelecimentos de ensino superior, 2019/2020*. Lisboa: DGEEC.

EASNIE [European Agency for Special Needs and Inclusive Education] (2017). *Raising the achievement of all learners in inclusive education: Final summary report*. In V. J. Donnelly & A. Kefallinou (Eds.). Odense, Denmark: EASNIE.

Ferri, B. A., & Ashby, C. (2017). U.S. inclusion in the era of neoliberal educational reforms. In F. Dovigo (Ed.), *Special educational needs and inclusive practices* (pp. 21–31). Rotterdam: Sense Publishers.

Granlund, M. (2013). Participation: Challenges in conceptualization, measurement and intervention. *Child: Care, Health and Development*, 39(4), 470–473.

Grupo Parlamentar PAN-Pessoas, Animais, Natureza (2019). *Aprovada proposta do PAN para criação de Grupo de Trabalho sobre Educação Inclusiva* [Parlamentary group PAN — People, Animals, Nature. Approved PAN's proposal to create a working group on inclusive education].

Ho, A. (2004). To be labelled, or not to be labelled: That is the question. *British Journal of Learning Disabilities*, 32, 86–92. Instituto Nacional de estatística, & PORDATA (2020). Taxa de abandono precoce de educação e formação: Total e por sexo [School dropout rates: total and by gender].

Lauchlan, F., & Boyle, C. (2007). Is the use of labels in special education helpful? *Support for Learning*, 22(1), 36–42.

Liasidou, A. (2015). *Inclusive education and the issue of change: Theory, policy and pedagogy*. London: Palgrave Macmillan.

Lingard, B. (2007). Pedagogies of indifference. *International Journal of Inclusive Education*, 11(3), 245–266.

Lingard, B., & Mills, M. (2007). Pedagogies making a diference: Issues of social justice and inclusion. *International Journal of Inclusive Education*, 11(3), 233–244.

Maguire, M., Braun, A., & Ball, S. (2015). "Where you stand depends on where you sit": The social construction of policy enactments in the (English) secondary school. *Discourse: Studies in the Cultural Politics of Education*, 36(4), 485–499.

Maxwell, G., Alves, I., & Granlund, M. (2012). Participation and environmental aspects in education and the ICF and the ICF-CY: Findings from a systematic literature review. *Developmental Neurorehabilitation*, 15(1), 63–78.

Messiou, K. (2019). The missing voices: Students as a catalyst for promoting inclusive education. *International Journal of Inclusive Education*, 23(7–8), 768–781.

Millward, A., Baynes, A., Dyson, A., Riddell, S., Banks, P., Kane, J., et al. (2002). Individualised educational programmes. Part I: A literature review. *Journal of Research in Special Educational Needs*, 2(3), 1–12.

Ministério da Educação (2017). *Perfl dos alunos à saída da escolaridade obrigatória*. Lisboa: Editorial do Ministério da Educação e Ciência.

Ministério da Educação (2018). *Decreto-Lei 54/2018*. Lisboa: Ministério da Educação.

Minow, M. (1990). *Making all the diference: Inclusion, exclusion, and American law*. London: Cornell University Press.

Norwich, B. (2008). Dilemmas of diference, inclusion and disability: International perspectives on placement. *European Journal of Special Needs Education*, 23(4), 287–304.

Norwich, B. (2009). Dilemmas of diference and the identifcation of special educational needs/ disability: international perspectives. *British Educational Research Journal*, 35(3), 447–467.

Norwich, B. (2010). Dilemmas of diference, curriculum and disability: International perspectives. *Comparative Education*, 46(2), 113–135. OECD (2018). *Portugal: Results from TALIS 2018*. Paris: OECD.

Pinto, P. C., & Pinto, T. J. (2017). *Pessoas com defciência em Portugal: Indicadores de direitos humanos 2017* [Persons with disability in Portugal: Human rights indicators 2017]. Lisboa: ISCSP.

Pinto, P. C., & Pinto, T. J. (2019). *Pessoas com defciência em Portugal-Indicadores de Direitos Humanos 2018* [Persons with disability in Portugal: Human rights indicators 2018]. Lisboa: ISCSP.

Priestley, M., Edwards, R., Priestley, A., & Miller, K. (2012). Teacher agency in curriculum making: Agents of change and spaces for manoeuvre. *Curriculum Inquiry*, 42(2), 191–214.

Reis, C. (2019, December 5). Pelo menos 30% das escolas admitem não estar a aplicar lei sobre educação inclusiva [At least 30% of schools admit to not applying the inclusive education legislation]. *Diário de Notícias*.

Rouse, M. (2008). Developing inclusive practice: A role for teachers and teacher education? *Education in the North*, 16, 6–13.

Silva, S. (2017, August 18). Avaliação médica deixa de ser obrigatória na Educação Especial [Medical assess ment no longer compulsory in special education]. *O Público*.

Soares, R. (2018, July 22). As nossas escolas são inclusivas. E a inclusão, é uma utopia ou não? [Our schools are inclusive. Is inclusion a utopia or not?]. *O Público*.

UNESCO (1994). *Salamanca statement and framework for action on special needs education*. Salamanca: UNESCO.

UNESCO (2017). *A guide for ensuring inclusion and equity in education*. Paris: UNESCO.

Viana, C. (2018, March 16) Nova lei do ensino especial só é viável se houver formação de professores [New legislation is only possible with teacher education]. *O Público*.

Viana, C. (2019a, March 8). Ministério recebeu 50 queixas sobre apoios a alunos com necessidades especiais [Ministry has received 50 complaints about support to students with special needs]. *O*

Público.

Viana, C. (2019b, November 20). Educação inclusiva divide professores e directores [Inclusive education divides teachers and head teachers]. *O Público*.

Walton, E. (2018). Decolonising (through) inclusive education? *Educational Research for Social Change (ERSC)*, 7, 31-45.

【作者简介】

伊内丝·阿尔维斯

格拉斯哥大学全纳教育硕士学位讲师和项目负责人。她拥有曼彻斯特大学教育学博士学位,伦敦教育学院特殊教育硕士学位,伦敦国王学院语言、种族和教育硕士学位。在葡萄牙里斯本高等教育学院任中小学葡萄牙语和法语教师。阿尔维斯博士参与了许多欧洲项目,例如,全球漫步项目,欧洲教师教育博士项目和健康与残疾问题多学科研究网络,并在葡萄牙教育部辖区内贫困地区学校担任顾问,协助学校进行地区性干预治疗。她的研究领域包括全纳教育、公平与社会正义、人权与残疾以及孤独症。

通信地址:University of Glasgow, 11 Eldon St, Glasgow G3 6NH, United Kingdom

电子邮箱:ines.alves@glasgow.ac.uk

葆拉·坎波斯·平特

里斯本大学社会政治学院副教授,残疾与人权观察站(ODDH)协调员,该站汇聚了学者、残疾组织和决策者,支持残疾人研究,促进葡萄牙残疾人权利发展。她拥有加拿大约克大学社会学博士学位。2016年至2020年,担任葡萄牙《联合国残疾人权利公约》执行情况国家独立监测机制主席。她曾在多个国家和国际项目中担任学术带头人和研究员,这些项目涉及残疾人权利监测、社会政策分析以及政策对人们生活的影响。她发表了多部关于残疾、人权和社会政策的国内外著作,如《残疾、权力监测与社会变革:以证据构筑力量》(加拿大学者出版社,2015)。

通信地址:School for Social and Political Sciences/University of Lisbon (ISCSP/ULisboa), Lisbon, Portugal

电子邮箱:ppinto@iscsp.ulisboa.pt

特蕾莎·詹尼拉·平拖

里斯本大学社会政治学院讲师,教授与社会政策、社会学、全球化和人权有关的课程。她也是残疾与人权观察站和里斯本大学跨学科性别研究中心研究员。她拥有葡萄牙里斯本大学社会与政治科学学院社会政策博士学位。她的研究侧重从残疾和性别角度对国家和社会政策进行比较分析。

通信地址:School for Social and Political Sciences/University of Lisbon (ISCSP/ULisboa), Lisbon, Portugal

电子邮箱:teresajpinto@iscsp.ulisboa.pt

案例/趋势

教育的全纳与公平：
加拿大新斯科舍省当前的政策改革

杰斯·惠特利 崔斯塔·霍尔维克

在线出版时间：2020年9月9日
©联合国教科文组织国际教育局 2020年

摘　要　本文旨在探讨加拿大全纳教育政策的背景，重点介绍新斯科舍省全纳教育政策改革的具体情况。与大多数其他省份和地区一样，新斯科舍省的全纳教育政策已扩展到公平的视角，不仅关注有特殊教育需要的学生，而且关注所有学生，尤其是那些最常被加拿大学校系统边缘化的学生。文章对全面实施该政策之前、第一阶段的发展评估过程进行了反思，提出了四个相互关联的关键主题：(1)教育工作者与专业人员的角色和身份的转变；(2)课堂教师角色的转变；(3)为确保有效的普适课堂与差异化课堂提供支持的重要性；(4)学校教职工的专业学习。尽管本文是在新斯科舍省和加拿大全国范围内进行探讨，但这些探讨及其意义可随时应用于其他国际教育系统，以制定和实施广泛的全纳教育政策。

关键词　全纳教育　教育政策　政策改革　发展性评估　加拿大　新斯科舍省

多年来，全纳教育一直被视为教育系统的全球目标。26年前，世界各地的与会者齐聚西班牙萨拉曼卡，讨论促进全纳教育所需的政策转变。他们得出如下结论：

> 具有全纳导向的正规学校是消除歧视态度、创建温馨社区、建设全纳社会和实现全民教育的最有效手段；此外，这些学校还能为大多数儿童提供有效教育，并提高整个教育系统的效率和最终的成本效益。(UNESCO 1994, p.3)

全纳教育系统将公平融入所有要素和过程，其基本信念是重视多样性，无论其能力、种族、文化或语言社区、社会经济地位还是性别身份，同时，让所有学生接受优质教育是一项人权(UNESCO 2017)。斯利(2019)进一步描述了全纳教育在促进民主和学生归属感方面的作用，尤其是那些最常被排斥在教育和更广泛的社区之外的

原文语言：英语

学生:"……全纳教育致力于消除排斥现象,这些现象形成了压迫弱势个人与群体的基础。"(p. 910)

本文旨在探讨加拿大全纳教育的背景,着重介绍新斯科舍省全纳教育政策改革的具体情况。具体而言,我们将在本文中反思我们目前正在开展的工作,即对新斯科舍省新的全纳教育政策进行发展性评估,以及从这项工作中得出的初步结论。

省情:全纳与公平

在加拿大,教育是由各省而不是联邦政府组织的,所有省份和地区都表明了对全纳与公平的理想的承诺(Hutchinson and Specht 2019)。近十年来,部分省和地区从更广阔的视角看待公平问题,重新制定了一些与全纳教育相关的政策,因为它关乎为所有学生提供平等的入学权利与机会,特别是为那些在历史上被加拿大教育系统边缘化或被视为不成功的学生(亚伯达省政府 2020;安大略省教育部 2009;温尼伯省社会规划委员会 2016)。这一政策重点与以往的,以及某些省份现行的全纳政策形成了鲜明对比,后者主要关注有特殊教育需要的学生(不列颠哥伦比亚省 2020)。尊重并体现学生身份的多样性,包括血统、种族、性别认同、智力和社会经济地位,以及识别并消除系统性障碍等,其重要性经常被强调。这种公平与全纳政策,反映了联合国等国际组织在实现可持续发展目标方面所作的努力,其中的目标包括"必须确保全纳与公平的优质教育,促进全民终身学习"(UN 2015, p.14)。

加拿大境内外的人们一直注意到,对某些人群来说,教育不平等现象在全国各地持续存在(George et al. 2020; Gordon and White 2014; UN 2017)。例如,黑人学生、自我认同为土著人的学生和残疾学生,在省级教育系统中获得的机会以及成功的可能性,明显低于同龄人(加拿大人权委员 2017; James and Turner 2017;新斯科舍省 2020a)。由于认识到学生经历与学习成果一直存在差距,包括新斯科舍省在内的各省最近都以各种方式,努力收集和分享与成就和幸福感相关的数据(安大略省教育部 2017;加拿大儿童基金会 2019)。理论上,这种方法将使人们更加关注现有的差距,并指导政策和计划的制定,以改善被教育系统边缘化和在教育系统内被边缘化的学生的学习成果,这表明了教育与社会的合理性(Campbell 2020)。

全纳与公平抑或特殊教育?

尽管各省各地区为促进全纳与公平作出了诸多必要的努力,但在定位这些根深蒂固的特殊教育政策时,采取的方法却有所不同。安斯科(2019)指出,对残疾学生的关注,"应被视为促进全纳与公平的整体战略的重要组成部分,而不是一个单独的政策分支"(p.6)。在各管辖区,单独的特殊教育政策(其中一些政策是在过去五年内制定或更新的)继续与推进公平的工作并行存在(不列颠哥伦比亚省教育部 2016;

安大略省教育部 2017；马尼托巴省 2017；新斯科舍省 2008）。

历史上，我们对全纳教育的定义可以体现在班级安排上。在加拿大，大多数有特殊教育需要的学生都在普通班级接受教育，并提供不同程度的"退出"服务；在大多数省和地区，还存在隔离班级和少数隔离学校（Specht et al. 2016）。在加拿大的学校系统中，某些学生群体，尤其是有智力和发育障碍的学生群体，在隔离学校中的比例过高（Reid et al. 2018）。在可行的安置范围内，残疾学生可以群体性融入，或得到支持，与同龄人一起学习常规课程。然而，正如帕雷克（2018）对安大略省全纳教育的分析一样，"关键是要积极探索，我们全纳了学生的哪些方面。我们如何确保环境、课程和气氛能够让学生体验到归属感、成员感和共享权力？"（para. 4）。物理的安置并不等同于全纳。

在实施全纳教育的过程中，各省和地区的教育部都提到，将通用学习设计（UDL）和差异化教学（DI）作为教学和评价常规，以促进多元化全纳环境中的教与学（Whitley et al. 2019）。通用学习设计原则可以与分级或"分层"的干预和支持实践相一致——通常为三个层次（Katz 2013）。在加拿大，分层系统多年来一直以响应干预模型（RTI）的形式处于不同的应用阶段（McIntosh et al. 2011）。在许多省，响应干预旨在把传统的以测试、鉴定和安置过程为基础的资助与项目方法，转变为侧重于识别学生个人的优势和需求，并在需要时提供干预措施。虽然在分层系统中可以考虑到所有学习者的需求，但在加拿大，围绕通用学习设计和响应干预的话语往往反映了对有特殊教育需要的学生的关注（Robinson and Hutchinson 2014）。因此，尽管一些省份的政策已转向采用更多维的全纳视角，但仍有证据表明，公平与全纳的对话是并行的。根据加拿大和国际上对全纳与公平的广泛讨论，我们目前在新斯科舍省开展的工作为研究如何理解和实施新的全纳教育政策提供了机会。

新斯科舍省的全纳教育政策

自 2019 年春季以来，我们在渥太华大学的研究团队（由杰斯·惠特利和安迪·哈格里夫教授领导）一直对新斯科舍省全纳教育新政策的实施情况进行发展性评估。2020 年秋季是该政策正式实施的时间，目前尚处于早期阶段。新斯科舍省是加拿大东部最大的海洋省份，人口约 94 万；哈利法克斯是省会城市，拥有全省近一半的居民。该省有大量农村人口，占 40% 以上（加拿大统计局 2019）。根据 2018 年加拿大的收入调查，加拿大贫困人口比例为 8.7%，而 10.3% 的新斯科舍省人生活在贫困线以下，是加拿大贫困人口比例最高的省份（新斯科舍省 2020b）；新斯科舍省 24% 的儿童生活贫困，贫困率在全国排名第三（Frank and Fisher 2020）。

在新斯科舍省，约有 5.7% 的人口自认为土著居民，其中大多数来自米克马克族，被公认为新斯科舍省的创始者（新斯科舍省 2014）。约有 2.5% 的新斯科舍人被认为是非裔新斯科舍人,其中大多数人已在该省生活了三代或三代以上(新斯科舍省 2019a)。此外,阿卡迪亚人和讲法语的人也很多(新斯科舍省 2020c)。

2018 年,全省各学校采纳了教育系统评估提出的建议,对学校的组织结构进行了重大调整(Glaze 2018)。格莱斯提出了几项有争议的建议,包括取消经选举产生的学校董事会以及将学校管理人员从新斯科舍省教师联盟(NSTU)中除名。许多改革建议受到严厉的批评(Laroche 2018; Ritchie 2019),有的建议随后因应对教师联盟即将采取的罢工行动而被否决(新斯科舍省教师工会 2018)。

教育系统被重组,包括 7 个区域教育中心(RCEs),中心执行主任直接向欧洲教育发展中心报告,而法语学校董事会(CSAP)的结构保持不变。大多数新成立的区域教育中心覆盖了该省广阔的地理区域,包括广大农村地区。哈利法克斯区域教育中心是最城市化的地区,也是(整个加拿大大西洋地区)人口最多的地区,有 134 所学校和约 52,000 名学生;三县地区是最乡村化的地区之一,有 22 所学校,约 6,000 名学生,面积超过 7,000 平方公里。

从广义的学业成绩和公平方面,新斯科舍省英语学校的学生在 2018 年国际学生评估项目(PISA)中的阅读得分与加拿大平均水平相近;法语学校的学生得分低于加拿大平均水平(O'Grady et al. 2019)。新斯科舍省的省级评估结果,通常按学生自我认同,可分为米克马克人或其他土著血统(占入学人数的 4%)或者非洲裔(占入学人数的 4%)。最近的结果显示,学生分数存在差异,在所有情况下,新斯科舍省土著和非洲裔学生的得分都低于未确定身份的同龄人(新斯科舍省 2020a)。

尽管我们认为,学业公平是全纳的核心,但我们知道它与幸福感密切相关。排斥、孤立、污名化和缺乏归属感会导致情绪、心理和身体健康方面的问题——当然也会影响学业成绩。2019 年,新斯科舍省四至十二年级的学生,首次接受了与幸福和学校经历有关的主题调查。调查结果显示了许多积极的方面,很多学生汇报说,自己有亲密朋友或有成年人聊天,以及来自自己和老师的学业期望普遍较高。总体而言,78%的学生表示,在学校有归属感,其中 72%的非洲裔学生和 70%的米克马克/土著学生表示认同。值得注意的是,只有 65%的残疾学生和 54%自我认同为性少数群体的学生认为,他们在学校有归属感。与全省平均水平相比,这四个学生亚群认为,他们在学校受到的尊重和安全感同样低于其他学生。

几十年来,许多评论、报告和观点文件记录了新斯科舍省教育系统的优势和需求,包括与新斯科舍省土著和非洲裔学生有关的教育劣势(Aylward et al. 2007; Glaze 2018; Njie et al. 2018;新斯科舍省教师工会 2009; Nunn 2006)。此外,与加拿大其他省份一样,全纳教育的概念,已经从残疾学生,扩展到其他有需要的群体,和有被排斥和学业落后风险的群体,如移民和难民、非裔新斯科舍省人、在贫困中成长的学生、米克马克社区以及与性别有关的少数群体(新斯科舍省早期儿童教育发展部 2020)。

在新斯科舍省，关注那些具有强烈文化认同和历史根基的社区的特殊经历、需求和障碍，并非新近才出现的变化。关于新斯科舍省的非洲裔学生的教育情况，黑人学习者咨询委员会（BLAC）的教育报告早在 25 年前（1994）就已发布，报告描述了教育系统乃至整个社会存在的一系列不公平现象和系统性障碍。在黑人学习者咨询委员会的报告发布后，新斯科舍省的多项政策、报告和框架都可以看到持续的努力，目的是通过课程、教学、评价、领导力以及与家庭和社区的伙伴关系等关键视角，为提升非裔学生的学业成绩提供指导（埃尼德利顾问公司 2009；新斯科舍省 2002；Sparks 2012）。

在全纳教育委员会于 2017—2018 年发布的报告中，同样表达了对公平问题的关注（Njie et al. 2018）。这份题为《学生优先》（*Students First*）的报告奠定了全纳教育政策的新基础，描述了全纳教育进展的障碍，包括各种政策及程序在运作和实施上的不一致。正如委员会所指出的，在全纳教育的基本依据和实践方面，新斯科舍省未能形成共识，这限制了协作学习社区的可能，而协作学习社区对于在探究文化中不断发展的教学方法至关重要。尽管有人担心，在执行工作的速度和性质方面缺乏合作和透明度，但该委员会及其建议仍然获得了新斯科舍省教师联盟的大力支持（新斯科舍省教师工会 2019）。

现行的《全纳教育政策》（新斯科舍省 2019b，以下简称《政策》）的制定，基于的是《学生优先》报告（Njie et al. 2018）中的结论和建议，以及新斯科舍省更广泛的教育历史和背景。该《政策》由早期儿童教育发展部（EECD）与多个团体协商制定，并于 2019 年 8 月向公众发布。政策计划于 2020 年 9 月开始实施。该《政策》开宗明义地强调要确保公平：" 全纳教育是一种承诺，目的是确保提供高质量的、回应文化和语言要求的公平教育，以支持每一位学生的健康和学业成功。所有学生都应感到，自己归属于一个全纳的学校——被接纳、安全和受尊重，这样他们才能更好地学习并取得成功"（新斯科舍省 2019b, p. 1）。图 1 列出了该《政策》的八项指导原则。

该《政策》还有一些指令，包括班级教师需要对所有学生负责，更多时间是在共同的学习环境中提供支持和协作。此外，《政策》要求学校建立专门小组，以支持教师和学生，以及"每所学校将通过分层支持系统（MTSS），支持学生的健康和学业成就"（新斯科舍省 2019b, p. 4）。最后，《政策》还详细列出教育利益相关者（如学生、家庭、教师、行政人员）的一系列角色和责任。

在《学生优先》报告和建议（Njie et al. 2018）发布后，新斯科舍省政府宣布了落实全纳教育的举措和资金。2018 年秋季，教育系统新增了 191 个职位。这些新招聘的人员包括系统内的新职位，以及现有职位的新增招聘人员。例如，儿童和青少年保健人员、孤独症行为专家、家长领航员、非裔新斯科舍人和米克马克学生支持工作者。2019 年举办了第二波招聘（173 个职位）。

1.	只要有足够的时间和练习,有公平的、响应式教学,每个学生都能学好。
2.	每个学生,包括有特殊教育需要的学生,都应该每天接受全天的教学,并根据学生的个人优势和挑战进行灵活的教学安排。
3.	每个学生都应该与学校中年龄相仿的学生在一个共同的学习环境(例如,教室)中接受教育,并根据学生的个人优势和挑战进行灵活的教学安排。
4.	全纳教育尊重、采纳并倾听学生的声音和选择,以帮助学生实现自己的目标。
5.	每个学生都应该有归属感(被肯定、被认可、被培养)、安全感并在日常生活的各方面受欢迎。
6.	全纳教育是一种承诺,即欣赏和尊重每个学生的文化和语言认同以及知识体系。
7.	全纳教育实践利用关于学生优势和挑战的证据,来确定支持系统,并监测这些支持的有效性。
8.	所有合作伙伴都有责任、且有能力协同工作,找出并消除影响学生健康和学业成绩的障碍。

图 1　新斯科舍省全纳教育政策:指导原则

2018 年底,为了指导并支持该政策的实施,并按照《学生优先》报告的建议加强问责,政府征集了发展性评估研究方案。我们的研究团队竞标成功,并在 2019 年春季,随着该《政策》的最终确定,我们的研究团队开始对《政策》实施情况进行发展性评估。下一节将详细介绍我们的方法和初步结果。

新斯科舍省全纳教育政策:发展性评估

新斯科舍省目前正在进行的全纳教育创新,为我们提供了一个理想的机会,可以将发展性评估穿插其中。评估是一个迭代的过程,我们的团队与早期儿童教育发展部工作人员以及更广泛的设计团队合作,为实行广泛的系统变革而构思。作为一个集体,我们积极合作,提出具体问题,指导发展评估,确定优先事项,发现所需要的数据以及数据采集方法,解释评估结果并跟踪发展情况,为下一步工作提供参考信息的同时,考虑不断变化的条件和在整个过程中收集到的新信息。

在开展发展性评估时,我们遵循帕顿(2016)提出的八项基本原则,包括评估的严谨性、注重实用、系统思考、共同创造和及时反馈。评估的前几个月,我们主要关注:(1)与那些了解政策并可能受政策影响的人建立关系;(2)进一步了解全纳教育政策实施过程中的众多环节;(3)与设计团队密切合作,以指导正在进行的评估计划;(4)收集和分析关键信息;(5)根据研究结果,向早期儿童教育发展部提供初步反馈。

我们的第一步是，与早期儿童教育发展部协商，成立一个评估设计团队，成员包括教师、校长、区域执行主任、早期儿童教育发展部下属早期学习与学生成功部的执行主任以及下属研究与合作部的主任。作为"远道而来"的研究人员，我们也开始与关键个人和团体建立关系，请他们支持并为我们的评估提供信息。我们在新斯科舍省聘请了一名项目经理，以协助规划工作，并与早期儿童教育发展部保持联系。从2019年夏季开始，我们开展了初期的数据采集工作，为下一阶段的分析提供信息。

在评估的前八个月，我们四次前往新斯科舍省，两次前往哈利法克斯，两次前往其他地区。鉴于这些考察是在政策实施前进行的，我们的评估重点是：(1)深入了解《政策》及其实施的背景；(2)探讨主要利益相关者对《政策》的看法。

为了实现第一个目标，我们与24人进行了信息采集讨论，他们来自早期儿童教育发展部内部和外部。有些人不愿意接受采访，也不愿意将他们的观点录制下来，但他们都提供了有用的背景信息，为我们的工作提供了参考。每周，我们的项目经理都会与早期儿童教育发展部的主要人员会面，以了解当前的发展情况，并参与实施人员的日常对话。我们还参加了6次咨询小组或内部领导会议，与会者包括全省各地的教师、各地区以及法语地区的项目主任和学生服务部主任、区域执行主任和早期儿童教育发展部的领导团队。

除了上述活动外，我们还正式访谈了23位关键信息提供者，包括地区高级职员、学校领导和资源教师、工会和专业协会的代表以及提供教育学士(教师培养)和研究生教育课程的高等教育机构的代表。访谈的重点是研究参与者的角色和背景、他们对《政策》的了解和看法，以及对《政策》实施的希望和担忧。所有访谈都进行了录音，平均时长为45分钟。我们对每次访谈进行了逐字转录和主题分析。

通过对这一系列初步访谈的分析，我们发现了四个重要主题，包括：(1)角色和身份的转变：我是谁，你是做什么的？(2)课堂教师角色的转变：不再是孤岛？(3)全纳＝分层支持系统，成功取决于第一层，以及(4)专业学习：授人以鱼不如授人以渔。

角色和身份的转变：我是谁，你是做什么的？

在讨论《政策》时，大多数参与者都描述了诸多教职员工的角色和责任的转变情况，无论是现在的还是预期的。大部分讨论都集中在《政策》发布之前教育系统内增加的新职位上。总体而言，参与者对增设这些职位持积极态度，这些人员及其技能(在某些情况下已经)可以使员工、学生、家长和社区合作伙伴受益。

然而，无论是担任新职位的研究参与者还是他们的同事，都对职位描述、与现有工作人员的任务重叠、职责界限以及与新聘人员缺乏沟通等经常表示出困惑。有参与者提到，有些地区根据分层系统结构，对新职位以及其他职位的角色和职责进行区分；这些工作被认为是非常有益的。

参与者表达的一些担忧涉及对专业知识和身份的威胁。一位学校指导顾问说：

我们需要支持,但我总是会问:"可我们的角色是什么?"因为在某些方面,我觉得我们的角色已被所有新的支持所削弱。我知道,更积极的看法是,有了支持,我们就必须加入他们,但在有些情况下,有些角色,我们并不真正了解都是什么角色,这就很难了。

缺乏明确性和一致性,也被认为是为学生提供有效支持的一个障碍——不知道在哪种情况下由谁负责什么,可能会导致学生的需求得不到满足或服务重叠。

课堂教师角色的转变:不再是孤岛?

《政策》强调,课堂教师必须转变角色,更负责任地满足学生的需求,对此,大多数参与者还讨论了这一角色的转变。新的《全纳教育政策》指出,"课堂教师负责教授所有学生。教学和干预更多地应在共同学习环境如课堂中进行。单凭课堂教师无法完成这些工作"(新斯科舍省 2019b, p. 3)。

研究参与者指出,教师的思维方式和方法必须有重大转变,因为部分教师尚处在全纳教育整体进程的初始阶段,且习惯了一位参与者所称的"70 年代的退出模式",这种模式在许多学校依然存在。一位区域顾问说:"……如果我们说,他们是负责提供支持的人,我们就必须支持这些课堂教师,我们必须为他们提供更多的支持。"

从上述政策声明中可以明显看到,课堂教师必须承担更多的责任,与之相伴的是更多的协作。尽管许多教师已经在与其他教师、专家、家庭和社区协同工作,但在某些情况下,尤其是为有特殊教育需要的学生制定计划和方案,却被认为是资源教师或学习中心的教师的责任。

许多参与者注意到了该《政策》的转变,他们在学校或区域层面提供专业支持(如资源教师、心理教师、学生服务顾问),他们的角色从支持学生转变为支持教师。政策描述了许多支持教师(目前是资源教师或学习中心教师)如何"为课堂教师和学生提供直接的协作支持"(新斯科舍省 2019b, p. 3)。这与目前一些支持教师的角色形成了鲜明对比,他们采取退出模式,仅限于对学生的支持,或者一些心理教师主要承担个别学生的评估和干预工作。一位专家好奇:"我们能否在课堂上提供更多的咨询服务,以便教师在要求获得直接策略(是小组方式还是个人方式)之前,先发展他们的多种技能并知道他们在课堂上能做些什么?"

在常规课堂上加强协作,需要一种开放的态度,这对一些教师来说是一种挑战。一位区域顾问说:"我认为,对教师来说,最大的问题是他们并不习惯有人在教室里……他们觉得自己一直在被评价。但这并不是要评价他们,而是要支持他们。在一个分层支持系统和全纳教育中,你必须习惯有很多人在你的教室里。"

全纳＝分层支持系统，成功取决于第一层

接下来介绍的第三个主题与前两个主题在某些方面是相互交织的，特别是常规课堂教师的角色和责任的转变。对于第一层次支持的重要性，参与者有着非常强烈的共同信念，即必须为课堂提供支持，必须确保常规课堂和差异化课堂的有效性。一位区域领导描述道："毫无疑问，第一层的教学越来越关注卓越，对此我非常支持。"学校的一位心理教师也认为："如果我们考虑增加一些基于证据的干预措施，第一层次很可能真正改善所有学生的学习。"

一位指导顾问表示，她希望能更多地与课堂教师一起工作，而不是把大部分时间都花在支持个别学生上；但她也表示，学生的心理健康需求非常大，而目前辅导员与学生的比例是1∶500，"你很想走进教室，主动开展工作。你这样做，是因为当你走进教室进行积极心理健康教育时，你会让30个孩子受益"。

然而，在介绍如何满足一大批学生的需求时，一位资源教师认为，在普通课堂上支持第一层次的教师，那是不可行的。对于那些每天与大量学生打交道的人来说，很难接受学校领导和支持人员所持的长远观点：

> 嗯，我通常会根据学生的需求进行分组。因此，理想情况下，我会进入到各班，我就是这么做的。但很多时候，由于整栋教学楼的需求大，我发现实际上是一种退出模式……因为我要教的学生太多，比如我在第一堂课可能有多达50名学生，在第二堂课又有50名学生。因此，需求量很大，对我来说，更有效率的办法是，同时教所有的学生。

专业学习：授人以鱼不如授人以渔

在前三个主题的讨论中，专业学习的必要性凸显出来。人们越来越关注第一层次的常规课堂实践，关注许多不同职位的教职工的角色转变，因此，参与者提出了同样的建议：更多的专业学习。

对专业学习的讨论，通常是围绕课堂教师的能力建设，围绕技能发展在帮助教师建立信心和意愿、为遇到困难的学生解决问题时的作用。一位区域顾问描述了她在工作中注意到的情况，"……很多人觉得，他们无力应对有不同学习需求的学生，他们真的觉得自己没有接受过相关培训……因为如果他们在学校系统中工作了很长时间，差异化可能并不是一个真正的概念……或者说通用学习设计，真的是他们可以从口袋里掏出来的东西。"

分层系统的设计，也适用于教师专业学习，因为参与者认识到，在不同地区担任不同角色的教师会有不同的专业学习需求。正如资源教师在谈到退出模式的必要

性时所举的例子一样,转向能力建设而不是解决儿童问题的思维方式是一种长期观点,这对于许多被日常挑战所压倒的教师来说,可能具有挑战性。一位区域顾问描述了这种观点:

> 但是,你真的要看看你的员工及其专业知识,如果我们以不同的方式做事,我们如何才能让这一切奏效。因为这关系到能力建设,这是另一回事,很多时候人们看不到这一点。他们只想立即解决问题,比如"现在就来帮帮我",却没有意识到,如果我们教他如何捕鱼,这将是他们可以长期使用的技能。他们今年发展的技能组合将……在我看来,这是在发展他们自己的技能组合。

在讨论教师必需的专业学习时,很多挑战也被提及。由于缺乏代课教师,在职培训往往被安排在课余时间,这不是理想的培训时间,因为那些工作时间安排不一样的人员(例如教育助理)往往不能参加。

有机会与其他学校合作开展专业学习,这被认为是非常宝贵的,但问题是,路途较远,因为新斯科舍省的许多地区是广阔的典型农村地区;如果有代课教师,还需要支付派遣教师的费用。一些参与者还分享了他们参加委员会、咨询小组或非正式网络的情况,大家讨论分享实施全纳政策的计划。系统内的最资深人士提到了即将到来的申请网络学校项目的机会。这是由早期儿童教育发展部资助的一项举措,也是实施《全纳教育政策》的一部分。这些项目也提供了各种机会,可提高学校教育工作者和行政人员的集体效能,以便在第一级层次更有效地支持学生。大多数参与者还不知道这一举措。

与政策的广泛性相比,在开放性问题的推动下,我们与参与者的大部分讨论都围绕着学生服务和特殊教育需要展开。这可能在一定程度上反映了参与讨论的人员构成,主要是那些传统上在这些领域的任职人员和向我们推荐的知识渊博的知情人士。这进一步反映了许多负责领导实施全纳教育工作的人员情况。一些参与者特别谈到了新斯科舍省非裔或米克马克裔学生,并提出了公平问题以及与家庭和社区建立联系的问题。一位区域公平顾问提到了这个更广泛的问题:"要使全纳政策有效,就不能只是学生服务部的责任……当然,人们会认为这仍然是一项针对特定人群的政策。因此,必须在省和地区层面开展合作,才能真正实现全纳目标……如果你要请一个团队来讨论全纳政策的实施,那就不应该只是学生服务协调员。"

发展性评估:进程和下一步行动

2019年秋,我们先后向设计团队及整个系统反馈了初步评估结果,包括以上分享的信息,以及针对早期儿童教育发展部的活动和地区背景提出的具体建议。与典型的发展性评估一样,这些及时反馈的目的是立即发挥其作用。随后,2020年冬进行的访问显示，这些评估结果可以为实施规划提供参考信息。新冠疫情导致的学校关闭和重点事项的转移，促使我们重新设计我们的活动和《政策》的实施方式。有趣的是，与早期儿童教育发展部进行的讨论提出了远程和紧急学习工作中出现的公平问题——全纳教育工作仍然至关重要。

讨论及启示

本文介绍了加拿大全纳教育政策的现状，并以我们对新斯科舍省实施全纳教育改革的发展评估为例进行了具体说明。在加拿大全国范围内，新斯科舍省的例子既典型又独特。与其他大多数省和地区一样，新斯科舍省的全纳教育政策已扩展到公平的视角，不仅关注有特殊教育需要的学生，而且关注所有学生，特别是那些经常被加拿大学校系统边缘化的学生。

目前，全纳政策与特殊教育政策并行，这也是大多数省和地区的典型做法。最近的全纳政策反映了全纳教育的社会及教育的合理性——我们需要一个公正、公平的社会，让所有学生都有成功的机会；我们也相信，在通用教育设计中，我们可以在满足部分学生需求的同时，也能让所有学生受益。安斯科（2020，p.8）指出：

> 在全纳与公平方面取得进展……需要有新思维，需要关注部分儿童所经历的、导致他们因环境因素而被边缘化的障碍。这意味着，克服这些障碍，是发展对所有儿童都有效的教育形式的最重要手段。这样，全纳就成为全面改进教育系统的一种方式。

在对公平与全纳工作进行评估时，许多系统都开始收集并考察与学业成就和健康相关的数据。在最近的国际学生评估项目（PISA）中，尽管新斯科舍省学生面临与贫困相关的挑战，但在大多数方面，他们的成绩与加拿大平均水平相近。加拿大的成绩常常被誉为公平与卓越并存。然而，在省级层面进行的更深入研究表明，对于自我认同为非裔新斯科舍人、米克马克人、性少数群体（LGBTQ2）或残疾人士来说，他们对学业成功和健康有不同的体验。加拿大的许多公平和全纳政策（包括新斯科舍省的政策）所倡导的"人人成功"的方法，也需要反映出"所有"学生在学校和社会中并不享有相同的机会和可能性。

在新斯科舍省，教育数据分类已成为普遍现象，这有助于持续关注公平问题。大多数省尚未开展此类数据分析和结果公开共享（Campbell 2020）。然而，尽管数据的可及性可以为讨论和规划提供信息，但行动——干预措施以及随后的信念、当地及系统性实践的转变——才可能带来学生机会的改变。

研究政策实施的关键，是关注政策在本土的应用，在我们的案例中，也是评估政策实施的关键（Datnow et al. 2001）。新斯科舍省政府发起并资助一项为期三年的发展性评估研究，这一行为本身就反映了该省政府认识到，在实施全纳政策的整个过程中，利用证据和反思过程非常重要。我们在该省的存在，包括定期与早期儿童教育发展部及各地区的领导者、教师、校长及其他学校员工进行讨论，是《政策》实施的一条主线。我们鼓励大家分享与全纳教育有关的理解、信念和做法，这不仅能对参与者个人产生影响，而且随着我们与早期儿童教育发展部分享评估的结果，也会促使政策实施发生转变。

在新斯科舍省，与许多其他辖区一样，地区差异需要在政策实施中得到体现，就像在课堂和学校中越来越多地考虑学生的多样性一样（Smit 2005）。我们的初步数据显示，在对《政策》及其实施的理解方面，地区内与跨地区之间既存在一致性，也存在差异性。这在一定程度上与参与者的角色（无论是系统领导者还是课堂教师）有关，当然，这也在意料之中，因为目前该《政策》还处于起步阶段。这也反映了各地区在政策方面、在参与者的意识培养方面的不同准备程度（Snodgrass Rangel et al. 2017；Spillane et al. 2002）。

教育工作者和专业人员的角色和身份的转变，是实施全纳政策的关键；同时，围绕第一层次的"共同学习环境"，需要提供反应迅速、协作性强的支持，这种需要成为我们初步研究的强有力主题。对这些变化的担忧与对进程的困惑有关，但也与对身份的质疑有关——这反映了教育变革的情感层面（Datnow 2018；Hargreaves 2005）。参与者还一再强调了在讨论全纳教育改革时经常提到的专业学习问题（Cumming et al. 2018；Turnbull and Turnbull 2020），即一套更广泛、更多样化的技能，以及教育工作者之间共享的技能。这被视为《政策》实施的关键所在。现有研究有大量实例表明，协作结构和社区的力量能够支持教育工作者根据所需的改革进行转变，特别是当领导者倡导并示范此类工作时（Ainscow 2016；Butlerand Schnellert 2012；Datnow 2018；Hargreaves and O'Connor 2018；Schnellert et al. 2018）。我们所接触的参与者在系统中担任高级职位，他们谈到了他们认为教师需要的个人学习——在我们的分析中，集体学习和发展的必要性也是显而易见的（Fullan and Hargreaves 2016）。研究教师作为变革中发声的领导者的潜在力量（Hargreaves and Shirley 2019）对我们正在新斯科舍省开展的工作非常重要，这在一定程度上得益于广泛吸纳教师作为参与者的声音，同时也希望能够吸纳学生和家庭的声音。

未来两年，我们将继续在新斯科舍省开展工作，该《政策》预计将于2020年秋季在全省范围内实施。然而，新斯科舍省的学校正在为下一学年制定计划，其所面临的约束与全球教育系统所面临的相似——由于新冠疫情大流行，学校停课和保持社交距离的要求可能会持续一段时间。发展性评估需要根据实际情况作出调整和共同建构，以反映教育系统的现实情况，同时应当持续关注全纳教育改革。幸运的是，发展性评估所具有的动态、灵活的特质和合作原则非常适合这项工作。

(叶慧妍 译)

参考文献

Ainscow, M. (2016). Collaboration as a strategy for promoting equity in education: Possibilities and barriers. *Journal of Professional Capital and Community*, 1(2),159-172.

Ainscow, M. (2019). *The UNESCO Salamanca Statement 25 years on: Developing inclusive and equitable education systems*. Discussion paper prepared for the International Forum on inclusion and equity ineducation — every learner matters, Cali, Colombia, 11-13 September 2019.

Ainscow, M. (2020). Promoting inclusion and equity in education: Lessons from international experiences. *Nordic Journal of Studies in Educational Policy*, 6(1),7-16.

Aylward, L., Farmer, W., & MacDonald, M. (2007). *Minister's review of services for students with specialneeds: Review committee report and recommendations*.

BC Ministry of Education (2016). *Special education services: A manual of policies, procedures and guidelines*.

Black Learners Advisory Committee (1994). *BLAC report on education: Redressing inequity — empowering Black learners*.

Butler, D. L., & Schnellert, L. (2012). Collaborative inquiry in teacher professional development. *Teaching and Teacher Education*, 28(8),1206-1220.

Campbell, C. (2020). Educational equity in Canada: The case of Ontario's strategies and actions to advance excellence and equity for students. *School Leadership and Management*, 1-20.

Canadian Human Rights Commission (2017). *Left out: Challenges faced by persons with disabilities in Canada's schools*.

Cumming, J., Tones, M., Day, C., & Heck, E. (2018). Enhancing inclusive education through teacher educationreforms. In C. Wyatt-Smith & L. Adie (Eds.), *Innovation and accountability in teacher education* (pp.201-221). Singapore: Springer.

Datnow, A. (2018). Time for change? The emotions of teacher collaboration and reform. *Journal of Professional Capital and Community*, 3(3),157-172.

Datnow, A., Hubbard, L., & Conchas, G. (2001). How context mediates policy: The implementation of single gender public schooling in California. *Teachers College Record*, 103(2),184-206.

Enidlee Consultants (2009). *Reality check: A review of key program are as in the BLAC report for their effectiveness in enhancing the educational opportunities and achievement of African Nova Scotian learners*.

Frank, L., & Fisher, L. (2020). *2019 report card on child and family poverty in Nova Scotia: Three decades lost*. Canadian Centre for Policy Alternatives.

Fullan, M., & Hargreaves, A. (2016). *Bringing the profession back in: Call to action*. Oxford, OH: Learning Forward.

George, R. C., Maier, R., & Robson, K. (2020). Ignoring race: A comparative analysis of education policy in British Columbia and Ontario. *Race Ethnicity and Education*, 23(2),159-

179.

Glaze, A. (2018). *Raise the bar: A coherent and responsive education administrative system for Nova Scotia*.

Gordon, C. E., & White, J. P. (2014). Indigenous educational attainment in Canada. *The International Indigenous Policy Journal*, 5(3), 6.

Government of Alberta (2020). *Inclusive education*.

Hargreaves, A. (2005). The emotions of teaching and educational change. In A. Hargreaves (Ed.), *Extending educational change* (pp. 278–295). Dordrecht: Springer.

Hargreaves, A., & O'Connor, M. T. (2018). *Collaborative professionalism: When teaching together means learning for all*. Thousands Oaks, CA: Corwin.

Hargreaves, A., & Shirley, D. (2019). Leading from the middle: Its nature, origins and importance. *Journal of Professional Capital and Community*, 5(1), 92–114.

Hutchinson, N. L., & Specht, J. A. (2019). *Inclusion of learners with exceptionalities in Canadian schools: A practical handbook for teachers* (6th ed.). Toronto: Pearson Canada.

James, C. E., & Turner, T. (2017). *Towards race equity in education: The schooling of black students in the greater Toronto area*. Toronto, Ontario: York University.

Katz, J. (2013). *Resource teachers: A changing role in the three-block model of universal design for learning*. Winnipeg, Manitoba: Portage and Main Press.

Laroche, J. (2018). Praise and criticism greet sweeping Nova Scotia education report. *CBC News: Nova Scotia*.

McIntosh, K., MacKay, L., Andreou, T., Brown, J., Mathews, S., Gietz, C., et al. (2011). Response to intervention in Canada: Definitions, the evidence base, and future directions. *Canadian Journal of School Psychology*, 26(1), 18–43.

Njie, A., Shea, S., & Williams, M. (2018). *Students first: Inclusive education that supports teaching, learning, and the success of all Nova Scotia students*.

Nova Scotia Teachers'Union (2009). *NSTU position paper: Inclusion*.

Nova Scotia Teachers'Union (2018). *NSTU suspends job action*.

Nova Scotia Teachers'Union (2019). *McNeil government needs to fully implement inclusive education reforms*. NS Department of Education and Early Childhood Development (2020). *Equity and support for students*.

Nunn, D. (2006). *Spiralling out of control: Lessons learned from a boy in trouble*. Report of the Nunn Commission of Inquiry.

O'Grady, K., Deussing, M.-A., Scerbina, T., Tao, Y., Fung, K., Elez, V., et al. (2019). *Measuring up: Canadian results of the OECD PISA 2018 study—the performance of Canadian 15-year-olds in reading, mathematics, and science*.

Ontario Ministry of Education (2009). *Ontario's equity and inclusive education strategy*.

Ontario Ministry of Education (2017). *Ontario's education equity action plan*.

Parekh, G. (2018). *Exploring inclusion in Ontario*. National Inclusive Education Month Commentary #24.

Patton, M. (2016). What is essential in developmental evaluation? On integrity, fidelity, adultery, abstinence, impotence, long-term commitment, integrity, and sensitivity in implementing evaluation models. *American Journal of Evaluation*, 37(2), 250–256.

Province of British Columbia (2020). *Inclusive education resources*.

Province of Manitoba (2017). *Student services: Planning and programming for students with special learningneeds*.

Province of Nova Scotia (2002). *Racial equity policy*.

Province of Nova Scotia (2008). *Special education policy: Nova Scotia*. Department of Education, Student Services.
Province of Nova Scotia (2014). *Key facts: Nova Scotia's Aboriginal population*.
Province of Nova Scotia (2019a). *Count us in: Nova Scotia's action plan in response to the international decade for people of African descent — 2015 - 2024*.
Province of Nova Scotia (2019b). *Inclusive education policy*.
Province of Nova Scotia (2020a). *Nova Scotia assessments and examinations results for students with Mi'kmaq or other indigenous ancestry and students of African descent*.
Province of Nova Scotia (2020b). *Indicators of prosperity*.
Province of Nova Scotia (2020c). *Acadian affairs and francophonie*.
Reid, L., Bennett, S., Specht, J., White, R., Somma, M., Li, X., et al. (2018). *If inclusion means everyone, why not me?*
Ritchie, S. (2019). Recommendations for education accountability nowhere to be found a year after the Glaze Report. *Global News*.
Robinson, K., & Hutchinson, N. (2014). *Tiered approaches to the education of students with learning disabilities*. Schnellert, L., Fisher, P., & Sanford, K. (2018). Developing communities of pedagogical inquiry in British Columbia. In C. Brown & C. Poortman (Eds.), *Networks for learning: Effective collaboration for teacher, school and system improvement*. Abington: Routledge Taylor and Francis Group.
Slee, R. (2019). Belonging in an age of exclusion. *International Journal of Inclusive Education, 23*(9), 909 - 922.
Smit, B. (2005). Teachers, local knowledge, and policy implementation: A qualitative policy-practice inquiry. *Education and Urban Society, 37*(3), 292 - 306.
Snodgrass Rangel, V., Bell, E. R., & Monroy, C. (2017). A descriptive analysis of instructional coaches' data use in science. *School Effectiveness and School Improvement, 28*(2), 217 - 241.
Sparks, D. (2012). *5 year strategic plan: 2012 - 2017*.
Specht, J., McGhie-Richmond, D., Loreman, T., Mirenda, P., Bennett, S., Gallagher, T., et al. (2016). Teaching in inclusive classrooms: Efficacy and beliefs of Canadian preservice teachers. *International Journal of Inclusive Education, 20*(1), 1 - 15.
Spillane, J. P., Reiser, B. J., & Reimer, T. (2002). Policy implementation and cognition: Reframing and refocusing implementation research. *Review of Educational Research, 72*(3), 387 - 431.
Statistics Canada (2019). *Population and dwelling count highlight tables, 2016 census*.
The Social Planning Council of Winnipeg (2016). *Towards equity in education*.
Turnbull, A., & Turnbull, R. (2020). Rights, wrongs, and remedies for inclusive education for students with significant support needs: Professional development, research, and policy reform. *Research and Practice for Persons with Severe Disabilities, 45*(1), 56 - 62.
UNESCO (1994). *The Salamanca statement and framework for action on special needs education*. World conference on special needs education: access and quality. Salamanca, 7 - 10 June.
UNESCO (2017). *A guide for ensuring inclusion and equity in education*. Paris: UNESCO.
UNICEF (2019). *Canadian index of child and youth well-being: How the index works*. Technical background paper. Toronto, Ontario: UNICEF.
United Nations (2015). *Transforming our world: The 2030 agenda for sustainable development. Resolution adopted by the general assembly on 25 September 2015*.
United Nations (2017). *Report of the working group of experts on people of African descent on its*

missionto Canada. New York, NY: United Nations.

Whitley, J., Gooderham, S., Duquette, C., Orders, S., & Cousins, J. B. (2019). Implementing differentiated instruction: A mixed-methods exploration of teacher beliefs and practices. *Teachers and Teaching*, 25(8), 1-19.

【作者简介】
杰斯·惠特利
渥太华大学全纳教育副教授。她致力于改善所有学生和教师的学校体验,并以此为动力开展研究和教学工作。她的研究重点是心理健康素养、全纳教育政策、全纳教育的师资培养以及有心理健康问题的儿童和青少年的幸福感。她与加拿大各大学的同事合作开展研究,并与十字路口儿童心理健康中心等社区组织合作。杰斯是加拿大全纳教育研究中心的成员,也是加拿大全纳教育协会和教育与社区服务研究中心的成员。在教学中,她致力于为未来的全纳课堂教师做好最佳准备,并进一步发展研究生的技能和知识。

通信地址:Faculty of Education, University of Ottawa, 145 JeanJacquesLussier Private, Ottawa, ON K1N 6N5, Canada

电子信箱:jwhitley@uottawa.ca

崔斯塔·霍尔维克
渥太华大学教育学院国际 ARC 教育项目的兼职教授和项目主任。她是一位横跨研究、政策和实践领域的实践学者。崔斯塔曾任教师、副校长和西魁北克教育局学区顾问。她的博士论文研究了学校董事会的教师入职、指导和辅导计划及其对系统变革的影响。崔斯塔从事有关恢复性司法、专业学习与发展、教师评价、系统变革、指导与辅导、教师入职以及专业精神的教学、研究和出版工作。崔斯塔在麦吉尔大学获得文学学士学位,在爱丁堡大学莫雷学院获得研究生教育证书,在多伦多大学安大略教育研究所获得教育硕士学位,在渥太华大学获得博士学位。

通信地址:Faculty of Education, University of Ottawa, 145 JeanJacquesLussier Private, Ottawa, ON K1N 6N5, Canada

电子信箱:thollwec@uottawa.ca

案例/趋势

新不伦瑞克省的全纳教育之路

安吉拉·奥库安　戈登·L.波特　金伯利·贝克-科洛特科夫

在线出版时间:2020年9月22日
©联合国教科文组织国际教育局2020年

摘　要　1994年,联合国教科文组织通过了《萨拉曼卡宣言》及其《行动框架》,并请求各国政府和非政府组织考虑根本性的政策转变,以促进全纳教育。这一行动呼吁与新不伦瑞克省教育工作者已经作出的努力产生了很好的共鸣。35年来,通过立法和最佳实践,这个加拿大小省开创性地践行了全纳教育理念。今天,在联合国《2030年可持续发展议程》再次请求国际社会推进全纳与公平教育之际,我们可参照这些准则,适时地审视该省的做法,并思考下一步可能采取的行动。本文分析了新不伦瑞克省的全纳学校之路,其结论是,尽管全纳教育已取得明显进展,但真正的变革是一个艰难的过程,需要各合作伙伴长期、持续的努力和合作。

关键词　新不伦瑞克省　全纳教育　加拿大

2019年,国际教育界重申了"全民教育"行动倡议,25年前,在西班牙萨拉曼卡市召开的"世界特殊需要教育大会"(WCSNE)提出了该倡议(Ainscow, Slee and Best 2019)。92个国家和25个国际组织签署了《萨拉曼卡宣言》及其《行动框架》(UNESCO 1994)。具体而言,《萨拉曼卡宣言》呼吁,将"全纳"作为新规范,而在正规教育系统接纳所有儿童方面,《行动框架》则为学校提供了指导(UNESCO 1994)。然而,即使在20年后,大多数国家仍然难以响应联合国教科文组织的行动呼吁并实施全纳教育(Ryan 2012)。人们认为,通过实施新的教育、社会和经济政策,普通学校将得以转型,以便所有儿童,包括残疾儿童,都可以在当地社区学校接受教育。尽管许多人希望,《萨拉曼卡宣言》能够成为推动变革的动力,但人们很快发现,其挑战之大,远超预期。

由于教育是联合国2030年全球发展议程(UN 2016)的主要关注点之一,而且许多国家仍然面临《萨拉曼卡宣言》中提到的挑战,因此,是时候审视加拿大新不伦瑞克省的全纳教育经验了。虽然加拿大没有联邦或国家教育体系,但各省是根据《加拿大权利和自由宪章》的规定,以及人权立法和国际条约进行运作的(Hutchinson

原文语言:英语

and Specht 2019）。这些规定能促进公平，并致力于满足所有学生的需要，以便他们能够充分发挥潜能。在加拿大各地，超过 80% 的有特殊教育需要的学生，每天有 50% 或更多的时间与同龄人在普通教室里一起度过（Specht, McGhie-Richmond, Loreman, et al. 2016）。虽然全纳教育的实施仍面临挑战，但满足有特殊教育需要的儿童的全纳教育模式正受到越来越多的关注和重视，并被认为是加拿大教育的主要趋势之一（EdCan Network 2019）。

然而，尽管大部分省份鼓励全纳教育，但对此没有明确要求（Carr 2016）。全纳教育的各种方法催生出实现全纳愿景的多种路径。西北地区（2016）以及最近的新斯科舍省（2019）已推出全系统的全纳政策，制定了相关的原则和要求，以确保所有学校实现全纳，而新不伦瑞克省（2013）是在全纳教育之路上走得最远的辖区。我们将研究新不伦瑞克省在学校全纳方面所采取的路径，并分享一些见解，为其他辖区的行动提供参考。

新不伦瑞克省位于加拿大东海岸，是加拿大最小的省份之一，居住人口略多于 750,000 人，其中包括英裔加拿大人（64.8%）、法裔加拿大人（32%）、移民（4.6%）和该省第一民族社区成员（4%）（加拿大统计局 2017）。学校系统包括专为法语和英语两种语言群体开设的学校，大部分第一民族社区也设有小学。该省有一些小城市，比如蒙克顿、弗雷德里克顿和圣约翰，但大多数人口居住在这些城市周边的小城镇或农村地区。2015 年，加拿大乡村振兴基金会将新不伦瑞克省列为加拿大第二大乡村地区。

在过去的三十多年里，加拿大这个小省份面向所有学生实施了全纳学校教育模式，包括那些参加过特殊教育项目的学生（MacKay 2006；经济合作与发展组织 1995）。一些地方教育局为实现全纳作了初步努力，这使得新不伦瑞克省在 1986 年迈出了全纳教育的第一步。立法机构一致通过了第 85 号法案，要求公立学校将所有学生纳入公共教育系统（Porter 1995）。第 85 号法案要求，残疾学生和其他有特殊需要的学生在社区学校就读，与他们的非残疾同龄人在普通班级接受教育。在当时，加拿大这一史无前例的举动，引起了国际社会许多人的关注（经济合作与发展组织 1995）。35 年过去了，新不伦瑞克省仍然被认为是学校全纳教育之路的先驱。

2019 年，联合国残疾人权利问题特别报告员卡塔莉娜·德瓦达斯-阿圭勒在结束其对加拿大的正式访问时发表声明，对新不伦瑞克省全纳教育的进展情况提供了以下评估意见：

> 我非常高兴地了解到新不伦瑞克省实施的这一完善的全纳教育体系，这是世界上最好的教育体系之一，树立了榜样。所有的残疾儿童都可以在普通学校就读，无论其水平如何，都能在通用学习设计的框架下得到个性化的支持（联合国 2019）。

在德瓦达斯-阿圭勒发表报告前的几年，新不伦瑞克省教育部对全纳教育的支持工作获得了国际认可。2013年，该省荣获"联合国教科文组织埃米尔·贾比尔·艾哈迈德·萨巴赫奖"（UNESCO 2014），该奖旨在"促进面向智障人士的优质教育"。这一认可指出，该省"长期致力于采用系统性方法，为残疾学习者提供全纳教育，致力于将教育视为社会公平和正义的催化剂"。同时强调的是新不伦瑞克省多年努力的一个关键方面，即"全纳教育指导和专业学习的杰出范例，以及激励其他国家的公共教育系统的卓越典范"（UNESCO 2014）。这一认可在2016年得到了回应，当时世界未来理事会与零点项目组织开展合作，将新不伦瑞克省的"第322号政策文件：全纳教育"确定为"一项突破障碍并为建设全纳社会作出贡献的模范政策"（零点项目 2016）。

鉴于国际社会持续努力实现"公平、全纳的优质教育和全民终身学习"（UN 2016），接下来，我们将探讨：可以从新不伦瑞克省的经验中学到什么？什么措施使学校取得成功？该省面临了哪些挑战以及如何应对？我们必须后退一步，分析促进新不伦瑞克省迈向全纳教育之路的主要因素。

迎接挑战：回顾、反思和行动

为确保第85号法案所提出的举措的质量，新不伦瑞克省政府开展了四项主要的项目研究（新不伦瑞克议会：社会政策发展专门委员会 1990；Downey and Landry 1991；MacKay 2006；Porter and AuCoin 2012）。在每一项目研究中，教育官员都要反思所采取的步骤、仍然存在的挑战，以及改进和取得更大成功的路径。对全纳过程的实施进行严格的分析和评估，促进了新不伦瑞克省在全纳教育方面的不断进步（Leblanc and Vienneau 2010）。为此，我们将重点分析最近的两项研究。

《连接关怀与挑战报告》（MacKay 2006）是在第85号法案通过20年后完成的，该研究的目的是确定，在新不伦瑞克省的学校，全纳教育的进展情况以及如何改进。这份翔实的报告经过了教育工作者和其他利益相关者的广泛商讨，研究工作由一位教育与人权法知名专家主持，报告强调，必须对指导学校实践的政策进行明确阐述，并建议各利益相关者在"全纳"的定义上达成共识。这将促进更有效的资源分配，形成更好的学校和课堂实践。该报告最重要的成果之一是，由教育部提出了"全纳教育"定义，此前各利益相关者对"学校全纳"的定义持有不同观点，这是他们多年来合作的成果。商讨中提出的"全纳教育的定义"（新不伦瑞克省 2009），代表着该省在全纳教育倡议上迈出了重要一步。

2009年的"全纳教育"定义引入了一个重要且独特的要素，这就是"共同学习环境"（CLE）。提出这一新概念，目的是为利益相关者提供更广阔的视角，去了解全纳教育的面貌。这一概念有助于消除一种误解,即"全纳教育是让每个学习者始终在普通教室里学习,无论情况如何"。此外,它还表明,"全纳"不只是针对残疾学生,而是为了满足所有学习者的多样需求(Baker-Korotkov 2020)。它鼓励教师能够理解到,所有学生都有多方面的优势和挑战,而不是"单向度"的学习者。全纳教育面向所有学习者,以个性化教学为目标,帮助每个人与同龄人一起进行学业和社会情感方面的学习。另外,2006年的报告为新不伦瑞克省的全纳教育奠定了坚实的人权基础。省人权委员会向教育工作者和家长发布了指导方针,并制定了标准,用于解决在全纳教育计划实施中的困难(新不伦瑞克省人权委员会 2007)。

虽然2006年的研究在系统层面提出了建议,但许多人认为,更需要关注在学校和课堂层面支持全纳。于是,政府要求再开展一项研究,六年后完成。2012年的研究重点关注了学区、学校和课堂层面可以采取哪些实际行动,以便更好地支持学生和教师。该研究过程涉及对该省英语和法语学区的政策和实践进行彻底的评估,有30多人参与其研究阶段,包括教师、校长和其他人。大约20%的新不伦瑞克省学校接受了访问,包括在全纳教育方面取得成就和陷入困境的学校。研究报告的标题"加强全纳,改进学校"(Porter and AuCoin 2012)阐明了报告的核心成果:全纳教育的能力建设,可以在提升学校能力的同时,帮助所有学生在学习上取得成功。

基于2009年的"全纳教育定义","加强全纳,改进学校"推动了一项综合性政策"第322号政策:全纳教育"的制定(新不伦瑞克省 2013)。除了教育研究中的一些要素(比如协作结构、教学和学习)外,第322号政策还反映了前几十年在该省各学区发展出来的战略和实践(比如角色与责任、个性化学习计划和共同学习环境)。这是第一份在项目和程序上为该省每一所公立学校(包括英语和法语地区)提供明确说明的指令性文件。

该报告的发表催生了旨在加强全纳教育的"行动计划"(新不伦瑞克省 2012)。除了政策之外,该计划还在三年内投入了额外资金,以增加对教师和学校的支持服务。为了加强学校教育能力,支持人员的数量增加了,对校长、支持教师和其他学校人员专业学习的投资也加大了。第322号政策的目的是,确保教师、学校领导和家庭的参与,以"促进学生的全员参与,无论其能力和需求如何,都能在新不伦瑞克省所有学校找到积极的学习环境"(p.1)。无论过去还是现在,愿景都是建立一个不断发展的、系统化的全纳教育模式,让所有儿童都能充分发挥学习潜力,并根据证据来决定学生的个人需求。

回顾新不伦瑞克省的全纳教育之路,有三项关键原则反映了第85号法案和第322号政策的核心承诺。这些原则不仅根植于该省的教育法规,还根植于四次正式的政策研究结果中,这些原则也体现了联合国教科文组织多项全纳教育准则的基本特征(UNESCO 1994,2016)。

成功的关键原则

新不伦瑞克省的全纳教育模式,是基于为每个孩子提供公平且有意义的教育这一承诺。在下文的讨论中,我们将探讨三个最关键的原则:领导力(Billingsley and Banks 2019)、协作(DFlorian 2017;Zundans-Fraser and Bain 2015)和个性化教学(Munoz and Porter 2018)。首先是领导力,这是全纳学校成功的关键要素。

领导力

有效的领导不仅是学校取得成功的必要条件,也是在教育体系中带来重大变革的一个因素(Day, Sammons, Hopkins, et al. 2009)。新不伦瑞克省的学校充分地认识到这一点,开发了两种领导模式,大大改进了教师的教学方法,促进了学生的成功。首先,新不伦瑞克省的学校领导意识到,资源教师的角色和名称需要改变,而此前,这些教师的主要职责是,在单独的教室为小群体的学生提供支持(Porter 1991)。他们为学生提供的直接服务,需要转变为一种支持教师的间接模式,因为他们以前的学生现在与同龄人一起在普通教室里学习。全纳需要一种新模式,新不伦瑞克省的"支持教师"由此诞生。第322号政策将这一角色重新定义为"教育支持教师"(EST),其工作重点是采用非分类协作的方法,优先支持课堂教师。渐渐地,很多学校选择那些受过全纳教育培训的人员,以及经验丰富、高效且善于运用全纳方法的课堂教师,来填补教育支持教师职位。所有的教育支持教师都接受了全面的学区培训,学习了一些能有效支持课堂教师的具体技能和实践方法,包括咨询、辅导、联合教学和协同备课等技能。所有技能培训都重点指向同伴支持和问题解决,从而成就教师和学生。

第322号政策明文规定,教育支持教师必须重点支持课堂教师,并在教师如何确立时间使用目标上做了划分,如图1所示。

图1的时间分配图是教育支持教师的时间使用目标,这考虑了他们的职责在一学年中的变化(Porter and AuCoin 2013)。继教育支持教师岗位的设立之后,学校又实施了第二种服务模式,即第322号政策中提到的学校层面的教育支持服务(ESS)团队。尽管该模式的构成要素和工作职责会随时间的推移有所变化,但目前新不伦瑞克省实施的形式如下:

> 由校长领导教育支持服务团队,协助课堂教师制定和实施教学和/或管理策略,并为有不同需要的学生协调支持资源。除学校管理人员外,该团队还由教育支持教师和其他工作人员组成,他们的主要职责是提升学校实力,确保学生的学习成效。学校教育支持服务团队的成员将根据学校的规模、级别和当地情况而定。(p.3)

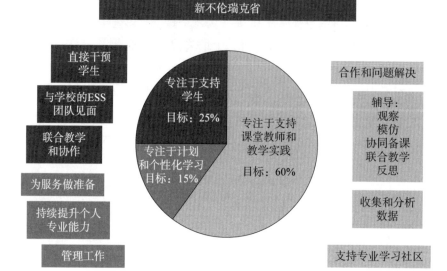

图1 新不伦瑞克省教育支持教师——时间使用目标

资料来源：新不伦瑞克省（2014）

  这些团队成员，无论是作为团体还是个人，都会回应教师的请求并提供协助。他们协助制定战略，支持教学方法的实施和参与问题解决。教育支持服务团队的成员包括校长、承担资源顾问和指导顾问职责的教育支持教师，以及协助教师应对问题行为和孤独症等特定挑战的其他专业人员。学校校长负责确保担任教育支持教师职位的人员能高效地履行职责。在过去，这些团队拥有多样且互补的知识、技能和经验，他们在新不伦瑞克省的学校中卓有成效（Porter and AuCoin 2012）。

  领导力的另一个重要维度是，能最有效地利用现有资源，实现全纳教育倡议的优先目标。在新不伦瑞克省，用于支持服务的资金的分配，是根据学校和学区的总体招生情况，落实到"每个学生"的。由于省级法规和政策不资助特殊学校和特殊班级，因此这确保了现有财政资源集中用于全纳教育。该资助机制的目的在于，为教师提供学校层面的支持，因为他们服务的对象是全纳学校里有着多样化需求的学生。加强全纳教育的策略，也可以对学校产生直接和积极的影响。

  在一项关于新不伦瑞克省健康的、全纳的学校关联框架的研究中，贝克-科洛特科夫（2020）发现，管理团队强有力的领导，对促进教职工的专业学习和协作至关重要。领导者确保学校拥有成功所需的物质和人力资源，而领导团队与学校教师开展有效合作，则可以增加持续成功的机会。新不伦瑞克省的教育系统是如何将这一关键原则应用到它的全纳教育之路上的？让我们来一探究竟。

协作

建立协作式学校文化，是《萨拉曼卡行动框架》的关键要素，也是新不伦瑞克省在全纳教育方面取得成功的一个重要因素（Baker-Korotkov 2020；Thériault 2017）。由于新不伦瑞克省的大多数学校都位于小城镇和村庄，因此教师和校长能够建立牢固的"家长—社区"关系，增强学校与社区的伙伴合作。此外，在学生由少年向青年过渡时，学校与企业主和各组织建立密切工作关系，有助于学生在社区的就业安排（Bélanger and Gougeon 2009；Haché-Mallet 2020）。事实证明，为儿童及其家庭服务的残疾支持团体，也是教师和学生可靠的合作伙伴。新不伦瑞克省社区生活协会（NBACL）（2020）开展的"工作过渡项目"就是一个例子。通过制定就业目标计划，该项目帮助智障学生有机会学习与工作相关的技能，帮助他们做好"准备"，找到最适合自己兴趣和目标的工作安排，并为他们提供完成学业后过渡到工作的机会。

学校内部的伙伴合作很重要。教育支持教师的角色"主要是通过咨询、辅导、联合教学、协同备课及干预方法和指导方案支持课堂教师"（Porter and AuCoin 2012, p.147），除了课堂教师和教育支持教师（EST）的关系，普通课堂教师之间也存在协作。为了应对教学及其他课堂挑战，学校建立了"教师帮助教师"问题解决协作团队，以实现同伴支持（加拿大全纳教育协会 2014；Porter, Wilson, Kelly and den Otter 1991）。在这个模式中，教师在同行小组中分享问题，协调人引导小组进行 30 分钟的讨论，讨论的主要目的，是为提出问题的老师提供可能的策略。这是一种"连接教师、建立团队、增强教师信心和同伴支持的有效方式"（Porter and Crawford 2014, p.2），也减少了对外部专家或其他专业人员的需求。在新不伦瑞克省的学校，该模式得到了广泛应用。2014 年，为培训好教师，以推广这一协作模式，新不伦瑞克省教育部和加拿大全纳教育部（IEC）联合开发了教学视频和教学单元。

在为学生制定个性化学习计划的过程中，也需要同伴支持（Leblanc 2011）。在这个过程中，课堂教师发挥着至关重要的作用，但他们并不是单兵作战。他们得到了其他课堂教师、教育支持教师、家长和学校管理人员的支持。他们共同协作，分享有效的实践案例。尽管他们在需要时，欢迎专家或外部专业人员的参与，但他们不会生搬硬套或采用"缺陷导向"的方式。

继"加强全纳，改进学校"之后，新不伦瑞克省启动了"行动计划"（新不伦瑞克省 2012），这是一项创新计划，目的是帮助中学校长提升学校的全纳教育质量。人口特征相似（学生数、教职工分配和社区情况）但学区不同的高中，与另外两所学校形成一个"三联体"。每个"三联体全纳小组"（新不伦瑞克省 2012）由 4—6 名成员组成，包括校长、一到两名教育支持教师、几名课堂教师、一名学校辅导员，还可能包括一或两名其他工作人员。每个"三联体"通过分享成功的策略和困难的挑战，来解决全纳教育问题（Thériault 2017）。校长负责挑选团队成员，此外，教育部还为每个"三联体"提供了一名协调员，并由协调员与3位校长合作制定课程表和议程。这些团队共同商定所要解决的具体议题和问题。每学年，团队可获得资金，用于举办至少3次团队会议，以及会议过程中所需的差旅费和专业资源支持。会议由各学校轮流主办，休会期间各团队仍保持联系和协作。校长和"三联体"的协调员提供积极的反馈，以了解学校与学校的合作机会，并分享每所学校在加强全纳教育方面的实践策略。

自1986年第85号法案通过以来，在全纳教育方面，教育部和地方学区进行了大量投资，为教师提供机会，与同行分享知识并向外部专家学习。当地学校与学区的培训，还有被教育部视为优先事项的全省研讨会与培训活动，都获得了资助。新不伦瑞克省的教育工作者设计了新颖的专业学习资源和方法，同时不断根据需要，获取外部专业知识。第322号政策提供了一个改进和成长的框架，指导学校领导在专业成长和能力建设上提供持续的投入。在新不伦瑞克省，为支持教师成功地实施全纳教育，协作和专业学习至关重要。

个性化教学

《萨拉曼卡宣言》及其《行动框架》基于以下假设：所有儿童都可以学习，教育系统的设计应该适应每个学习者的需要，不管他们的需要如何。自1986年以来，新不伦瑞克省公立学校系统一直沿用这种方式。第85号法案推翻了以下假设，即适应学习者的需要，意味着学生应该与同龄人分开，并在特殊班级，或某些情况下在特殊学校里学习。可是，教育工作者往往将全纳视为一种缺陷，并将排斥儿童的行为合理化。因而，教师不得不制定教学策略，让所有学生都能充分参与课堂，包括残疾学生。

第322号政策强化了早期的法定要求，提出教学应基于个人的优势和需求，而不是学习者个人的缺陷或挑战。因此，最大限度地减少已发现的学习障碍，为学生的共同学习环境提供指导，成为优先事项。"共同学习环境"概念的提出，提供了更广泛的全纳学校概念，它假定学生在主流课堂以及学校的其他区域与同龄人一起学习。例如，学生可以在图书馆、公共休息室、小型开放区域或学校剧院参加学习活动。该概念还主张，学习机会可以发生在学校建筑的"实体"之外，并将社区场所作为学习场所。在共同学习环境中，教师可更广泛运用在线课程和虚拟环境。

个性化学习计划（PLP）是新不伦瑞克省更常用的个别化教育计划（IEP）的版本。第322号政策将个性化学习计划定义为：

> 一项基于学生个性化需求、为学生制定的计划，它为学生确定具体且个性

化的实践策略、目标、结果、指标和教育支持,确保学生在有意义和适合的学习中获得成功。(p. 3)

个性化学习计划(PLP)是基于学生的优势、需求以及课程目标而制定的。第322号政策要求,该计划由一个规划小组制定,成员包括:一名学校管理人员、一名或多名教师、一名教育支持教师,以及(如果适用的话)教育支持服务小组的其他成员。根据需要,家长、学生、教育助理以及为学生提供服务的社区机构工作人员也可能参加。个性化学习计划是一份"活"的文件,政策要求,需根据变化的情况,对计划进行定期评估和更新。

除了使用个性化学习计划外,新不伦瑞克省学校还使用多种教学方法来支持全纳教育,以满足学生的不同需要。当第85号法案通过,且特殊班级被关闭后,课堂教师必须寻找方法,弥合特殊教育方法和常规教育方法之间的差距。在科利科特(1991)工作的基础上,新不伦瑞克省教育工作者实施了"分层教学",作为灵活教学的一种方式,根据新纳入学生的需要进行个性化教学。考虑到学生的学习偏好和最近发展区,"分层教学"帮助教师在全纳课堂上为学生提供真实且有意义的学习体验。

新不伦瑞克省学校实施"分层教学"等相关策略的经验,为"差异化教学"(Tomlinson 2017)和"通用学习设计"(UDL)(Lord Nelson 2014;Novak and Thibodeau 2016;Rao,Smith and Lowrey 2017)等教学模式奠定了基础。"通用学习计划"考虑了学生的多样性,被认定为适合所有学习者,并为学生提供更多的全纳选择。有目的的、预先的规划和课程设计,可以提高所有学生的学业水平、行为发展和社会情感水平,促进其适应能力的发展和目标的实现。教师们已接受"基于通用学习计划的课程能更好地满足所有学习者的需要"的愿景(Baker-Korotkov 2020)。通用学习计划的模式鼓励教育工作者根据每个学生的优势、需要、技能和兴趣定制学习;换句话说,该模式能促进个性化学习(CAST 2018)。新不伦瑞克省各年级任教的教育工作者一直在参与行动研究项目,在全纳教育环境中,探索实施通用学习设计的挑战和机遇。

尽管第322号政策优先使用公共学习环境,但它也认可,在某些情况下,学校可能需要考虑为有特殊需要的学生提供替代方案。第322号政策将这种替代方案称为"公共学习环境的变式"(p. 8)。虽然只有极少数学生需要,而且时间通常很短,但在特定情况下,它仍然是现实情况。不过,该政策规定,共同学习环境的任何变式,都必须基于深思熟虑的过程。学校必须证明,它们已尽一切合理努力,来支持和满足共同学习环境中的学生。第322号政策要求,在需要"变式"的情况下,个性化学习计划要持续监控学生的学习进展,并确保其尽早回归共同学习环境。

评估结果:新不伦瑞克省如何实现目标

新不伦瑞克省一直在努力建设一个更成功的全纳教育体系。同时,该省始终注重提升学生在阅读、数学和科学素养方面的全球竞争力。尽管有学者担心,一个充分全纳的体系可能产生负面影响(Forlin, Earle, Loreman, and Sharma 2011; Gokdere 2012),但新不伦瑞克省的实践证明,所有学习者都可能在全纳学校系统中取得好成绩。这一点,已在公共教育系统作出的"所有学生都能成功"的承诺中实现了(MacKay 2006)。当教师努力寻求并使用有效的教学策略时,这份承诺就会得到加强,而支撑这份努力的,不仅有他们对专业学习和能力建设的投入,还有主要利益相关者之间的有意义的协作。新不伦瑞克省在学业成绩和学生健康方面取得了积极的成果。

在国际上,加拿大的学生成绩始终名列前茅。在参加经济合作与发展组织实施的国际学生评估项目(PISA)的 78 个国家中,加拿大学生始终名列前十。PISA 测试 15 岁学生在数学、科学和阅读方面的素养。如果我们将新不伦瑞克省视为一个国家,2015 年 PISA 测试成绩显示(加拿大教育部部长理事会 2016;经济合作与发展组织 2015),新不伦瑞克省学生在阅读方面排名第七,与日本、挪威、法国和瑞典并列。在科学方面,新不伦瑞克省排名第十,与韩国、新西兰、澳大利亚、英国、德国、瑞士、挪威和美国等国家并列。新不伦瑞克省学生的数学也排名第十九,接近德国、法国和澳大利亚等国家。这些成绩都证实了一个论断,即在全纳学校系统中,学生取得好成绩是一贯的、可能的。

学校成功的另一个重要方面是学生的健康和福祉(AuCoin, Borri-Anadon, Huot, Ouellet, Richard, Rivest and Saumure 2019; Ivcevic and Brackett 2014)。作为多部门合作的一部分,新不伦瑞克省儿童和青少年每三年参加一次健康调查(新不伦瑞克省卫生委员会 2019)。该调查考察学生对与个人福祉相关领域的看法、态度和行为,并始终取得积极的结果。特别是在 2019 年,92% 的青少年表示其拥有高水平的连接感。其他数据也表明,85% 的青少年有高水平的亲社会行为,还有 81% 的青少年有高水平的学习特殊性或特殊教育需要。在考察新不伦瑞克省健康且全纳的学校时,贝克-科洛特科夫(2020)发现,连接感是学校成功实施全纳教育的基础。最后,新不伦瑞克省学校在保持学生参与度方面非常成功,其辍学率仅为 1.1%(新不伦瑞克省教育与早期儿童发展部 2019)。

分 析

几十年前,随着全纳教育运动在加拿大兴起,富兰(1991)观察到,"特殊教育改

革代表了引发教育改革所涉及的几乎所有问题"(p.1)。作为教育变革方面的专家,他接着指出:

> 改革的主要障碍包括,复杂性、相容性及能力等问题,此外还有缺乏协调领导的问题。特殊教育改革反映了所有这些问题,要解决全纳问题,不那么容易。变革的性质、变革的程度都很复杂,我们必须找到并实施有效的解决方案。(p.1)

我们对新不伦瑞克省全纳之路的分析,支持这样一种观点,即必须让由利益相关者和合作伙伴组成的整个社区参与进来,全纳教育才能取得成功(Ainscow 2005; Carrington and Robinson 2006)。这种转变所需的时间,可能比原先预期的更长,且需要学校管理人员以及教师和学生的不懈努力,才能持续下去。在新不伦瑞克省,学校的全纳已多次成为公众争论的热点话题——正如全纳教育实施后开展的项目研究所呈现的那样。新不伦瑞克省的邻省,无论是大西洋省还是新英格兰地区,都继续使用更传统的特殊教育方法,包括特殊班级和特殊学校。这一事实始终让人们意识到,全纳之外还有其他选择。因此,在公众争论期间,一些声音认为,新不伦瑞克省的做法过于激进(Benteau 1989; Brown 2020;编委会 2001; Moszynsk 2006)。

为了解决这些问题并确定未来发展的道路,各利益相关方必须反思公共优先事项,更新全纳教育的共同愿景,同时确定发展所需的行动。利益相关团队之间的协作为这一过程带来了多元的观点和经验,推动了新不伦瑞克省学生和学校的全纳实践。到目前为止,那些对学校维持全纳教育的能力持怀疑态度的个人和团队,能通过这种协作持续产生积极的态度转变。在公众争论的鼓舞下,许多利益相关方加深了协作,并更自信地接受了全纳的概念。

为确保全纳成为学校文化与实践不可或缺的部分,社区与省级层面的伙伴协作是必要的(Florian 2017; Zundans-Fraser and Bain 2015)。在新不伦瑞克省,个别学校在全纳方面的成功,还不足以引起系统性变革。如果学校及其所服务的社区要转型并真正实现全纳,社会各层面都需要从根本上改变自身对多样性和公平的态度(AuCoin and Vienneau 2015, 2019; Danforth 2017)。

在新不伦瑞克省的学校发起和维持的全纳,早已不是自上而下的、专家驱动的方式。事实上,在过渡到全纳教育的过程中,新不伦瑞克省的经验体现了广泛协作的重要性,这与《萨拉曼卡宣言》及其《行动框架》所提倡的协作是一致的。新不伦瑞克省三十多年的全纳教育发展,自始至终吸引了各领域领导者的参与。20世纪80年代,参与者包括一名副部长、部分学区官员和一个家长行动小组。到了20世纪90年代,越来越多的校长和支持教师参与进来。21世纪的前十年里,大学教员和课堂教师,包括他们的专业协会,在支持全纳方面发挥了重要作用。21世纪的第二个十年,很少有人质疑是否新不伦瑞克省应该有一个全纳教育体系了。人们已经达成广泛共识,即应该重点关注如何加强和完善学校的全纳实践,并有效应对不断出现的挑战。

这一点,在新不伦瑞克省开展的最后一项全纳教育研究中得到证实(Porter and AuCoin 2012),这项研究咨询了广泛的利益相关方。与之前的研究一样,研究结果对于制定并推进行动计划至关重要(新不伦瑞克省 2012)。有了参与研究的机会,教师和学校管理人员将随后付诸行动,基于证据的实践得以加强,他们的持续专业学习也得到了支持。教育领导者能够更清楚地了解当下需应对的挑战,从而能够制定下一阶段的改进计划。

然而,在关键时期,虽然全省范围内的努力对于维持系统变革很重要,但各学校社区、教师和家长把关注点放在全纳实践日常的、持续的实施上也至关重要。学校需要不断审视自己的使命感,并强化其关于"如何体现全纳是社区价值观的重要反映"的愿景。通过这些举措,学校可以制定进一步发展所需的实用策略。在新不伦瑞克省,当人们能明确理解学校的全纳策略关乎学校整体发展、惠及所有儿童时,这些策略就会得到加强。这是第 322 号政策的一个关键条文,有可能维持一个全纳模型,该模型不仅基于价值观和原则,还基于有益于每一个学生的明智的教育实践。

结　　论

通过以上分析,我们了解了新不伦瑞克省全纳教育的历史,尤其是第 322 号政策中的相关规定,其中的很多关键要素与《萨拉曼卡宣言》及其《行动框架》相一致。我们对其中三个进行了分析:领导力、协作和个性化。要在学校成功实施普遍性与个性化的原则,需要强有力的领导和全系统的协作。最后,教师要想在教育多元化的学生群体中取得成功,需要经验丰富且训练有素的领导者与支持人员的团队协作。即使是经验丰富的课堂教师,也需要支持、指导和特定教学法的辅导。新不伦瑞克省的第 322 号政策以《萨拉曼卡宣言》及其《行动框架》中的广泛目标为基础,致力于实现联合国 2030 年可持续发展目标:让每个儿童参与全纳公共教育体系。

让全纳学校成为现实,是一项不断发展且永远无法完成的工作。尽管我们的分析帮助人们深入了解了新不伦瑞克省数十年在全纳教育上所作的努力,但我们最重要的收获是,这项事业要持续下去。自第 85 号法案发布以来,新不伦瑞克省的学校所发生的变化,推动着教师们成功应对这一挑战。无论是在 25 年前的《萨拉曼卡宣言》及其《行动框架》,还是新不伦瑞克省的第 322 号政策,它们设定的目标都构建了一个未来,即所有学习者都能在身体上、社会上以及更重要的教学上被课堂所接纳。为了实现这一目标,教育领导者需要继续做学校领导者在这个加拿大小省中已做的事情:让整个社区参与进来,赞美最佳实践,并维持长期的努力。学校的全纳教育有益于学生、家庭和社区,为此而付诸努力是非常值得的。

(郑培静 译)

参考文献

Ainscow, M. (2005). Developing inclusive education systems: What are the levers for change? *Journal of Educational Change*, 6, 109 – 124.

Ainscow, M., Slee, R., & Best, M. (2019). Editorial: The Salamanca Statement: 25 years on. *International Journal of Inclusive Education*, 23(7 – 8), 671 – 676.

AuCoin, A., & Vienneau, R. (2015). Inclusion scolaire et dé-normalisation: proposition d'un nouveau paradigm [Inclusion and de-normalization: A new paradigm for education]. In N. Rousseau (Ed.), *La pédagogie de l'inclusion scolaire. Un défi ambitieux et stimulant* (3rd ed., pp. 95 – 118). Québec, Québec: Presses de l'Université du Québec.

AuCoin, A., & Vienneau, R. (2019). Schlische Inklusion und Denormalisierung: Vorchiag fur ein neues Paradigma [Inclusion and "de-normalization": Proposal of a new paradigm in education]. In D. Jahr & R. Kruschel (Eds.), *Inklusion in Kanada. Perspektiven auf Kulturen, und Praktiken* (pp. 161 – 174). Weinheim: Beltz Juventa.

AuCoin, A., Borri-Anadon, C., Huot, A., Ouellet, S., Richard, J., Rivest, A.C., & Saumure, V. (2019). *Le bien-être et la réussite en contexte de diversité: un cadre pour le Réseau de recherche et de valorisation de la recherche sur le bien-être et la réussite (RÉVERBÈRE)* [Wellness and success in the context of diversity: A framework for the RÉVERBÈRE].

Baker-Korotkov, K. (2020). *A constructivist grounded theory study of interconnected frameworks of health and inclusive schools*. Doctoral dissertation. University of New Brunswick.

Bélanger, N., & Gougeon, N.A. (2009). Inclusion on the agenda in four different school contexts in Canada (Ontario, Manitoba, New Brunswick and Québec). *Research in Comparative and International Education*, 4(3), 289 – 304.

Benteau, S. (1989). Wages not only issue. *New Brunswick's Telegraph Journal-St. John*.

Billingsley, B., & Banks, A. (2019). Leadership for inclusive schools 1995 – 2015. In J.B. Crockett, B. Billingsley, & M.L. Boscardin (Eds.), *Handbook of leadership and administration for special education* (2nd ed., pp. 193 – 218). London: Routledge.

Brown, L. (2020). New Brunswick taking a closer look at inclusion policy for public schools. *CTV News Atlantic*.

Canadian Rural Revitalization Foundation (2015). *State of rural Canada report*. Library and Archives Canada.

Carr, J.R. (2016). *A conceptual and legal framework for inclusive education*. ARCH Disability Law Center.

Carringon, S., & Robinson, R. (2006). Inclusive school community: Why is it so complex? *International Journal of Inclusive Education*, 10(4), 323 – 334.

CAST [Center for Applied Special Technology] (2018). UDL guidelines.

Collicott, J. (1991). Implementing multi-level instruction: Strategies for classroom teachers. In G.L. Porter & D. Richler (Eds.), *Changing Canadian schools* (pp. 103 – 119). Toronto,

Ontario: The Roeher Institute.

CMEC [Council of Ministers of Education of Canada] (2016). *Measuring up: Canadian results of the OECD PISA study: The performance of Canada's youth in science, reading and mathematics 2015 first results for Canadians aged 15*.

Danforth, S. (2017). *Becoming a great inclusive educator* (2nd ed.). Berlin: Peter Lang.

Day, C., Sammons, P., Hopkins, D., Harris, A., Leithwood, K., Gu, Q., Brown, E., Ahtaridou, E., & Kington, A. (2009). *The impact of school leadership on pupil outcomes*.

Downey, J., & Landry, A. (1991). *Schools for a new century*. Fredericton, New Brunswick: New Brunswick's Department of Education.

EdCan Network (2019). *Trends in Canadian education 2018 – 2019*.

Editorial Board (2001). Teachers also need assistance. *New Brunswick's Telegraph Journal — Saint John*.

Florian, L. (2017). The heart of inclusive education is collaboration. *Pedagogika*, 26, 248 – 253.

Forlin, C., Earle, C., Loreman, T., & Sharma, U. (2011). The sentiments, attitudes, and concerns about inclusive education revised (SACIE-R) Scale for measuring pre-service teachers' perceptions about inclusion. *Exceptionality Education International*, 21, 50 – 65.

Fullan, M. (1991). Preface. In G. L. Porter & D. Richler (Eds.), *Changing Canadian schools* (p.1). Toronto, Ontario: The Roeher Institute.

Fullan, M. (2005). *Leadership and sustainability: System thinkers in action*. Thousand Oaks, CA: Corwin Press.

Gokdere, M. (2012). A comparative study of the attitude, concern, and interaction levels of elementary school teachers and teacher candidates towards inclusive education. *Educational Sciences*: Theory & Practice, 12(4), 2800 – 2806.

Haché-Mallet, D. (2020). Towards an inclusive high school: Engaging people before change. In G. L. Porter and D. Towell (Eds.), *The journey to inclusive schooling* (pp. 23 – 25). Inclusive Education Canada.

Hutchinson, N., & Specht, J. (2019). *Inclusion of learners with exceptionalities in Canadian schools: A practical handbook for teachers* (6th ed.). Toronto, Ontario: Pearson Education Canada.

Inclusive Education Canada (2014). *Teachers helping teachers: A thirty-minute problem solving model*. IEC and New Brunswick's Ministry of Education.

Ivcevic, Z., & Brackett, M. (2014). Predicting school success: Comparing conscientiousness, grit and emotion regulation ability. *Journal of Research in Personality*, 52, 29 – 36.

Leblanc, M. (2011). *Les relations de collaboration vécues entre l'enseignant-ressource et l'enseignant de classe ordinaire dans le contexte de l'inclusion scolaire au Nouveau-Brunswick francophone*. [Collaboration relationships between resource teachers and teachers working in inclusive schools]. Unpublished doctoral dissertation. Université de Moncton.

Leblanc, M., & Vienneau, R. (2010). Le modèle de livraison des services en adaptation scolaire dans le context de l'inclusion scolaire au Nouveau-Brunswick francophone. In N. Trépanier & M. Paré (Eds.), *Des modèles de services pour favoriser l'intégration scolaire* (pp. 161 – 188). Québec, Québec: Presses de l'Université du Québec.

Lord Nelson, L. (2014). *Design and deliver: Planning and teaching Universal Design for Learning*. Baltimore, MD: Brooks Publishing.

MacKay, A. W. (2006). *Inclusive education: A review of programming and services in New Brunswick*. Fredericton, New Brunswick: New Brunswick's Ministry of Education.

Moszynsk, M. (2006). System, not kids, to blame for class problems. *New Brunswick's Times and*

Transcript — St John.

Munoz, Y., & Porter, G. L. (2018). Planning for all students: Promoting inclusive instruction. *International Journal of Inclusive Education*.

NBACL [New Brunswick Association for Community Living] (2020). *Transition to work (work life after high school)*. Fredericton, New Brunswick: NBACL.

New Brunswick Department of Education and Early Childhood Development (2019). *Summary statistics: School year 2018 – 2019*. Fredericton, New Brunswick: New Brunswick Department of Education and Early Childhood Development.

New Brunswick Health Council (2019). *New Brunswick 2018 – 2019 student wellness survey — Grades 6 – 12*. Fredericton, New Brunswick: New Brunswick Health Council.

New Brunswick Human Rights Commission (2007). *Guideline on accommodating students with a disability*. Fredericton, New Brunswick: New Brunswick Human Rights Commission.

New Brunswick Legislature, Special committee on social policy development (1990). *Report on the Review of School Integration — Final report*. Fredericton, New Brunswick: Queen's Printer.

Northwest Territories (2016). *Ministerial directive on inclusive schooling*. Yellowknife, Northwest Territories: Ministry of Education, Culture and Employment.

Novak, K., & Thibodeau, T. (2016). *UDL in the cloud: How to design and deliver online education using Universal Design for Learning*. Wakefield, MA: CAST Professional Publishing.

OECD [Organisation for Economic Co-operation and Development] (1995). *Integrating student with special needs into mainstream schools*. Paris: OECD.

OECD (2015). *Education at a glance 2015: OECD indicators*. Paris: Éditions OCDE.

Porter, G. L. (1991). The methods and resource teacher: A collaborative consultant model. In Gordon L. Porter & Diane Richler (Eds.), *Changing Canadian schools* (pp. 58 – 83). Toronto, Ontario: The Roeher Institute.

Porter, G. L. (1995). Organization of schooling: Achieving access and quality through inclusion. *Prospects*, 25(2), 299 – 309.

Porter, G. L., & AuCoin, A. (2012). *Strengthening inclusion, strengthening schools. Report of the review of inclusive education programs and practices in New Brunswick schools*. Fredericton, New Brunswick: Department of Education and Early Childhood Development.

Porter, G. L., & AuCoin, A. (2013). *The role of the resource teacher in an inclusive setting. A time-use inquiry in New Brunswick schools*. EdCan Network.

Porter, G. L. & Crawford, C. (2014). *Teachers helping teachers: A thirty-minute problem solving model*. Toronto, Ontario: The Roeher Institute.

Porter, G. L., Wilson, M., Kelly, B., & den Otter, J. (1991). Problem-solving teams: A thirty-minute peer helping model. In Gordon L. Porter & Diane Richler (Eds.), *Changing Canadian schools* (pp. 119 – 129). Toronto, Ontario: The Roeher Institute.

Province of New Brunswick (2009). *Definition of inclusive education*. Fredericton, New Brunswick: Department of Education and Early Childhood Development.

Province of New Brunswick (2012). *Government's response to the recommendations of: Strengthening inclusion, strengthening schools: An action plan for 2012 – 13*. Fredericton, New Brunswick: Department of Education and Early Childhood Development.

Province of New Brunswick (2013). *Policy 322: Inclusive education*. Fredericton, New Brunswick: Department of Education and Early Childhood Development.

Province of New Brunswick (2014). *School-based education support services teams to support inclusive education*.

Fredericton, New Brunswick: Department of Education and Early Childhood Development, Anglophone Sector.

Province of Nova Scotia (2019). *Inclusive education policy*. Halifax, Nova Scotia: Ministry of Education and Early Childhood Development.

Rao, K., Smith, S. J., & Lowrey, K. A. (2017). UDL and intellectual disability: What do we know and where do we go? *Intellectual and Developmental Disabilities*, 55(1), 37–47.

Ryan, J. (2012). *Struggling for inclusion: Educational leadership in a neoliberal world*. Charlotte, NC: Information Age.

Specht, J., McGhie-Richmond, D., Loreman, T., Mirenda, P., Bennett, S., Gallaher, R., et al. (2016). Teaching in inclusive classrooms: Efficacy and beliefs of Canadian preservice teachers. *International Journal of Inclusive Education*, 20(1), 1–15.

Statistics Canada (2017). Focus on geography series, 2016 census. Catalogue no. 98-404-X2016001.

Thériault, C. (2017). *Triade scolaire: un outil pour assurer l'accompagnement d'écoles du NouveauBrunswick francophone dans le contexte de l'inclusion scolaire vers l'actualisation de leurs pratiques pédagogiques inclusives* [School triads: A tool used in New Brunswick schools to support leaders seeking to promote inclusive education practices]. Unpublished Master's thesis. Université de Moncton.

Tomlinson, C. A. (2017). *How to differentiate instruction in an academically diverse classroom* (3rd ed.). ASCD.

UNESCO (1994). The Salamanca statement and framework for action on special needs education. Paris: UNESCO. UNESCO (2014). *UNESCO/Emir Jaber al-Ahmad al-Jaber al-Sabah prize to promote quality education for persons with intellectual disabilities*. Paris: UNESCO. UNESCO (2016). *Education for people and planet: Creating sustainable futures for all*. Global education monitoring report. Paris: UNESCO.

United Nations. (2016). *Transforming our world: The 2030 agenda for sustainable development*. Paris: UN.

United Nations, Office of the High Commissioner (2019). *End of mission statement by the United Nations Special Rapporteur on the rights of persons with disabilities on her visit to Canada*.

Zero Project (2016). *Zero Project report 2016*. Klosterneuburg: Essl Foundation.

Zundans-Fraser, L., & Bain, A. (2015). The role of collaboration in a comprehensive programme design process in inclusive education. *International Journal of Inclusive Education*, 20(2), 136–148.

【作者简介】
安吉拉·奥库安
目前是加拿大新不伦瑞克省蒙克顿大学的副教授。她是加拿大全纳教育研究中心和国际全纳教育实验室(LISIS)的成员。她曾担任公立学校的资源教师,现在参与的研究项目重点关注全纳教育实践和教学法,以及学习多样化背景下的健康和教育成功之道。过去30年来,她一直致力于减少公立学校系统中存在的社会不平等现象,并为每个孩子提供平等的成功机会。

通信地址:Département d'enseignement primaire et de psychopédagogie, Université de Moncton, 18 Antonine-Maillet Ave, Moncton, NB E1A 3E9, Canada

电子邮箱:angela.aucoin@umoncton.ca

戈登·L. 波特
目前是加拿大全纳教育协会的主任。他一直致力于在加拿大和全球范围内创建全纳学校,并担任40多个国家的全纳教育政策和实践顾问。作为加拿大人权机构协会前主席,他获得了加拿大教育协会的惠特沃斯教育研究奖,并且是新不伦瑞克勋章和加拿大最高荣誉勋章的成员。

通信地址：Inclusive Education Canada, Woodstock, Canada

电子邮箱：gordonlporter@icloud.com

金伯利·贝克-科洛特科夫

目前是新不伦瑞克省教育和幼儿发展部教育支持服务部主任。她在公共和中等教育领域拥有25年的经验,热衷于确保在全纳学习环境中满足所有学习者的需求。其研究兴趣包括全纳教育、通用学习设计和综合服务交付。她的近期研究探讨了连接健康和全纳学校的因素。

通信地址：New Brunswick's Department of Education and Early Childhood Development, Fredericton, Canada

电子邮箱：kim.korotkov@gnb.ca

图书在版编目(CIP)数据

教育展望.185,课程、学习与评价的比较研究.全纳教育:新发展 新挑战/联合国教科文组织国际教育局编;华东师范大学译.—上海:华东师范大学出版社,2024. — ISBN 978-7-5760-5675-4

Ⅰ.G51-55

中国国家版本馆CIP数据核字第2025K9P597号

教育展望.185,课程、学习与评价的比较研究

全纳教育:新发展 新挑战

编　　者	联合国教科文组织国际教育局
译　　者	华东师范大学
责任编辑	王国红
特约审读	陈锦文
责任校对	江小华
装帧设计	卢晓红

出版发行	华东师范大学出版社
社　　址	上海市中山北路3663号　邮编200062
网　　址	www.ecnupress.com.cn
电　　话	021-60821666　行政传真 021-62572105
客服电话	021-62865537　门市(邮购)电话 021-62869887
地　　址	上海市中山北路3663号华东师范大学校内先锋路口
网　　店	http://hdsdcbs.tmall.com
印 刷 者	江苏扬中印刷有限公司
开　　本	787毫米×1092毫米　1/16
印　　张	14.5
字　　数	305千字
插　　页	4
版　　次	2025年3月第1版
印　　次	2025年3月第1次
书　　号	ISBN 978-7-5760-5675-4
定　　价	42.00元

出 版 人　王　焰

(如发现本版图书有印订质量问题,请寄回本社客服中心调换或电话021-62865537联系)